경기도의 무용, 그 예술적 전망

김기화 지음

북코리아

서문

처음 경기도의 무용에 관한 이야기를 서적으로 발간하려 할 때 가슴이 뭉클하였다. 대학에 입학하여 현재까지 30여 년이 넘는 시간을 수원에서 보냈다. 왠지 나의 발목을 잡는 곳이 수원이었다. 처음 수원에 발을 딛었을 때 장안문의 성벽이 고즈넉한 오후의 여유처럼 편안하였다. 널찍한 잔디밭과 화성의 성벽이 어우러진 곳에 작업실을 마련하여 분주하게 움직였다. 꿈 많던 시절 내가 추는 춤을 많은 사람에게 전하고 그들로부터 갈채를 받고 싶었다. 정말 무모하리만큼 자신감을 갖고 저돌적으로 앞을 향해 나아갔다. 주부들을 위한 '민요로 풀어가는 한국춤'을 개발하여 그들의 눈높이에 맞는 교육 프로그램을 만들었다. 나름 난이도에 단계를 두고 〈아리랑〉부터 〈창부타령〉, 〈노들강변〉, 〈청춘가〉, 〈한강수타령〉, 〈한오백년〉, 〈진도아리랑〉까지 7곡의 민요를 음악반주 텍스트로 하여 앞의 4곡은 맨손춤으로, 뒤의 3곡은 부채, 살풀이수건, 소고를 활용한 소품춤으로 안무하였다. 그리고 왜 한국춤이어야 하는지에 대해 나의 열망을 담은 말들을 수없이 되뇌었다. 아마도 젊은 시절 열정을 담았던 많은 시간이 수원 곳곳에 묻어있기 때문에 수원은 아직도 나를 머물게 하고 있는가 싶다.

『경기도의 무용, 그 예술적 전망』은 나에 대한 자문자답이다. 1984년 수원대학에 입학하여 한국 창작무용의 태동부터 지켜보았고, 나이가 들면서 이동안의 예술세계에 빠져 헤어날 줄 모르며 전통과 창작의 범주를 넘나들었다. 알 것 같아 다가서다 다시 모를 것 같아 주저앉고, 또다시 나를 위로하며 무모하게 열정을 갖고 무대에서 시간을 보냈다. 중앙의 창작 무대에서, 경기도의 공연장에서 누가 부르지 않아도 내 흥에 겨워 극장을 대관하고 겁도 없이 장기공연을 기획하였다. 출연자를 섭외하고, 안무하며 연습시키고 남은 힘을 다해 관객을 찾아 애를 썼다. 아마도 경기도의 많은 무용가들이 나와 다를 바 없는 행보를 했을 것이다. 이제 정신없는 행보를 잠시 멈추고 나를 되돌아보았다. 누구보다 열심히 살았다고 생각했지만 무엇을 남겼는지 알 수가 없었다. 아니, 남은 것이 없다는 생각에 허무감이 밀려왔다. 누군가 이 시대를 살다 간 무용가를, 아니 나를 기억해줄 수 있는 기회가 있었으면 하는 평상시의 마음이 내가 이 책을 쓰게 된 솔직한 이유이다.

희망에 부풀어 책을 기획하였다. 경기도에서 활동하는 무용가들과의 인터뷰, 자료 요청 등의 과정을 통해 연구 자료를 수집하고 개별 안무가에 대한 특징을 연구하고자 하였다. 이미 성균관대학교 박사학위 논문과 소논문 연구를 통해 경험이 있어 순차에 입각해 연구를 진행하면 될 줄 알았다. 그러나 무용가들과의 초기 연락 단계에서부터 계획과 다른 돌발 상황이 발생하였다, 인터뷰는 쉽지 않았다. 더구나 많은 무용가들이 자신의 공연 관련 자료를 구분하여 관리하는 부분은 드문 상황이라 자료 요청이 성사될 수 없었다. 수많은 전화로 약속을 정했지만 자료 요청건과 관련하여서는 쉽게 공개하지 못하는 그들의 상황을 이해할 수밖에 없었다.

연구 초반부터 지친 상황이라 집필을 포기하고 싶은 마음이 간절하였다. 조금씩 두려움을 극복하면서 다른 방도를 찾기 시작하였다. 최종적으로 내린 결론은 2차 자료 수집을 통한 분석 연구로 방향을 트는 것이었다. 『경기도 예총사』, 『문예연감』, 전국무용제 경기도 예선대회 프로그램

등의 방대한 자료를 수집하는 일은 쉽지 않았지만 미력하나마 연구를 진행할 수 있었다. 『경기도 예총사』와 『문예연감』 등은 공개된 자료라 수집이 가능했지만 전국무용제 경기도 예선대회 프로그램은 너무도 구하기 힘들었다. (사)한국무용협회 경기도지회의 김기백 지회장님이 최선을 다해 도와주었다. 하지만 누락된 프로그램이 상당히 있어 난감하였다. 주로 초창기 설립된 시지부의 지부장님들께 협조를 요청할 수밖에 없었다.

전전긍긍하며 애를 태울 때 전(前) 성남예총 김성태 지회장님께서 전국무용제 예선대회 사진 자료를 흔쾌히 보내주셨다. 그리고 의정부시무용단 안무자 이미숙 선생님, 부천시지부장 오은령 선생님, 수원시지부장 장정희 선생님, 수원 지역무용가 김동곤 선생님께서 누락된 프로그램 자료를 보내주셨다. 그리고 성남무용단의 정금파 선생님, 포천시지부장 한동엽 선생님, 화성시지부장 김정아 선생님께서 여러 가지로 도움을 주셨다. 지면을 통해 진심으로 감사드린다.

특히 부족한 연구에도 불구하고 귀한 사진을 수록하도록 허락해주신 대한민국예술원 회원 조흥동 선생님께 감사를 드린다. 더불어 사진작가 황헌만 선생님, 김운선 선생님, 김인실 선생님, 정용진 선생님께도 감사의 마음을 전한다.

이 책을 기획할 때의 초기 의도는 경기도의 무용가들과 그들의 무용단에서 창작한 예술작품의 특징을 밝히고 이를 통해 무용예술의 새로운 방향성에 대해 이야기 하고자 하였다. 그러나 여러 가지 문제에 직면하면서 경기도 무용의 발자취를 통해 변화를 조명하고 이를 통해 조심스럽게 경기도 무용의 발전에 대한 필자의 짧은 소견을 밝히게 되었다.

제1장 「경기도 무용의 시대별 동향」, 제2장 「경기도의 무용가」, 제3장 「경기도의 무용단」, 제4장 「경기도 무용의 창작산실」, 제5장 「경기도 무

용의 예술적 전망」으로 구성된 전체 5장의 책 내용은 무용공연 기록을 담은 2차 자료를 통해 논지를 정리하여 아쉬움을 남긴다. 물론 방대한 경기도 무용의 작품들을 필자의 안목으로 일일이 거론하기도 불가능하지만, 무용의 생생한 현장에 대한 매력을 전할 수 없어 안타깝다.

제1장은 1950년대부터 2014년까지 10년을 단위로 하여 경기도 무용이 어떻게 변화하고 있는지 살펴보았다. 제2장에서는 경기도 출신의 무용가로 우리 무용계의 큰 흐름을 주도한 무용가들의 삶과 예술에 대한 특징을 언급하였다. 제3장에서는 1980년대부터 2014년까지 경기도에서 활동해온 무용단들을 분류하여 그 구성에 대한 특징을 밝히었다. 제4장은 경기도 무용의 창작산실로 경기도 무용을 주도해온 전국무용제 경기도 예선대회의 공연 프로그램을 기록하고 분석하여, 무용가들의 창작에 대한 시대별 무용창작의 주제 흐름과 공연물의 장르 변화에 대해 밝히었다. 그리고 제5장은 경기도 무용의 평가와 전망에 대한 필자의 생각을 제시하였다. 미흡하나마 이상의 내용은 그동안 논외로 다루어졌던 경기도의 무용에 대한 기초 토대 연구로 의미를 갖는다. 또한 이 작은 기록이 동시대를 살아가는 경기도 무용가들의 행보를 남기는 계기가 되어 그들에게 작은 위로가 되길 희망한다.

마지막으로 미흡한 책을 출판해주신 북코리아의 이찬규 사장님과 편집부에도 감사드리며, 출판을 지원해주신 경기문화재단과 한국문화예술위원회에도 감사를 전한다.

2015년 12월
김기화

목차

제1장

경기도 무용의 시대별 동향

경기도(京畿道)는 지정학적으로 한반도의 중심부에 위치해 있고, 서울특별시와 함께 수도권을 형성하며 대한민국 경제 동력의 핵심을 차지하고 있다. 따라서 제품 생산의 제반시설 및 공장 등이 기반 산업으로 자리 잡고 있어 인구증가의 지속적인 성장을 보이고 있다. 현재는 행정구역상 31개의 시군으로 나누어져 있으며, 이 중 4개의 군을 제외한 나머지 행정단위가 승격하여 27개의 시로 구성되어 있다.

역사적 개념으로서 '경기'는 현재의 경기도와 같은 특정의 행정구역을 지칭하는 용어가 아니라 왕도와 그 주변 지역을 통칭하는 관념상의 표현이었다.[1] 삼국시대부터 '경기'는 원래 이와 같은 고전의 용례에 따라 왕성과 보익(輔翼) 지역을 의미하는 개념으로 사용되었다.[2] 그 후, 고려시대부터 경기는 독립된 지방제도로 확립되기 시작했고, 1390년부터 관전법의 단행과 함께 거의 오늘날과 같은 규모의 행정구역으로 확장되었다. 특히 조선시대의 경기도는 수도 한성을 군사적으로 보위하면서, 경제적, 사회문화적 자원을 제공하는 배후지로서의 독자적 위상을 확보해 왔다.[3]

경기도는 고려조 이래 1,000여 년 동안 도읍지가 있던 곳이라 불교문화를 비롯하여 유교문화, 실학문화, 왕실문화, 그리고 그러한 거대문화의 저변에 공존했던 민속문화[4]로 다채로운 문화의 꽃을 피워왔다. 이러한 문화적 특성들은 경기도의 예술에도 영향을 미쳐 아악(雅樂)과 풍류(風流), 가요(歌謠), 시조(時調)같이 사대부(士大夫) 사회에서 즐기던 음악과 춤 등이 주류문화를 형성하였고 민간의 문화예술도 궁중과 사대부의 영향으로 형식과 기교가 선명하여 예술적 수준이 상당히 높았다. 경기도를 대표하는 전통연희(傳統演戱)인 경기 도당굿을 보더라도 유교식 제례와 마을 단위의 대동굿이 함께 존재하며 유서 깊은 마을의 전통을 지켜

왔다. 그리고 경기도 당굿의 다양한 연희는 양주별산대놀이, 경기농악 등 다양한 민속놀이와 교류하며 민중의 생활연희로 남아 전해지고 있다.

그러나 경기도의 전통연희는 전통사회가 해체되며 근대에서 현대에 이르기까지 전승과 소멸, 그리고 복원 등의 고비를 통해 어려움을 겪었다. 근대 이후 유입된 새로운 근대예술과 충돌하기도 하고, 소통하면서 전통예술은 독립된 예술 장르로 분화되어 각 장르의 고유성을 강조하는 극장예술로 발전하였다. 무용 역시 근대 이후 예술 장르로 독립되어 극장예술로 발전하였다. 제1장 「경기도 무용의 시대별 동향」은 해방 이후부터 2010년대까지 경기도의 무용의 예술적 동향을 살펴보고자 한다. 현대에 들어 경기도의 문화는 서울의 중앙문화와 지리적 근접을 이루다 보니 경기도만의 독자적인 문화를 형성하는 데 어려움이 많았다. 그러다 보니 경기도의 무용 역시 그 흐름을 정리하는 데 한계가 있었다. 그러나 미약하나마 경기도 무용의 흐름을 기록하는 것은 많은 무용가들의 예술과 삶에 대한 발자취를 남기는 것으로 의의를 가질 수 있을 것이다. 이제 무용은 전문예술에서 생활 문화로 확장되고 있다. 경기도의 지나간 무용의 흐름을 이해하는 것은 새로운 시대에 무용이 어떠한 문화적 파급력을 갖게 되는지를 예측하게 하는 것으로 창조적인 미래문화의 근간이 될 것이라 기대할 수 있다.

1. 1950년대 경기도의 무용

한국은 근대의 격동기를 통해 분단의 아픔을 겪고 현대에 이르렀다. 1945년 해방부터 1950년 민족의 대참사 한국전쟁을 겪으면서 정치, 사회는 요동치는 변화를 겪게 되었다. 일본으로부터 해방을 맞은 이후 한동안 무용공연의 흐름은 근대적 흐름이 지속되었다. 1948년 독립정부가 수립되었지만 식민지적인 특성들은 문화예술 전반에 남아있었다. 일본의 식민 특성들은 새로운 서구 열강의 문화로 대체되며 서울에 집중되어 나타났다. 더구나 1950년 한국전쟁으로 무용을 포함한 공연예술은 정치적 규정성이 어느 때보다 컸다. 해방 직후부터 중도파까지를 아우른 좌파가 장르별 단체를 조직하기 시작하여 집단적인 좌우 대립 모습을 보였고, 진쟁 중에는 군예대 등에서 정치선전적인 예술 활동이 펼쳐졌다.[5] 한국전쟁으로 인한 분단으로 정치적 격변을 겪은 예술가들의 공연 활동은 위축되었다. 그나마 서울이 함락된 이후 피난을 떠난 예술가들이 대구, 부산 등지에서 미약하나마 활동을 이어나가 명맥만 유지되는 상황이었다.

전쟁이 끝나고도 공연예술계의 위축된 상황은 빠르게 회복되지 못하였다. 전후의 재건에 대한 국민적 열망은 정부 주도의 초고속 경제개발에만 힘을 실어 앞만 보고 달려가 산업화와 도시화가 가속되었다. 따라서 1950년대의 공연예술계 전반은 급격한 쇠락의 길을 걸을 수밖에 없었다. 경기도의 무용도 예외는 아니었다. 그나마 항구도시인 인천을 중심으로 공연 활동이 미약하게 이루어지고 있었지만 무용공연은 일제 식민 치하에서 활약하던 예술가들이 특별한 변화 없이 공연 활동에 참여하였고 새로운 창작적 열망은 시도되지 못하였다.

1) 경기도 무용의 구심점 '애관극장'

일제강점기 이후 우리의 전통예술은 서구문화의 유입으로 새로운 국면을 맞이하게 되었다. 서구문화와 함께 유입된 서양식의 액자무대는 전통연희의 새로운 변화를 요구하였다. 이 변화로 말미암아 재인광대 한성준에 의해 전국에 산재해 있던 장단과 춤들은 극장예술로 재편성되어 오늘날 우리가 전통무용이라 부르는 유산을 남기게 되었다.

또한 일본 유학파 무용가인 최승희, 조택원 등이 지식인들의 후원 속에 무대예술가로 인정되면서 많은 젊은이들이 신무용의 예술세계에 빠지게 되었다. 바야흐로 신무용의 시대가 도래한 것이다. 이러한 새로운 예술 사조는 전국적으로 새로운 극장문화를 파급하였다.

경기도에서도 극장문화는 인천을 중심으로 발전하였다. 당시 행정구역상의 도청 소재지가 수원에 있었지만 인천은 항구를 중심으로 유입되었던 자본과 물류시장이 활성화되어 산업화의 중심지였다. 따라서 인천의 풍부한 경제력은 문화적으로도 예술적 기반을 형성하는 데 영향을 미쳤다. 인천에는 애관극장(愛館劇場)이 있어 명성 있는 중앙의 무용가들이 이곳에서 공연을 하였다. 애관극장은 인천에 설립된 사설 극장으로 인천 갑부 정치국(丁致國, 1865-1924)이라는 인물이 세운 협률사(協律舍)의 후신이다. 1895년 세워진 이 극장은 최초의 실내 극장으로 알려진 희대(戲臺)보다도 7년이나 앞서 세워진 극장이었다. 지금은 영화관으로 운영되는 인천 경동의 애관극장은 과거의 역사에서 경기도 예술 활동의 본거지였다.

광복 이후 경기도 내에서 최초로 열린 무용발표회 역시 애관극장에서 올려졌다. 1945년 12월 1일 최승희의 제자인 김민자와 조선악극단의 단원이었던 임경희가 최초의 공연을 하였다. 1946년 장추화도 제자

송범, 김진걸과 함께 공연하였다. 인도음악을 반주로 하여 〈창조의 여신〉, 신무용 〈꼭두각시〉, 노들강변에서 영감을 받아 구성한 〈연양춘〉에 직접 출연하고, 〈타브라이 리듬〉에 송범과 김진걸을 애관극장 무대에 세웠다. 그리고 1947년 성규봉이 대학생들과 공연하였고, 1947년 3월 16일과 17일 우리나라 최초의 남성 무용가로 유명한 조택원과 정인방이 전통에 근거한 창작무용 〈만종〉과 〈산신무〉를 공연하였다. 그 후 1947년 가을에 한국 근대무용의 선구자로 활동했던 함귀봉 문하의 무용연구소 단원이었던 김문숙, 최순영, 정혜옥, 최가야 등이 공연을 하였다. 김문숙은 〈메리위드〉를 선보였고, 최순영과 김문숙은 〈미뉴에트〉를, 정혜옥은 군무로 〈왈츠〉 등을 선보였다.[6]

1950년 한국전쟁이 발발 되자 인천의 공연예술도 위축될 수밖에 없었다. 3년간의 긴 휴지기가 지나고 1953년 9월에 강선영과 조광, 이월령, 전상훈, 권려성 등이 인천에서 공연을 가졌다. 당시 중앙에서 활동하던 유명한 무용가들이 애관극장에서 공연을 한 것이다. 이 무대에서 경기도 안성 출신 무용가 강선영은 〈쌍검무〉를 추었고, 조광은 〈불의 성〉, 권려성은 〈회상〉을 각기 춤추었다. 그리고 군무로 〈열풍지대〉 외 여러 작품을 선보였다.[7] 이처럼 애관극장의 공연은 당대의 무용을 활발하게 전개해나가는 경기도 무용의 구심점을 이루었다. 당시만 해도 인천과 경기도 내에 프로시니엄 무대를 갖춘 극장이 거의 없었기 때문에 공연예술 활동은 1895년 인천 중구 경동에 개관한 국내 최초의 극장이었던 애관극장이 무용공연의 산실로 역할을 담당하였다.

2) 초 · 중 · 고등학교 체육 교육과정에 반영된 무용교육

인천을 중심으로 활성화된 무용문화는 학교 무용교육으로 반영되는 성과를 이루었다. 경인 지역에서는 최초로 인천여자중학교와 신흥초등학교, 송의초등학교에서 체육 교과에 무용을 편성해 학교 교육에 반영하였다. 1948년 대한민국 정부 수립 이후 초 · 중 · 고등학교에 무용이 편성되면서 무용교육의 초석이 마련되었는데, 이는 미래의 무용인력과 관객 개발에 영향을 주는 획기적인 일이었다.

3) 무용공연장이 된 학교 강당

전후의 열악한 상황에도 불구하고 무용공연은 계속되었다. 인천에서는 애관극장 이외에도 공연시설이 전무한 학교 강당이 무용가들의 무대가 되었다. 무용가들은 고정 관객이 될 수 있는 학생들을 관극 대상으로 무용공연을 가졌다. 1955년 무용가 강선영은 인천 신흥초등학교 강당에서 개인발표회를 가졌다. 강선영은 자신의 문하생들과 함께 스승 한성준의 춤과 자신의 창작무용극을 무대에 올렸다. 한성준류의 〈태평무〉, 〈승무〉, 〈살풀이〉, 〈신선무〉 등과 전래동화를 바탕으로 한 무용극 〈나무꾼과 선녀〉를 공연하였다. 1956년에는 김백봉, 이민방, 은방초 등의 무용가들도 인천여자중학교에서 공연하였다. 이때 김백봉은 〈부채춤〉과 혹부리 영감의 아동설화를 토대로 완성한 창작무용극 〈우리 마을 이야기〉를 선보였다. 1958년 9월에는 한국무용계에서 최초로 무보집(舞譜集)을 편찬한 박금슬이 인천의 신흥초등학교 강당에서 〈회상〉과 〈수건춤〉을 공연하였다. 또한 1959년 조택원과 권여성 등이 대만 무용가 이숙분의 민속무용단과 함께 인천여자상업고등학교에서 공연을 가졌다.[8]

학교 강당에서 올린 공연들은 오늘날 전통무용으로 불리는 고전무용과 신무용 형식의 무용극들이 주요 레퍼토리로 등장하였다. 주로 전래동화를 중심으로 무용극화한 작품들은 권선징악(勸善懲惡)의 결과를 통해 선이 악을 이기는 교훈 무용극이었다. 주인공을 중심으로 펼쳐지는 작품으로 아름다운 여주인공을 동경하는 많은 여학생들에게 무용가로서의 꿈을 갖게 하였다. 이후 인천은 많은 무용가들을[9] 배출하였다.

해방 이후 경기도는 시대적으로 전후의 어려웠던 상황으로 자생적인 무용문화를 만들어내지 못하였다. 일반 서민들은 녹록하지 못한 살림살이로 예술에 눈을 돌리지 못하였고 몇몇 경기도 출신의 무용가들도 중앙무대인 서울로 진출하여 활동하였다. 그나마 전후의 황폐했던 시기에 순회 공연차 방문했던 중앙 신무용가들의 공연이 경기도민들에게 꿈과 희망을 심어주었다. 미디어 매체가 없던 시기에 이들의 공연은 많은 사람을 위로하고 기쁨을 주는 시간이었다. 학교 강당에서의 공연은 소품을 활용한 형식의 소품(小品)춤과 군무(群舞) 등 아름다운 신무용 레퍼토리와 무용극이 주류를 이루었다.

2. 1960년대 경기도의 무용

1960년대는 공연예술의 기반이 세워진 시기이다. 남북 분단으로 겪었던 좌 · 우파의 극심한 대립으로부터 벗어나 새로운 예술 흐름이 시작되었다. 예술적으로 새로운 계파가 형성되며 인맥을 통해 새로운 작품의 성향을 드러냈다.

국가적으로는 경제적 도약을 통해 산업화와 도시화가 시작되었고 정당정치가 안정되면서 시민들이 중심이 되는 새로운 사회가 도래하게 되었다. 정부에서는 제도와 정책 등을 정비하여 예술을 새롭게 편성하였다. 기존에 활동하던 예술단체들을 통합하여 (사)한국예술인총연합회라는 단일 연합체가 구성되었고, 1961년에는 공연법이 제정되었다.

1966년에는 한국예술문화윤리위원회가 설립되어 문화예술전반에 걸친 사전 심의를 통해 공연을 제제하기도 하였다. 또한 서구화의 빠른 유입과 발전으로 점차 소멸되어 가는 전통문화유산을 지키기 위한 문화재보호법이 제정되기도 하였다. 이후 매체의 발달로 대중예술이 고개를 들어 현대예술의 새로운 바람을 일으키기도 하였다.

1) 신무용 2세대 무용가들이 이룬 학원 중심 무용교육

한국무용사에서 1960년대는 신무용 제2세대들의 무용관이 태동하던 시기이다. 1962년 국립무용단이 창단되고 1963년 이화여자대학교에서 무용학과가 개설되어 전문적인 무용인력의 배출이 시작되었다.[10] 이러한 무용계의 변화는 경기 · 인천 지역까지 영향력을 미치지 못하였다. 단지 서울의 중견들에게 사사받은 무용가 강남기, 김매자, 김중흠, 최청, 손정순, 이명희, 이명미, 문정옥 등이 경기 지역의 학교와 무용학원에서 학생들을 양성하였다. 비록 경기도 전역까지 무용인력 양성을 위한 민간 교육기관은 확대되지 못했지만 학원의 무용교육은 지역무용가를 양성하는 계기가 되었다. 학원의 무용교육으로 학생들이 배출되자 인천신문사(현 경인일보)의 주최로 1962년부터 경기 지역 초중학생 무용경연대회가 개최되었다. 초등학생 무용경연대회는 1969년까지 개최되며 한국무용 저변을 넓히고 새로운 전문 무용인력을 육성하는 중요한 역할을 하였다.[11]

2) 경기도와 인천이 통합된 '(사)한국무용협회 경기도지부' 발족

1961년 12월 16일 서울에서는 송범과 중견 무용가들이 결집하여 무용가들의 권익 신장과 무용의 저변 확대를 위해 (사)한국무용협회를 설립하였다. 경기도에서도 1967년 2월 25일 지역무용인의 화합과 지역무용 발전을 위해 당시 인천교육대학의 교수였던 김중흠이 중심이 되어 초중등학교 교사 70여 명과 함께 (사)한국무용협회 경기도지부를 설립하였다. 그러나 무용에 대한 전문성 부족과 교육공무원들의 잦은 인사이동으로 인해 발족한 지 1년 만에 사실상 해체되었다.

다시 1969년 인천 지역무용가 이선주를 중심으로 인천에 터를 잡은 강남기, 김미영, 김매자, 김영자, 류화자, 이영미, 홍수자 외 15명과 경기지역 15명의 무용가를 규합하여 총 38명이 (사)한국무용협회 경기도지부의 설립 발기인으로 참여하였다. 그해 7월 이선주를 임시 의장으로 선출하여 창립총회를 갖고 지부장에 최청, 부지부장에 김매자를 추대하였다. 그러나 이 조직은 방대한 경기도의 각 시군별 무용인들의 협의체로서 대표성을 띠기보다는 주로 인천 지역의 무용회원들만의 모임으로 한계를 갖고 있었다. 이 모임도 지부장 최청이 인천을 떠나자 결국 공백 상태로 유명무실하게 되었다.[12]

3) 공연기획의 주최가 된 '(사)한국예총 경기도지부'

1962년 2월 27일 (사)한국예술문화단체 총연합회(한국예총)의 경기도지부가 발족하여 3월 10일 발기총회를 거쳐 창립하였다. (사)한국예총 경기도지부는 경기도의 실제적인 예술행사를 기획 운영하는 공공주체가 되어 많은 행사들을 관리하였다. 1967년 4월 22일 인천공설운동장에서 (사)한국예총 주최와 경기예총 주관으로 '종합민속예술제'가 개최되었다. 이 예술제의 2부 행사에서 한국민속무용단이 김송자 외 14명이 〈부채춤〉을 추었고 은방초 외 4명이 〈무당춤〉, 권미숙이 〈북춤〉, 김영옥 외 19명이 〈궁정무〉, 은방초가 〈수건춤〉, 정순사 외 17명이 〈장고무〉,

박정숙 외 21명이 〈길삼놀이〉를 공연하였다. 그리고 1968년에는 지역 무용예술인 발굴을 통한 새로운 무용인력 확충이라는 취지하에 (사)한국예총 경기도지부 주최로 '신인발굴예술무용제'가 처음 개최되었다. 이는 1971년까지 매년 개최되다가 예산문제로 중단되었다. 이 무용제는 1970년대 학생무용경연대회로 명칭이 변경되었다.[13]

3. 1970년대 경기도의 무용

1970년대는 경제와 정치의 총체적 문제를 안고 미래를 개척하던 시기였다. 생존을 위한 일상은 자신의 모습을 제대로 볼 수 없게 만들었고 자신에 대한 성찰을 불가능하게 만들었다. 그러면서도 하루하루 나아지는 상황을 느끼면서 막연히 미래를 준비할 수 있는 시기였다.[14] 아마도 이 시기에 한국은 서구문명이 경제적 발전을 이끄는 큰 에너지원으로 자리 잡게 되었고 반대급부로 민족적 성찰에 대한 목소리로 '한국화'라는 전통적 방식에 대한 관심이 고개를 들기 시작하였다.

문화적으로도 정부의 문화예술 진흥책이 체계적으로 제도화된 시기였다. 1972년 8월 14일 법률 제2337호로 '문화예술진흥법'이 제정되었다. 이 정책은 국가적 차원에서 마련한 대대적인 지원을 주요골자로 하고 있었다. 이에 따라 1974년부터 실시된 제1차 문예중흥 5개년 계획(1974-1978)은 역사상 최초의 중장기 문화발전계획이었으며, 문예중흥을 위해 투자된 금액은 총 485억 원에 달하는 것이었다. 이 계획의 근본 취지는 국민정신의 계발과 주체의식의 배양을 뒷받침하는 새로운 민족문화를 창조함으로써 문화예술이 80년대의 민족번영과 웅비를 목표로 하는 국익배양의 정신적 지주로서 그 선도적인 사명을 다하도록 뒷받침

하는 것이었다.[15]

'문화예술진흥법'이 제정 · 공포된 다음 해 3월에 한국문화예술진흥원이(현 한국문화예술위원회) 설립되어 국내 각 예술 분야의 발전에 대한 국가적 지원제도가 마련되었다. 특히 1974년 한국문화예술진흥원은 무용진흥을 위한 사업으로 그 산하에 무용개발위원회를 발족하였다. 이 위원회에서 한국 무용계의 발전을 위한 여러 사안들이 논의되었고, 직업무용단체들의 무용공연을 위한 창작지원금을 책정하여 지원하였다. 그러나 모두 서울 중심으로 활동하는 무용단체들에게 지원되어 경기도를 비롯한 지방 단체들은 혜택이 없었다.

이러한 국가적 과제는 1970년대 후반에 무용가들의 창작정신을 고취하기 위한 지원정책으로 이어지고 급기야 1979년 '대한민국무용제'가 개최되었다. 대한민국무용제는 한국무용, 현대무용, 발레를 아우르는 지원정책으로 말미암아 활성화된 무용축전(舞踊祝典)으로 무용창작 활성화에 기여하였다. 매년 10월 중순경에 개최되면서 참가 단체에게 일정 제작비를 제공하고, 작품상과 안무상, 연기상 등의 상을 제작하여 경연하였다. 이 무용제는 1980년대 한국 무용 발전에 기여하였지만 서울 중심의 무용단체들이 참가하다 보니 그 문턱이 너무 높아 지방의 무용단체들이 소외되는 경우가 많았다. 1986년부터 초청공연 형식으로 개최되다가 1991년 '서울국제무용제'로 명칭이 변경되어 새롭게 운영되었다.[16]

1) 경기도의 새로운 무용 공간 '수원시민회관'

공연무대의 제반 여건이 열악한 경기도의 무용공연에는 큰 변화가 없었다. 다행히도 1970년 경기도 수원시 팔달구 매산로에 700석 규모의 수원시민회관이 개관되었다. 현재로 보면 강당형의 가로무대 공간이지만 당시로서는 인천의 애관극장을 제외한 경기도 행정구역권 내에서 문화예술 행사를 할 수 있는 몇 개 안 되는 공공 공연시설이었다. 수원시민회관은 이후 경기도의 크고 작은 행사를 담아내는 공연장으로의 기능을 담당하였다.

2) 경기도 출신 전통무용가들의 중앙무대 진출

경기도에서의 무용공연 활동은 크게 발견되지 않으나 경기도 출신의 전통무용가들이 중앙무대인 서울에서 활발하게 활동하였다. 1970년대 경기 안성 출신의 강선영이 국립무용단원으로 활동에 전념하고 있었고 전통무용가들도 공연에서 주목받기 시작하였다. 무용학자 정병호가 발족한 전통무용연구회의 공연에 화성재인청의 후예인 이동안과 김숙자가 공연을 하여 경기 전통무용의 역량을 거침없이 발휘하였다. 김숙자는 경기 무속무용 〈터벌림춤〉, 〈올림채춤〉, 〈진쇠춤〉, 〈도살풀이춤〉을 선보였고 이동안은 '이동안 개량춤 발표회'에 자신의 레퍼토리 다수를 발표하였다.[17]

3) 열악한 지역기반에서 시작된 무용학원의 공연 활동

1970년대에는 서울을 제외하고 전국 주요 도시인 부산, 광주, 대전, 대구에서 한두 건의 무용공연을 하였을 뿐이었다. 따라서 서울과 근접했던 1970년대의 경기도 지역무용공연은 전무하였다. 그 예는 1970년부터 1980년까지 연도별 전국 무용공연 횟수에 대한 조사 결과를 보면 알 수 있다.

표 1 1970년대 한국 무용공연 장르별 공연 횟수[18]

구분		1970	1971	1972	1973	1974	1975	1976	1977	1978	1979	1980
한국무용	전통무용		2	1		1		2	5	6	4	12
	창작무용	3	2	2	3	6	15	12	14	12	18	31
외국무용	발레	2	1	1		4	5	7	5	4	5	7
	현대무용	1	1		2	1	2	2		4	5	15
종합예술		5				2	1	2		3	4	2
합계		11	6	4	5	14	23	25	24	29	36	67

그나마 경기도 무용계는 수원과 성남에 있는 사설 무용학원을 중심으로 무용교육이 이루어지고 있었다. 수원의 장상화무용학원과 은하수무용학원 등을 비롯하여 성남에서는 1973년 정금란의 성남 무용학원, 강신자의 고전무용학원들이 개설되어 후진 양성을 하였다. 1975년 10월 6일 정금란은 문하생 무용발표회를 성남시 수진동 소재 제일극장에서 개최하였다.[19]

4. 1980년대 경기도의 무용

1980년대는 국가적으로 매우 중요한 도약을 이룬 시대이다. '86 아시안게임'과 '88 서울올림픽'이 유치하면서 국제사회에 대한민국이 널리 알려졌다. 이들 국제적인 스포츠 행사가 개최되면서 함께 진행된 문화예술축전은 우리의 문화예술 발전에 귀중한 토양이 되었다. 정부의 막대한 기금이 조성되어 국제 규모의 문화예술 기획전이 개최되면서 예술가들은 새로운 예술구도에 발 빠르게 편승하였다.

이 막대한 자금력을 바탕으로 무용계는 르네상스를 이루었다. 국제현대무용제(1982년), 한국무용제전(1985년) 등 굵직한 무용기획전이 출범하면서 국내는 물론 국제적인 무용단체들이 참가하여 공연하였다. 따라서 전국적으로 이들 기획전에 참가할 무용단들이 새롭게 구성되었다. 대학 동호인 무용단의 출범도 이 기획전의 성립과 맥을 같이하고 있다. 전국의 대학 무용학과 동호인 무용단들은 고유의 상징성을 갖는 단체명을 짓고 무용 활동을 시작하였다. 1981년 이화여자대학교 발레 전공자로 구성된 발레블랑을 시작으로 발레, 현대무용, 한국무용의 대학동문무용단들이 활발한 공연 활동을 하였다. 또한 공적 자금이 투입된 (사)한국예총 산하의 (사)한국무용협회 주최의 대한민국무용제를 제외하고 각각의 전공자들을 중심으로 한국현대무용협회와 한국무용연구회가 사단법인체의 법적 자격을 갖추고 각각의 전공자들이 활동할 수 있는 발판을 구축하기 시작하였다.

예술적으로도 한국무용, 발레, 현대무용의 독립적 장르들이 '86 아시안게임'과 '88 서울올림픽'이라는 국제적인 스포츠 행사를 유치하면서 함께 진행된 문화교류행사를 통해 새로운 눈을 뜨게 되었다. 세계 여러 나라의 민족무용과 함께 당대의 현대적인 무용들이 국내무대에서 선보여졌고 무용가들은 이때의 문화적 충격을 통해 세계무대 진출에 필요한 예술적 안목을 갖추기 시작하였다.

또한 이 국제적인 행사를 성공적으로 유치하기 위해 각 시도에서도 시 · 도립 무용단을 발족하였다. 1981년 인천시립무용단이 발족되고 비슷한 시기인 1981년에는 국내 최초의 현대무용 직업단체인 대구시립무용단이 발족되었다. 뒤이어 1985년 대전시립무용단, 1990년 울산시립무용단이 발족되었다. 시 · 도립 무용단 발족은 자연스럽게 지역무용계를 활성화시켰다. 때를 같이하여 서울에만 집중되었던 대학 무용학과들이 지방에 설립되어 전문적인 지역 무용인들을 양산하였다. 부산 지역에만 3개의 대학무용학과들이 설립되었다. 1982년에 동아대학교, 1983년 경성대학교와 부산대학교에 무용학과가 개설되고 대구 지역에서도 기존의 효성여자대학교와 함께 1984년에 계명대학교 무용학과가 개설되었다. 경기도 지역에서도 1984년 수원대학교 무용학과와 1990년 용인대학교 무용학과가 개설되었다. 전라북도에서도 1988년 전북대학교 무용학과, 1989년 우석대학교 무용학과가 설립되었다. 따라서 지역 중심의 새로운 무용 질서가 개편되었고, 교수를 중심으로 지역 패권을 겨루며 많은 행사에 참여하였다.

1) 전문 무용교육의 유입

1980년대 한국무용계를 '한국 춤문화의 르네상스기'로 평가하지만 경기도 무용은 뚜렷한 변화를 모색하지 못하였다. 그러나 이 시기 경기도에 전문적인 무용교육을 담당하는 학교 교육이 시작되었다. 당시 경기도에서는 무용학원을 중심으로 학원장과 학원의 동문들이 모여 무용활동을 하고 있었다. 전문적인 학교 무용교육의 유입은 경기도 무용의 새로운 변화를 위한 잠재된 에너지원이 되어 지역무용의 새로운 구도를 형성하는 신호탄이 되었다.

1980년 안양 인덕원 계원예술고등학교 무용과의 신설을 시작으로, 1984년에 수원대학교 무용학과의 신설, 1986년 안양예술고등학교 무용과 신설, 1990년 용인대학교 무용학과의 신설로 이어졌다. 전문 무용교육의 시작은 전문 무용교육을 받은 무용학과 교수와 강사들이 유입되는 계기가 되었고 경기 지역의 무용창작 발전에 기반이 되었다. 또한 경

사진 1 한국 창작무용 〈인다리〉 / 안무 임학선 / 사진제공 임학선 댄스위

기 지역 직업무용단 설립의 필요성을 잠정적으로 인식하게 되는 계기가 되었다.

1984년 설립된 수원대학교 무용학과에는 창무회(創舞會) 대표인 한국무용가 임학선이 부임하여 임학선무용단을 결성하여 활동하기 시작하였고, 1990년 설립된 용인대학교 무용학과에는 일본에 유학하고 돌아온 한국무용가 한윤희와 컨템포러리 현대무용단 출신의 현대무용가 황문숙이 각기 무용단을 결성하여 중앙과 해당 지역에서 활동하기 시작하였다.

2) 경인 시대에서 경기도 시대로 '(사)한국무용협회 경기도지부' 창립

경기 지역무용계의 실질적인 변화는 1980년대 후반부터 시작되었다. 1981년 경기도의 행정구역이 개편되면서 인천이 직할시로 독립되자 경기도는 새로운 무용계의 개편이 필요하였다. 그간 1970년대에 설립된 (사)한국무용협회 경기도지부가 광범위한 지역을 포괄하지 못할 뿐 아니라 재정 확보의 어려움으로 인해 유명무실한 상황이었다. 따라서 경기도는 그간 경기 무용의 구심점을 맡아왔던 인천을 대신할 대안이 필요하였다. 시간이 경과하면서 각 시군 지역의 무용가들은 이를 인식하고 무용의 지역적 토대를 마련하기 위해 고심하였다.

1985년 4월 5일 성남에서 (사)한국무용협회 경기도지부 성남지부가 창립되었다. 성남의 지역무용가 정금란이 제자인 이선아, 김종해 등과 함께 성남지부를 발족하고, 1986년 '제1회 성남종합예술제'에 참여하면서 지역예술계에 동참하였다. 그리고 1986년 성남청소년예술제의 일환으로 '성남학생무용경연대회'를 개최하였다.[20] 이어 부천 지역에서 무용학원을 개설하여 학원생 발표회를 중심으로 공연 활동을 하던 부천 지역무용가 박효순이 1987년 (사)한국무용협회 경기도지부 부천지부를 창립하였다.[21]

1989년에는 경기도의 도청 소재지인 수원에서 (사)한국무용협회 경기도지부를 재정립하기 위한 창립추진위원회가 결성되었다. (사)한국무용협회의 중앙회 정관 및 지부설치 운영규칙에 의하여 각 도의 도청 소

사진 2
(사)한국무용협회 이사장 강선영에게 성남지부 인준서를 받고 악수하는 정금란 / 사진제공 정은파

재지에서 결성된 무용지부가 자동적으로 각 도를 대표하는 도지부가 되었다. 수원 지역에서는 1950년대 후반부터 수원 지역에서 학원을 운영해온 장상화, 수원여자전문대학 무용과 교수 박복희, 은하수무용학원을 운영하던 송봉수, (사)한국예총 경기도지회장 송태옥, 연극인 이재인이 (사)한국무용협회 경기도지부 설립의 발기인으로 참여하였다. 그해 5월 9일 동수원호텔 6층에서 창립총회를 개최하고 고문에 장상화, 이재인, 지부장에 박복희, 부지부장에 박경현, 박승순, 장정희, 감사에 김윤순, 한국무용분과장에 우경자, 전통무용분과장에 고희자, 발레분과장에 박정희, 현대무용분과장에 김영란, 사무국장에 송봉수를 선출하여 경기도를 대표하는 (사)한국무용협회 경기도지부를 결성하였다.

3) 지역무용가와 대학교 무용학과의 협업

관 주도형의 공식적인 행사에서 (사)한국무용협회 경기도지부는 무용기획에 주도적으로 참여하였다. 그러나 대규모 행사에서 경기도 지역의 무용가들로만 공연을 치를 수 없어 서울의 대학교 무용학과 교수를 초빙하여 합동으로 공연하는 경우가 많았다. 1989년 9월 25일 수원실내체육관에서 열린 제70회 전국체육대회 한민족체육대회 전야제의 경우가 지역무용가와 대학교 무용학과의 협업의 사례로 손꼽을 수 있다. 한국무용에 세종대학교 무용학과 교수 양선희의 인솔로 〈부채춤〉이, 수원대학교 무용학과 교수 임학선의 지도로 〈여명〉이 공연되었다. 그리고 안양예술고등학교 교사 경임순의 지도로 〈북과 바라춤〉도 함께 공연되었다. 세종대학교 발레 동인무용단 애지회의 〈도약〉, 최청자현대무용단의 〈째즈〉도 공연되었다. (사)한국무용협회 경기도지부에서도 협회의 임원들이 공연에 참가하였다. 장정희의 지도로 은하수무용단이 〈선녀춤〉

을, (사)한국무용협회 경기도지부장 박복희의 지도로 난무용단이 〈평화〉를 공연하였다.

이 시기까지 경기도의 무용계는 무용공연 활동을 활발하게 전개할 무용 기반을 구축하지 못하였다. 따라서 경기도 무용계의 창작욕구에 의한 공연 활동보다는 외부의 행사에서 수반되던 식전 · 식후에 필요한 공연 요청에 의한 활동이 많았다. 이러한 행사성 공연 요청을 통해서 무용계는 무용공연 활동을 위해 공연단체를 구성해야 할 필요성을 인식하게 되었다.

4) 지역축제의 주역이 된 무용학원 무용단체들의 활동

1989년 수원시 승격 제40주년 및 서울올림픽 1주년을 기념하는 행사로 제26회 화홍문화제에 경축문화예술축전이 성대하게 열렸다. (사)한국무용협회 경기도지부의 주관으로 10월 10일 개최된 경축무용제에 장상화무용학원, 은하수무용학원, 박경현무용학원, 이화무용교습소의 학원생들과 송원여중 무용부와 무용가 박정희가 출연하였다. 공연내용은 한국무용 〈오고무〉, 〈설장고〉, 〈꼭두각시〉, 〈학춤〉, 〈선녀춤〉, 〈산조〉, 〈창작무용〉, 〈살풀이〉, 〈장고춤〉, 〈부채춤〉, 〈화관무〉와 발레 〈숲속의 물레방아〉, 〈지젤 중에서: 운명의 힘〉, 〈호두까기 인형 중에서: 요정들의 춤〉, 〈실비아〉, 〈8월의 향취〉, 현대무용 〈캐논〉이었다.[22] 무용학원의 학원생들이 지역축제의 수뇌 참여사가 되나보니 지역의 무용은 많은 사람들이 관심과 성원을 얻어내기에 유리하였다. 따라서 공연의 내용에 있어서도 학원의 수업 내용에서 선정할 수 있는 소품 형식의 레퍼도리가 주된 프로그램이 되었다. 무용학원생들은 지역축제에 참가하며 가족을 비롯한 주변의 칭찬과 격려로 무용가로서의 꿈을 키울 수 있었다.

5. 1990년대 경기도의 무용

1990년대 한국무용사는 1980년대에 이룬 '무용의 르네상스'가 공연으로 정착되어 유지되었다.[23] 한국경제의 도약과 발판으로 1980년대 치른 아시안게임과 서울올림픽이 국제사회에서 대한민국의 위상을 높였고 그 긍정적 파급은 1990년대까지 지속되었다. 전국적으로 다양한 축제들이 개최되었고, 축제의 개폐막식에 무용공연이 포함되었다. 이러한 사회적인 분위기에 경기도의 무용계는 급격한 변화를 맞이하며 발전하였다. 또한 1991년 시작된 지방자치단체 시대로 인해 각 지역의 문화예술 축제 관광자원화와 지역문화 활성화 정책으로 지방자치단체별로 문화예술 공간 및 지역 특성 문화예술이 개발되기 시작되었다.

1991년 6월 '경기도문화예술회관'이 개관하였고, 1993년 경기도 내 최초의 공공 직업무용단 '경기도립무용단'이 창단되었다. 그리고 1990년 수원여자대학에 무용 전공이 개설되고, 용인대학교 예술대학에 무용학과가 개설되었다. 또한 1998년에는 경기도 포천 소재 대진대학교 예술대학에 한국무용학과가 개설되었다. 그 후 죽전 단국대학교 무용학과, 동서울대학교 실용무용 전공, 안산캠퍼스로 이전한 서울예술대학교 무용학과, 중앙대학교 안성캠퍼스에 무용 전공이 개설되거나 이전되어 경기도 내의 무용인력 확충에 좋은 계기가 되었다.

1990년 경기도 무용의 변화에 있어서 가장 큰 이슈가 된 것은 (사)한국무용협회 경기도지회의 정립이었다. 그간 유명무실했던 (사)한국무용협회 '경기도지부'는 '경기도지회'로 개칭하고 경기도 각 시군지부의 협의체로 새롭게 개편되었다. (사)한국무용협회 경기도지회의 사업은 경기종합예술제 중 '경기무용제'를 주관하였고 '전국무용제 경기도 예선대회'를 주최 · 운영하였다. '전국무용제'의 여파로 경기도의 무용계는 비약적인 발전을 이루었다. 1995년 이후 무용공연 활동은 서울을 제외하고 전국 평균 무려 50%가 증가하여 전국적으로 가장 큰 변화의 폭을 갖고 발전하였다. 또한 경기도립무용단 창단으로 활력을 얻은 경기도의 무용계는 전통무용이 대폭 증가하여 1999년에 54회로 공연이 증가하였고, 한국 창작무용도 '전국무용제 경기도 예선대회'와 '경기무용제'를 통해서 매년 지속적으로 각 지부별 7개 팀 이상이 참여하는 등 점차 증가되었다. 현대무용과 발레도 경기도의 각 지역별로 무용학원 중심의 발레단들이 생기고, 현대무용 관련 축제인 안성의 '죽산국제무용제'가 개최되었다. 더불어 한국문화예술위원회의 문예진흥기금으로 경기도 외의 무용단체들도 경기도의 지역 순회 공연에 참여하는 등 공연 활동이 꾸준히 증가하였다.

1) 시군 무용가들의 협의체 '(사)한국무용협회 경기도지회' 발족

1990년대는 (사)한국무용협회 경기도의 각 시군지부들이 설립되어 인준되었다. 따라서 이들 시군지부 협의체로서 구심점을 담당할 (사)한국무용협회 경기도지회가 재정립되었다. 1992년 (사)한국무용협회는 그동안 중앙회의 정관 및 지부설치 운영규칙에 의하여 경기도의 도청 소재지인 수원에서 결성된 무용지부를 경기도지부로 인정하였다. 그러나 경기도는 다른 시도의 지부에 비해 워낙 방대한 지역으로 인해 시군지부들이 많아 기존의 경기도지부가 대표성을 인정받기 어려웠다. 지방자치 시대의 여파로 각 시군지역의 자치권에 대한 독립성이 강조되면서, 경기도 내 시군별로 속속히 인준받은 지부 간의 협력을 위해 새로운 차원의 협의체가 필요하게 되었다. 1992년 2월 24일 중앙회의 정기총회

때 성남시지부장 정금란의 발의로 도지부 협의체 결성을 위한 운영규칙 개정안이 이사회에 상정하도록 건의하였다. 1992년 3월 10일 중앙회 이사회에서 각 도지부 협의체 결성을 위한 운영규칙이 개정 통과되었다.

자연스럽게 경기도지부도 경기도지부장이었던 박복희의 주도하에 새로운 협의체 결성을 추진하였다. 시기를 같이하여 1992년 6월 16일 수원시지부와 안양시지부가 중앙회로부터 인준을 받아 성남, 부천, 수원, 안양의 시지부가 협의체 결성을 위한 협의를 계속하였다. 그러나 그동안 각 시지부가 활동해온 기득권을 두고 서로 간의 합의를 보지 못하여 잠정 유보하기도 하였다. 그러다가 1992년 12월 23일 경기도문화예술회관 소회의실에서 협의체 결성총회를 갖게 되었다. 원로 무용가 장상화, 도지부장 박복희, 성남시지부장 정금란, 부천시지부장 박효순, 수원시지부장 이창숙, 안양시지부장 김기백, 의정부시지부장 이미숙, 성남시지부 대의원 김종해, 조성란, 이현명, 최미숙, 부천시지부 대의원 박혜정, 이수남, 박혜준, 정혜선, 수원시지부 대의원 김동곤, 장정희, 정은경, 안양시지부 대의원 김기정, 의정부시지부 대의원 김재형 등이 참여하였다. 총회에서는 회칙안 제8장 제33조와 부칙이 상정되어 수정 후 만장일치로 협의체 결성이 채택되었다. (사)한국무용협회 경기도지회 협의체 초대 지회장에 성남시지부장 정금란이 선출되었다. 부지회장에 부천시지부장 박효순과 수원시지부장 이창숙, 안양시지부장 김기백이 선출되었다. 결국 이 총회를 통해서 (사)한국무용협회 경기도지회는 명실상부한 경기 무용인 협의체로 역할을 할 수 있게 되었다.[24] (사)한국무용협회 경기도지회 및 시군지부의 발족은 지역무용계를 대표하는 공적 기관으로서 지역의 행사 및 공연[25]에 적극적으로 참여하며 지역무용을 주도적으로 이끌게 되었다.

2) 지역토대 전문무용단의 등장

'전국무용제 경기도 예선대회'는 지역토대 전문무용단의 발족, 무용 창작 활성화, 지역무용계의 발전 등 파장을 일으켰다. '전국무용제 경기도 예선대회'는 각 시군의 대표 무용단체로 구성된다. 참가 단체는 무용 전공자들로 구성되어야 하는 전제가 있어 각 시군의 대표 공연단들은 그 조건에 맞는 단체를 결성해야 했다. 이러한 구성요건은 지역 내의 전공자들로 구성된 지역토대 전문무용단이 발족되는 데 큰 요인으로 작용하였다.

특히 지역토대 전문무용단들의 초기 단체들은 '전국무용제 경기도 예선대회'의 대표로 참가하게 된 (사)한국무용협회 시군지부장들이 이끄는 무용단들[26]로 지자체의 지원이 토대가 되어 활발한 활동을 해나갈 수 있었다. 1992년부터 등장한 지역토대 전문무용단들은 꾸준히 발전하여 해마다 정기공연[27] 및 기획공연을 통해 지역의 무용문화 발전을 위해 노력하였다. 또한 초기 설립된 지역토대 전문무용단들은 1990년대 중반을 전후로 지자체들과의 긴밀한 관계를 유지하며 지역을 대표하는 민간 예술단체로 해외의 지자체와 교류[28]하거나 세계의 민속 페스티벌[29]에 참여하는 등 해외무대에도 진출하였다.

3) 1992년 '춤의 해'와 경기도 무용의 창작 산실 '전국무용제 경기도 예선대회'의 개막

1992년 국가에서는 '춤의 해'를 지정하였다. 문화부는 '예술발전 10개년 계획'을 세워 매년 한 분야를 특정해 집중 지원하는 '예술의 해'를 운영하였다. 무용계에서는 '춤의 해'의 지정에 따라 전국적으로 춤의 활성화를 위한 다각적인 행사들이 기획되었다. 각 시도에서는 '춤의 해'

를 통해 무용문화의 저변을 넓히기 위해 다양한 공연을 기획하였고 시민참여공연, 체험교육 등 확장된 참여의 장을 통해 무용문화의 활성화를 도모하였다. (사)한국무용협회 경기도지회에서도 '춤의 해'를 기념하는 공연을 주관하였다. 박명미 안무의 〈볼레로〉, 박경현 안무의 〈별계: 서로 다른 것을 잇는다〉, 김동곤 안무의 발레 〈지젤〉 중 하이라이트 등을 공연하였다. 1992년 6월 11일 (사)한국무용협회 경기도지회 부천지부의 주관으로 오철주 안무의 〈사랑가〉, 이병일 · 양유미 안무의 〈사랑의 기쁨〉, 박효순 안무의 〈옛 모습〉을 공연하였다. 주로 많은 팀들이 공연에 참가하는 관계로 짧은 소품 형식의 작품무대가 대부분이었다. 이에 반해 (사)한국무용협회 경기도지회 성남지부에서는 1992년 6월 27일 성남시민회관에서 정금란 안무, 김종해 조안무로 창작무용 〈산성풀이〉를 무대에 올렸다. 당시 경기 무용계로서는 열악한 환경에서 무용창작을 시도하여 주목받았다.

'춤의 해'와 관련된 가장 큰 행사가 1992년 시작된 '전국무용제'이다. '전국무용제'는 지방무용계의 활성화를 위한 서울을 제외한 전국 대표 무용단이 참가하는 전국 규모의 경연 형식의 축제 무용제로 지역무용인의 창작의욕 고취와 지역무용의 균형발전을 도모하기 위하여 시작되었다. 문화관광부가 지정한 '춤의 해'부터 한국문화예술진흥원과 한국무용협회가 공동주최하고 15개 각 시도가 매년 번갈아가면서 공동주관하여 시행하고 있다. 경기도에서도 '전국무용제 경기도 예선대회'를 개최하였다. 아울러 제3회 경기무용제가 함께 개최되어 (사)한국예총 경기도지회에서는 '전국무용제 경기도 예선대회'를 행사에 포함하였다. 7월 17일 경기도문화예술회관 대공연장에서 (사)경기예총이 주최하고 경기도, 경인일보, 경기일보의 후원으로 공연을 시작하였다. 성남무용

사진 3
한국 창작무용 〈학의 노래〉 /
안무 정금란 / 사진제공 김성태

시대적 변화속에서 주체를 상실하가는 사당패 노인의 삶을 그린 성남무용지부의 '학의노래'가 지난 17일 경기도 무용제에서 최우수상을 수상했다.

남사당패의
사랑과 슬픔
한바탕 춤에 담아

경기도 무용제 최우수상 수상작
예총 무용협회 '학의노래'

내년 대입정원 증원

사진 4
한국 창작무용 〈학의 노래〉
보도자료 / 스크랩제공 김성태

단이 정금란 안무의 〈학의 노래〉를 출품하여, 대상을 수상하고 제1회 전국무용제에 경기도 무용대표로 참여하였다. 〈학의 노래〉는 한국무용의 정서가 잘 표현된 작품으로 평가받아 장려상을 수상하였다.[30] 후일 '전국무용제 경기도 예선대회'는 경기도 무용창작의 산실이 되었고 경기도 내 무용단 창단의 중요한 계기가 되었으며 젊은 무용가들이 안무가로 등용되는 기회를 제공하였다. 경기도 각 시군의 예산지원과 경기도의 예산지원으로 십행되는 이 행사는 현재까지 경기도의 무용 활성화에 중요한 역할을 하고 있다.

4) 이동안류의 〈승무〉 · 〈살풀이춤〉, 경기도 무형문화재 제8호로 지정

1991년 10월 19일 경기도 무형문화재 제8호에 이동안류의 〈승무〉

와 〈살풀이춤〉이 지정되었다. 첫 보유자로 이동안의 제자이자 양딸인 정경파가 지정되었다. 정경파는 이동안-박정임-정경파로 이어지는 춤의 계보를 갖는다. 정경파는 이동안이 머물렀던 수원의 화령전에 거처를 정하고 이동안류의 춤을 제자들에게 전승하였다. 그리고 경기도국악협회를 중심으로 활동하며 이동안류의 춤을 알리고자 끊임없이 노력하였다. 그녀의 끈질긴 집념으로 이동안류의 〈승무〉와 〈살풀이춤〉이 1991년 경기도 무형문화재 제8호로 지정되었다. 이후 1993년부터 그녀가 운명하기까지 매년 '정경파 무용발표회'를 열었다. 특히 1993년 4월 23일 경기문예회관 소공연장에서 열린 '정경파 무용발표회'에는 그녀의 스승 이동안이 함께 출연하여 〈진쇠무〉를 선보였다.

이동안류의 〈승무〉 · 〈살풀이춤〉이 경기무형문화재 제8호로 지정된 사건은 수면 아래에 있던 전통예술이 무대예술로 활발하게 떠오르는 계기가 되어 경기도 무용의 균형 있는 발전에 기여하였다.

5) 경기도종합문화예술회관의 건립과 경기도립무용단의 발족

1991년 경기도에서는 지역문화 발전과 경기도민의 문화적 정서 함양을 위해 경기도종합문화예술회관을 경기도 수원시 팔달구 인계동 1117번지에 개관하였다. 대지면적 총 4만 8,000㎡, 건물연면적 2만 2,000㎡에 지하 2층, 지상 3층 건물로 건축되었다. 대공연장 1,848석, 소공연장 554석을 비롯하여 야외공연장, 국제회의장, 대전시장, 소전시장 등의 시설을 갖추었다. 경기도종합문화예술회관의 건립은 경기도 문화예술시대를 예견하는 것이었다. 공연은 물론 각종 예술 전시, 국제회의 등을 할 수 있는 종합적인 다목적 공간으로 여러 장르를 수용하는 건축물로 건립되었다. 2004년 6월부터는 재단법인 경기도 문화의 전당으로 새로이 변모하여 경기도 예술의 중심적인 역할을 담당하고 있다.

경기도종합문화예술회관의 건립은 단지 새로운 문화예술 전용공간이 확충되었다는 점뿐만 아니라 도립예술단의 설립을 통해 경기도의 문화예술에 대한 창작의지를 보여주는 것이었다. 1990년 7월 창단한 경기도립극단을 비롯해 1993년 7월 경기도립무용단이 창단되었고 이후 1996년 경기도립국악단과 1997년 경기도립 팝오케스트라가 창단되었다.

경기도립무용단은 한국 고유의 전통무용예술을 계승 · 발전시키고 지역문화의 우수성과 독창성을 계발[31]하기 위해 창단되었다. 경기도립무용단의 창단으로 경기도의 무용계는 새로운 에너지를 유입하게 되었다. 제작여건이 큰 대규모의 창작 작품이 기대되었고 지역 공연예술의 활성화에 새로운 구심점을 이루게 되었다.

경기도립무용단의 초대 안무자로 경기도 화성 출신의 무용가 정재만(鄭在晩)이 부임하였다. 숙명여자대학교 무용학과 교수이자 서울예술단의 무용감독을 역임한 정재만은 1994년까지 근무하며 총 3회의 정기공연을 안무하였다. 이미 직업단체의 수장으로 단체를 이끌어왔던 정재만은 창단 이후 바쁘게 10월 20일 '93년 문화의 날 기념공연'을 준비하였다. 경기도문화예술회관에서 〈부채춤〉과 〈사물놀이〉 등의 작품들을 선보이고 12월 13일 창단 기념으로 '한국춤전'을 공연하였다. 창단된 지 채 1년이 안 된 상황이라 공연은 신무용류 레퍼토리와 전통춤 형식의 재구성 안무 작품이 무대에 올랐다. 작품은 정재만의 주요 레퍼토리 〈화관무〉, 〈훈령무〉, 〈비천무〉, 〈북소리사위〉, 〈살풀이굿〉, 〈사물놀이〉, 〈풍물놀이〉 등이 공연되었다. 정재만은 재임기간 동안 경기도립무용단의 조직체계와 기본훈련체계를 구축하여 직업무용단으로서의 위상을 갖추게 하였다.

1995년 정재만의 후임으로 김근희가 2대 감독으로 부임하였다. 공채 형식으로 부임한 김근희는 2000년까지 총 12회의 정기공연을 안무하였다. 정재만이 안무한 〈아! 수원성(水原城)〉과 〈은하수〉 이외에 〈제암리의 아침〉, 〈바람 멎는 날 풍경소리〉, 〈수트라〉, 〈성에꽃〉, 〈효녀심청〉, 〈어제, 오늘, 내일〉, 〈아방리의 풍년기원제: 일어서는 빛〉 등의 정기공연 작품을 안무하였다. 김근희는 경기 권역의 문화 향수 기회를 증진하기 위해 '설맞이 경기도립무용단 특별공연', '불우이웃돕기 초청공연', '정월대보름맞이 청소년을 위한 공연', '경기도립무용단 지역 순회공연', '경기도립무용단 사회복지시설 순회공연' 등 다각적인 차원의 공연 방식을 기획하여 관객을 유치하고자 노력하였다. 그녀는 지역역사문화콘텐츠, 종교문화콘텐츠, 전통문화콘텐츠를 모티브로 활용하여 한국창작춤의 창작 작업을 모색하였다. 또한 1997년 원로 무용가 김백봉과 최현을 초빙하여 강습회를 연이어 개최하여 단원의 실기 향상에 힘썼다. 1998년부터는 젊은 무용수들을 위한 '제1회 젊은 춤, 젊은 무대'를 기획하여 공연하였다. 〈여우야 여우야 뭐하니?〉, 〈물빛에 숨은 영혼〉, 〈천지의 소리〉 등 젊은 무용단원들의 공연이 무대에 올랐다.

정재만이 경기도립무용단의 내적인 기틀을 닦았다면 김근희는 다채로운 공연기획을 통해 경기도립무용단의 외적인 발전을 도모하여 경기도립무용단의 위상을 높였다.

6) 문예진흥기금과 경기 지역 순회공연

1990년대 경기도의 공연 활성화는 순회공연지원 정책이 반영된 결과이다. 소외지역에 대한 순회공연은 국가의 문예진흥 정책으로 시작된 것으로 볼 수 있다. 서울을 비롯한 전국의 문화예술이 균형 있게 발전하

사진 5
한국 창작무용 〈우리 · 둘〉 /
안무 임학선, 임현선 /
사진제공 임학선 댄스위

고 문화소외계층에 대한 복지 문화의 차원에서 순회공연을 지원하였다. 경기도립무용단 제2대 예술감독인 김근희도 재임기간 동안 '경기도립무용단 사회복지시설 순회공연' 및 '경기 지역 순회공연'을 매년 진행한 바 있다. 당시 수원대학교에 재직했던 임학선도 1993년부터 수원 지역 및 경기도를 순회하는 공연을 기획하여 활동하였다. 1993년 11월 6일 성남시민회관, 11월 13일 용인문화예술회관, 11월 17일 경기도문화예술회관을 순회하며 한국창작춤을 공연하였다. 임학선 안무의 〈민들레 왕국〉, 〈우리 · 둘〉, 〈인다리〉 등의 작품을 무대에 올렸다. 자매이자 동료인 동생 임현선을 비롯하여 제자 김기화, 최성아, 정난숙, 송영미, 전선희, 김수지 등이 출연하였다. 이 공연을 유치하기 위해 자체기획팀을 가동하여 (사)경기노총, 삼성전자 부천 공장 등을 찾아가 설득하고 많은 근로자들이 공연관람을 할 수 있도록 맞춤형 기획공연을 준비하였다. 공연은 지역의 문화에 대한 인식이 어느 정도인지를 실감하는 난감한 상황이었다. 필자도 이 시기 임학선무용단의 기획 및 공연팀으로 참가하며 포스터를 붙이고 티켓을 팔기 위해 애썼던 기억이 있다. 순회공연은 짧은 일정 동안 창작에 필요한 조명, 음향 등의 장비를 운영하기 위해 스태프을 구성하고 무대작업을 해야 하는 고충이 있어 공연단체의 조직과 규모가 탄탄하지 못하면 이를 실행하기 어렵다. 따라서 순회공연에 참가하는 공연단들의 대부분은 대학 동인무용단[32]과 조직을 잘 갖춘 지역토대 전문무용단[33]들만이 순회공연을 할 수 있었다. 이후 임학선무용단은 1994년, 1995년, 1998년에 순회공연을 하였다.

7) 경기도 무용인들의 축제 '경기무용제'

경기도 무용인들의 전통적인 축제는 '경기무용제'이다. 이 무용제는 (사)한국예총 경기도지회 주최 '경기종합예술제'의 일환으로 이루어진 축제로 (사)한국무용협회 경기도지회가 주관하였다. 1980년 '경기종합예술제'가 처음 개최된 이후 해마다 지역을 달리하며 경기도의 예술가들이 함께 참여하는 종합예술제이다. 이 축제의 취지는 경기도민들에게 다양한 예술문화 향수 기회를 부여하고 지역 내에서 활동하는 전문 예술인들에게 발표의 기회를 제공하여 창작의욕을 고취하려는 의도로 제작되었다.

'경기종합예술제'는 다양한 장르의 예술들이 각기의 개별 축제를 비슷한 시기에 개최하여 문화예술의 다양성과 경기 지역 문화예술인들의 창작의욕을 고취해왔다. 무용도 1980년 제1회 '경기무용제'가 개최된 이후 (사)한국무용협회 경기도지회 주관으로 시행되었다. 1990년대[34]에도 '경기무용제'는 무용인들의 축제로 지역 간 교류를 통해 경기 무용계의 화합과 발전에 기여하였다. 주로 (사)한국무용협회 경기도 시군지부에서 지부장들이 중심이 되어 참가하여 공연하였다.

(사)한국무용협회 경기도지회에서는 청소년들의 축제로 무용경연대회를 주최하였다. 1993년 11월 14일 제1회 '경기청소년무용경연대회'가 경기도문화예술회관 소공연장에서 개최되었다. 경기도의 수원, 성남, 부천, 안양, 안산 등 각 시지부의 협조로 초, 중, 고 학생들이 총 147개 팀이 참여하여 성황리에 마쳤다.[35] 이 경연대회는 각 시군지부의 꿈나무들의 발표의 장이자 무용예술에 대한 안목을 키우는 교육의 장으로 계속되었다.

8) 전문 무용기획전 '한국무용제전' 유치

1994년 4월 20일부터 22일까지는 (사)한국무용연구회의 '한국무용제전' 10주년을 기념하는 공연이 수원으로 확대 개최되었다. 서울에 본부를 두고 있는 (사)한국무용연구회는 (사)한국무용협회와는 다른 순수 민간기구로 교수, 이론가, 현장예술가로 구성된 조직이다. 당시 (사)한국무용연구회의 2대 이사장으로 활동하던 수원대학교 무용학과의 교수 임학선은 지역의 무용 활성화와 지역 간 무용교류 차원에서 '제10회 한국무용제전'을 수원에 유치하였다 '경기 무용인의 밤'과 '리바이벌 무대'로 구성하여 지역 무용가들의 참여를 독려하였고 이미 한국무용을 통해 창작된 한국창작춤의 재공연 기회를 제공하여 공연의 경제적 효율성을 제고하였다. 경기 무용인의 밤에는 수원대학교 무용학과 교수 임학선의 〈태평무〉, 수원여자전문대학교 무용학과 교수 김영실의 〈꽃다지〉, 용인대학교 무용학과 교수 한윤희의 〈내 아픔을 잊기 위하여 오직 춤만을 사랑하노라〉, 그리고 국립무용단 출신 수원 지역무용가 차효영의 작품 〈독백〉, ㈔한국무용협회 경기도지회 성남지부장 정금란의 〈산성풀이 중에서〉가 무대에 올랐다. 경기 무용인의 밤에 참여한 무용가들은 당시 경기도에서 활발한 활동을 하고 있으며 관객 동원 능력을 갖춘 무용가들이었다. 지역기반이 전무한 '한국무용제전'을 성공적으로 유치하려는 기획의도가 반영된 것이었다. 리바이벌 무대에서는 리을무용단의 배정혜 안무 〈길〉, 임학선무용단의 〈흰새의 검은 노래〉, 윤덕경무용단의 〈빈산〉, 채상묵무용단의 〈혼이 흔들리는 몸짓〉이 공연되었다. 『문예연감』에는 이 공연의 의미를 "경기도 지역의 창작무용작품의 개성과 창작기법에 영향을 주었으며 기존 신무용 시대의 소품 공연 위주에서 벗어나 한국 창작무용 레퍼토리에 대한 새로운 세계관을 보여주는 의미있는 행사였다."[36]고 평가하고 있다. 그러나 이 기획공연은 단회성으로 유치되는 한계를 보였다.

이에 반해 지역기반 축제로 자리 잡은 '죽산국제예술제'가 안성의 죽산에서 개최되었다. 1995년부터 개최된 이 예술제는 재미 무용가로 미국을 비롯한 국제무대에서 활동하던 홍신자가 죽산에서 자신의 웃는돌무용단과 국내외의 전위예술가 및 현대무용가를 초청하여 공연하였다. 자연극장과 같던 초기의 야외공연장에서 펼쳐진 현대예술 축제로 세간의 이목을 집중시켰다. 1996년 6월 4일부터 9일까지 열린 '제2회 죽산국제예술제'에는 홍신자, 이순, 박화경, 박주은, 심철종, 일본 에이코와 코마 안무로 현대무용 레퍼토리들 〈물속에서〉, 〈바람〉, 〈워킹〉, 〈자연동화〉, 〈소리〉 등이 공연되었다. 그리고 1997년 6월 5일부터 8일까지 열린 '제3회 죽산국제예술제'에는 웃는돌무용단, 키티존스 핀란드 무용단,

홍신자, 마기 길리스, 박현기, 소이치로 노부키, 김기인, 장성식, 김복희, 이영희 등의 중견 무용가들이 참가하며 축제에 무게를 실었다.

9) 과천시민회관의 상주 예술단체로 출범한 서울발레시어터

1995년 경기도 과천에서 창단한 서울발레시어터(Seoul Ballet Theatre)는 경기도의 유일한 직업발레 전문단체로서 국립발레단과 유니버설 발레단과 함께 국내 3대 발레단으로 발레 대중화에 중추적인 역할을 해왔다. 창단된 해에 6월 15일과 16일 서울 문예회관 대극장에서 '서울발레시어터 창단공연'을 가졌다. 제임스전과 로이 토비아스 안무로 〈세순간〉, 〈도시의 불빛〉, 〈현존〉, 〈뉴와인〉을 공연하였다. 7월 20일 경기도문화예술회관에서 '서울발레시어터와 스위스 바젤 무용단 합동공연'을 하였다. 8월 16일부터 21일까지 이태리 볼로냐 · 모토라 · 카스텔라네타 등 4개 도시에서 '루돌프 발렌티노 탄생 100주년 기념 문화행사 순회공연'을 하였다. 창단 초기부터 활발한 활동을 벌인 서울발레시어터는 공연단의 조직과 운영에 대한 전문적인 식견을 가진 제임스전과 부인이자 동료 발레리나인 김인희가 설립하였다.

서울발레시어터는 민간 직업무용 전문단체로 발돋움하며 도전을 두려워하지 않는 젊은 열정과 실험정신으로 작품 활동을 활발하게 진행하였다. 국내에서는 보기 드문 창작집단으로 2009년부터는 외부 안무가를 영입하며 '모던발레 팩토리'로 역량을 확장하고 있다. 또한 우수 상주 예술단체로서 모범이 되어, 예술단체의 나아갈 방향을 제시하였다. 창단 초기 무용 전문시장을 중심으로 여세를 몰아 활동하였고 일본, 미국 등 해외진출[37]을 통해 국제적인 단체로 성장하기 위해 공연 활동을 하였다.

사진 6 한국 창작무용 〈거위를 모는 사나이〉 / 안무 김기화 / 사진제공 김기화, 한국춤교육연구회

10) 경기 지역 대학교 배출 전문무용가 1세대의 창작활동

1995년 경기도 무용계의 가장 큰 성과는 수원대학교 무용학과 출신의 전문 무용인력이 최초로 경기도 내에서 개인 창작무용 발표회를 가진 행사였다. 수원대학교 교수 임학선의 제자 김기화는 〈윤금이〉를 12월 15일과 16일 경기도문화예술회관 소극장에서 공연하였다. 젊은 무용가가 사회적 메시지를 담은 저항적인 극무용으로, 김기화 안무와 극작가 김장운의 희곡 〈윤금이〉를 한국창작춤으로 안무하였다. 〈윤금이〉는 1992년 주한미군 케네스 마클 이병에 의해 억울한 죽임을 당한 기지촌 여성의 억울한 죽음에 대한 내용을 담고 있다.[38] 이후 김기화는 1997년, 1998년 경기도문화예술회관에서 개인발표회를 지속하였고 2004년에는 한국춤교육연구회를 창단하여 활발한 활동을 계속하고 있다.

11) 지역무용 발전에 토대를 이룬 주부무용단 창단

수원에서는 일반 시민들로 결성된 수원중앙주부무용단이 1995년 3월 24일 경기도문화예술회관에서 '수원중앙주부무용단 창단공연'을 하였다. 은하수무용학원장이자 (사)한국무용협회 수원지부장인 장정희의 지도로 35명의 무용단원이 〈기본무〉, 〈화관무〉, 〈태평무〉, 〈산조〉, 〈부채춤〉 등 소품 레퍼토리를 선보였다. 같은 해 5월 18일 경기도문화예술회관 대공연장에서 (사)대한어머니회 경기도지회 산하 '대한어머니무용단 창단공연'을 하였다. 이러한 아마추어 주부무용단의 활동은 경기도 내 각 시군별로 시민들로 구성된 아마추어 무용단들이 창단하는 계기가 되어 경기도의 무용 대중화의 초석을 다지는 중요한 의미를 생성하였다. 이후 경기도에는 지역별로 주부무용단들이 창단되어 지역축제를 기반으로 활동하고 있다.

12) 경기도 무용단들의 중앙무대 공연

1990년대 경기도 무용단체들의 중앙무대 진출은 주로 서울에서 개최되는 무용제전에 참가하는 경우였다. 1996년 경기도립무용단은 국립극장에서 개최된 1996년 '전국시도립무용제'에 참가하여 공연하였고 안양의 김기백무용단도 10월 25일부터 11월 14일까지 (사)한국무용협회가 주최하는 '제18회 서울국제무용제'에 참가하였다. 1997년 부천의 박효숙무용단(10월 17일)과 조대시무용단(10월 19일)은 서울의 대학로 문예회관(현 아르코극장) 소극장에서 개최된 (사)한국무용연구회 주최 '신인 안무가 발표'에 참가하여 공연[39]하였다. 안양의 김기백무용단은 '제19회 서울국제무용제'에 〈거대한 모래성〉으로 재차 참가하여 공연하였다.

13) 1990년대의 연도별 경기도 무용공연 현황

1990년대 경기도 무용계의 공연 활동은 급격히 증가하였다. 공연 활동의 증가는 (사)한국무용협회 경기도지회와 시군지부들이 지역행사에 참여하여 공연하는 기회가 증대했기 때문이다. (사)한국무용협회 경기도지부는 1990년 7월 수원시민회관에서 김숙자무용단과 한울무용단이 초청공연을 하였고 같은 해 12월에 수원시민회관에서 '제1회 경기 무용인 작품발표회'를 개최하였다. 장정희 안무와 송봉수 연출, 박선옥 지도로 〈신풀이〉, 〈기본무〉, 〈살풀이〉가 공연되었고 박경현의 안무와 연출, 박은주 · 노선희 지도로 〈승무〉, 〈부채춤〉 등을 공연하였다. 그리고 박복희의 안무로 〈지젤〉 중 〈운명의 힘〉, 발레 〈황금광시대〉 중에서 〈아다지오와 썸머타임〉, 현대무용 〈캐논〉이 공연되었다.[40]

(사)한국무용협회 경기도지부 수원지부는 1991년 5월 27일 한일 친선무용 행사로 수원의 은하수무용단과 일본의 이야다 모던발레단의 합동공연을 개최하였다. 공연 내용은 〈고엽〉, 〈도라지〉, 〈옛날 옛적에〉 등이었다. 6월 29일 경기도문화예술회관 개관 기념공연으로 '경기 무용인들의 축제'가 개최되어 경기도의 무용단체들이 초청되었다. 수원의 무용가 박복희와 방희선 안무의 〈봄 · 여름 · 가을 · 겨울〉, 박경현 안무의 〈불심〉, 장정희 안무의 〈여정〉, 부천의 무용가 박효순 안무의 〈아리랑〉, 성남의 무용가 정금란 안무의 〈구원〉 등을 공연하였다. 서울 공연단체 초청공연으로 김정욱이 안무한 세종대학교 무용과의 발레작품 〈연습실에서〉를 무대에 선보였다.[41] 이 공연들은 한국 창작무용과 발레, 현대무용작품들로 기존의 공연 내용들과는 차이가 있다. 그간 무대에 올렸던 소품 공연과는 다른 작품들로 주제를 표현하는 무용창작이 주로 올려졌다. 그리고 12월 15일 박복희 무용단의 발레공연 〈리실피드 나폴리〉가

표 2 1990년대 경기도 무용공연 현황[42]

구분		1990	1991	1992	1993	1994	1995	1996	1997	1998	1999
한국무용	전통무용	1	0	1	3	22	28	15	30	48	54
	창작무용	1	7	5	6	14	12	29	19	17	19
현대무용		0	0	6	2	3	21	8	27	8	7
발레		1	4	1	4	7	6	7	7	11	10
기타(종합)		1	0	6	2	1	4	3	1	5	4
합계		4	11	19	17	47	71	62	84	86	94

경기도문화예술회관에서 공연되었다.

1990년대 경기도의 무용은 1994년을 기점으로 공연의 횟수가 증가하고 있다. 전년도 공연 대비 30회의 공연이 늘었다. 특히 한국무용 공연이 급격한 증가를 보이고 있는데 전통무용 공연이 1993년 3회의 공연에서 22회의 공연으로 급격히 증가하였고 한국 창작무용의 공연도 6회에서 14회로 2배 이상 늘었다. 해를 거듭할수록 꾸준한 증가세를 보이다가 1996년 공연이 감소하였다. 1997년은 IMF 경제체제로 인해 국내 경제상황이 좋지 않아 경기도 내 무용공연 활동도 위축되었을 것으로 생각할 수 있으나 전년도 총 62건의 무용공연 횟수보다 22건이 많은 총 84회 무용공연을 하였다. 서울을 제외하고 가장 많은 무용공연 횟수를 기록하고 있는데 현대무용 총 27회 공연, 발레 7회 공연, 한국무용은 49회 공연을 하였다. 1998년은 총 86회 무용공연을 하였고, 대부분 경기도 내 직업무용단과 각 시군을 대표하는 무용단들이 지역 문화축제의 축하공연을 하거나, 경기문화재단과 문예진흥기금 위수의 지원사업들로 경기도민을 위한 무료 공연을 자주 하였다. 경기도 무용공연은 서울을 제외하고 다른 지방에 비해 경남(총 87회 공연)과 함께 가장 많은 무용공연을 하였다. 경기도립무용단은 1998년 총 47회 공연 활동을 하였다. 1999년 경기도 무용계는 총 94회 무용공연을 하였고, 전년도에 비해 6.7%로 증가하였지만 대부분 경기도립무용단의 공연 횟수는 50회로 60% 이상을 차지하였다.

6. 2000년대 경기도의 무용

2000년대 경기도의 무용은 성장기로 볼 수 있다. 2005년을 기점으로 공연의 양이 증폭되었고 그간 한국무용을 중심으로 펼쳐지던 무용공연도 발레, 현대무용의 공연 비중이 눈에 띄게 급증하였다. 2005년은 전년도 260회에서 348회로 공연이 증가하였다. 공연 증가의 큰 요인 중 하나는 무용공연 활동의 주체인 무용단체의 변화이다. 그간 경기도 지역에 토대를 둔 기성 무용단들이 안정기에 접어들면서 정기공연이나 전국무용제 경기도 예선대회 등 다양한 지역토대 공연에 활발하게 참여하였다. 아울러 새로운 공연문화가 조성된 경기도에 공연단체들이 유입되거나 신설되어 공연 활동에 참여하여 경기도에서의 공연 활동은 눈에 띄게 증대하였다. 그리고 경기도 외의 지역에서 활동하는 유명 무용단들이 기획공연에 초청되거나 문예진흥기금 지원사업에 선정되어 경기지역을 순회하여 공연하였다. 이러한 단체들의 공연 활동 증대는 경기도에 신축되거나 증축된 공연장들이 무대설비 및 운영시스템을 개선하여 인적, 물적 차원에서 질적이거나 양적인 다양한 공연을 수용할 수 있게 된 것에 기인한다.

사회적으로도 경기 남부와 북부에 신도시가 생성되고 인구가 새롭게 유입되면서 지역의 공공 편의시설 및 문화시설이 조성되자, 무용인들도 새롭게 마련된 기반에 둥지를 틀어 무용지부를 설립하고 무용 활동에 참여함으로써 경기도 무용의 구도에 새로운 장을 열게 되었다. 정책적으로도 2005년 한국문화예술진흥원이 한국문화예술위원회로 체제를 바꾸면서 민간의 의견을 적극 반영하는 체제 전환을 강행함으로써 좀 더 다양한 지원 정책이 마련되었다. 따라서 경기도 역시 시별 문화재단들을 새롭게 설립하여 중앙정부의 변화된 지원체제와 매칭할 수 있도록 경기 지역의 문화예술진흥기금을 확충하고 지역의 공연 활동을 지원하였다. 공간적으로도 시별 문화재단의 설립과 함께 전문적인 공연장들이 건립되어 규모별로 다양한 형태를 갖추고 있어 무용공연을 진행하는 데 어려움이 없었다. 실제 2008년의 경우 경기도문화의전당과 성남 아트센터, 고양어울림누리의 극장이 경기도 내에서 가장 활발하게 무용공연이 무대에 올려졌다. 경기도문화의전당은 한국무용을 중심으로 27회 무용공연이 개최되었다. 성남 아트센터는 한국무용에서 발레와 현대무용에 이르기까지 다양한 무용이 24회 공연되었다. 고양아람누리는 23회의 무용공연 중 현대무용과 발레공연이 중심이 되었다. 그 이외에도 복합 장르의 공연들이 새롭게 부각되어 고전적인 관극의 형태에도 변화가 생기기 시작하였다. 이러한 경기도 무용의 변화는 2000년대 세계의 흐름, 혹은 한국의 흐름을 반영하였다. 전 세계가 가시화된 문명의 대변동 흐름에 따라, 한국 역시 정보사회로 빠르게 진입하였다. 이런 흐름 속에서 일상생활과 활동이 변동하고 시민참여가 증대되어 양극화 논리가 동요하면서, 문화적으로 교차·접합·혼종(混種) 현상이 확대되고 심지어 N(net) 세대가 증가하는 등 전에 없던 현상들이 대두하였다.[43] 이러한 영향은 무용의 경우에도 2000년대 들어 타 예술 장르와의 결합 현상이 점점 짙어지게 되어 21세기의 첨단기술 발전에 따른 다양한 매체와 혹은 퓨전과 크로스오버(crossover)의 융합이 활성

화되고 각기 다른 장르가 수시로 화학적인 결합을 이루면서 끊임없이 시도되는 새로운 양상을 보였다.[44]

1) 지역토대 전문무용단들의 활발한 활동

2000년대 들어 지역토대 전문무용단들의 활동은 비교적 안정권에 들어가게 된다. 지역토대 전문무용단들은 주로 (사)한국무용협회 경기도지회의 시군지부장들이 운영하는 무용단들로 경기도 각 시군의 직·간접 기금을 수혜받는 단체들이다. 이들은 지자체들과 연계된 행정적인 뒷받침을 통해 비교적 안정적인 공연기반을 갖고 있다. 1990년대부터 활동해오던 성남의 성남무용단, 부천의 성주무용단(박효순), 안양의 김기백·김성나무용단, 수원의 장정희무용단, 의정부의 이미숙무용단, 조대식무용단 등의 뒤를 이어 2000년대 전후에 인준된 (사)한국무용협회 경기도지회의 시군지부들의 지부장들이 무용단을 구성하여 지역토대의 전문 무용단에 합류하게 된다. 후발 주자로 합세한 지역토대 전문무용단들은 군포의 양대승무용단, 과천의 전혜란무용단, 하남의 허성재무용단, 부천 박효순의 뒤를 이어 지부장으로 선출된 오은령의 오은령무용단,[45] 시흥의 이승신무용단, 안성의 수무용단(염복리) 등이다.

이들 무용단들의 가장 큰 활동 토대는 '전국무용제 경기도 예선대회'이다. 전국무용인들의 가장 큰 무용창작산실인 '전국무용제'의 지역 예선으로 개최되는 '전국무용제 경기도 예선대회'는 경기도 및 시군의 예산이 확보되어 있어 공연 제작비를 지원하게 된다. 따라서 이들 무용단들은 '전국무용제 경기도 예선대회'에 지역의 대표 단체로 참여하며 창작활동을 하게 된 것이다. 비교적 탄탄한 재정적 뒷받침을 통해 지속적인 창작활동을 하게 되고 이 창작활동의 결과물은 지역토대 전문무용단들의 정기공연 및 기획공연 등의 주요 레퍼토리가 되어 여타의 공연 참여에 기반이 되었다. 공연단의 구성은 단체장들이 운영하는 학원의 제자들이 중심이 되고 있다. 대학에 진학했거나 졸업한 제자들이 무용단의 구성원으로 조직되어 활동하거나 프로젝트성 공연에 객원시스템을 가동하여 공연 활동을 해나가고 있다.

지역별로 차이가 있기는 하나 이들 무용단들은 지역무용계를 대표하는 공적인 협의체로 인정받아 사회단체 보조금을 지원받고 지역행사를 주도적으로 기획하는 등 지역 예술 활동의 구심적 역할을 하여 무용단의 지속과 발전이 가능하였다. 실제 2000년대 공연활동의 가장 많은 비중을 차지하는 것도 지역토대 전문무용단들이다.

2) 지역 대학교 동인무용단들의 활동 증가

2000년대는 1980년대 중반부터 설립된 대학교 무용학과들이 10년 이상의 시간이 경과되면서 대학이 소재한 지역을 중심으로 무용 기반을 구축하고 활동을 한 점이 눈에 띈다. 수원에서는 수원여자대학교 교수들이 학생들과 졸업생들로 구성된 무용단을 결성하여 공연을 하였다. 한국무용 교수 김영실, 김광자, 현대무용 교수 반주은이 활동하였고 한양대학교 안산(에리카) 캠퍼스의 교수 오율자와 백정희가 각기 안산에서 활동하였다. 그리고 수원대학교 교수 오혜순이 화성에서 활동하였고, 용인대학교 황문숙, 한윤희, 남수정이 용인에서 활동하였다. 그리고 용인대학교 동인 현대무용단체 미르무용단도 활동을 하였다. 그리고 외성부 북부 지역에서는 포천에 소재한 대진대학교의 교수 김근희가 포천에서, 교수 신명숙이 동두천에서 활동하였다.

지역의 대학교 교수 및 동인무용단들은 학교의 연습 공간을 활용하여 대학생들을 연습시키고 졸업생들과 합류하여 작품을 제작하고 공연 활동에 참여하였다. 또한 대학의 지역 연계[46]를 통한 사회문화 발전에 주도적인 역할을 담당하기도 하고 정기 · 기획공연[47]이나 서울 무대에서의 공연 활동을 통해 대학의 위상을 높이는 등 예술 활동을 하였다. 또한 교수들의 무용에 대한 전문적인 식견과 선 · 후배로 구성된 동인무용단들의 결집력은 무용창작의 근간이 되어 다양한 공연 형태를 만들어내었다.

장르별 창작 작품,[48] 전통 작품,[49] 해설이 있는 공연,[50] 어린이를 위한 무용,[51] 지역문화콘텐츠 공연 등 새로운 시도는 경기도 무용 발전에 변화를 이끌어가고 있지만 지역토대 전문무용단과는 달리 지역의 대학교 교수 및 동인무용단들은 제작비의 높은 비율을 자비로 부담하게 되어 공연 활동의 지속적 파급을 이끌어내기에는 역부족이었다.

후발 주자로 경기도에 중앙대학교 안성캠퍼스, 서울예술대학 안산캠퍼스, 단국대학교 죽전캠퍼스로 무용학과가 이전하여 대학 동인무용단들의 공연은 더욱 활성화되었다. 특히 현대무용가인 김기인과 스스로 춤모임,[52] 최상철 댄스프로젝트[53]의 합류로 현대무용 공연이 증가하였다. 단국대 교수들인 김현숙,[54] 김선정,[55] 최소빈 등도 지역의 무용 활성화를 위한 공연 활동에 참여하였다. 단국대학교 교수 및 동인무용단들의 공연 활동에서는 제자들에게 공연 기회를 증대하고 교수들이 예술감독으로 참여하는 등 공연에 협업한 점이 눈에 띈다.

3) 의정부의 지역무용가 이미숙과 의정부시무용단

2002년 8월 30일 오후 7시 의정부예술의전당에서는 의정부시무용단의 창단공연이 펼쳐졌다. 경기도에서는 유일한 시무용단으로 창단된 의정부시무용단은 의정부 지역에서 헌신적으로 활동한 한국무용가 이미숙을 단장으로 선임하였다. 중요무형문화재 제97호 태평무의 이수자이자 (사)한국무용협회 경기도지회 의정부지부장으로 활약해온 이미숙은 의정부에 시립무용단을 설립하는 데 기여하였다. 무용공연이 전무한 의정부에 학원을 설립하고 제자들과 함께 지역에서 무용 활동을 해왔다. 무대 없는 공터에서 공연하며 제자들의 의상이 흙바닥을 쓸고 발바닥은 돌에 찔려 고통을 참아가며 미소 짓는 몸짓에 가슴 아파 눈물지으면서도 지역이나 관공서에서 공연을 의뢰하면 거절 않고 찾아가 봉사공연하여 유명세를 얻게 되었다. 의정부시무용단의 창단도 의정부시와 자매결연을 맺은 일본에서 의정부시의 대표 예술단으로 참가해 극찬을 받으면서이다. 같이 참석했던 시 관계자들은 성공적인 공연과 함께 시를 대표하는 무용단이 미치는 대(對)사회적인 역량을 공감하면서 무용단의 필요성을 인식하였다. 이를 계기로 의정부시무용단은 경기도 유일의 시무용단으로 창단되었다. 2002년 2월 (사)한국무용협회 이미숙 의정부지

사진 7 한국 창작무용 〈귀천〉 / 안무 이미숙 / 사신세공 의정부시무용단

부장을 단장으로 선정하고 오디션을 거친 단원 16명을 위촉해 의정부 시무용단을 창단하였다. 현재는 30여 명의 단원들이 비상임 체제이지만 이미숙 단장과 함께 의정부 곳곳을 찾아가며 한국무용의 아름다움을 널리 알리고 있다.

2002년 창단공연에서는 제1부 태동의 우리춤 잔치와 제2부 화합과 희망의 한마당에 〈한량무〉, 〈진주교방굿거리춤〉, 〈부채춤〉 등 전통무용 소품을 주로 공연하였지만, 매해 정기공연에 한국창작춤을 발표[56]하는 등 예술단으로서의 규모를 갖추었다.

4) 경기 무용인들의 축제 '기전무용대제전'

경기도 무용인들의 축제는 '경기종합예술제'의 일환으로 이루어진 '경기무용제'였다. (사)한국무용협회 경기도지회장으로 선출된 젊은 무용가 김기백은 경기도 무용인들의 축제를 구상하였다. 새롭게 변화하는 현대사회에 어우러지는 참여형 공연을 기획하여 무용의 저변을 넓히기 위한 대안으로 무용축제 '기전무용대제전'을 구상하였다. '기전무용대제전'은 내용적으로 기존의 '경기무용제'와 별도로 운영되던 '전국무용제 경기도 예선대회'를 포함하였고 공연의 주체에 있어서도 지역의 전문무용단과 아마추어 동아리무용단을 포함하였다. 새롭게 편성된 지역구도에서 유입된 아마추어 무용 동호인들을 관객이자 마니아로 참여시켜 '기전무용대제전'을 경기도민의 무용축제로서 위상을 갖추어 나가게 하고자 하였다.

5) 바탕골예술관의 개관과 춤기획전

2000년에는 서울 혜화동에 소재했던 공연 전문 바탕골소극장이 경기도 양평에 문화예술교육 복합 공간인 바탕골 예술관으로 이관하여 '바탕골예술제'를 주최하였다. 이후 해마다 이슈를 갖고 무용 관객의 이목을 끌어들이는 기획전을 유치하였다. 2001년 '바탕골예술제: 양평은 춤춘다', 2002년 '바탕골 예술제 바탕춤: Dancer & Dancer', 2003년 '양평섬머페스티벌', 2004년 '바탕골 Spring Art Festival', '시즌 무용페스티벌(해설이 있는 현대무용-여름속의 발레향기-카니발 인 양평-우리춤으로 물들어가는 가을날 오후)', 2006년 '2006 봄 무용 축제', 2006년 '바탕골 예술관 개관 20주년 시즌 무용페스티벌', 2007년 '2007 스프링 댄스페스티벌: 양평은 춤춘다', 2009년 '양평 바탕골예술관 10주년: 양평은 춤춘다!(현대무용 시리즈)', 2010년 '2010년 양평은 춤춘다' 등 순수무용을 대중적으로 확산하기 위해 애정을 갖고 기획 · 공연하였다. 주 관객층인 어린이들과 동반 가족들이 접하게 되는 무용공연은 휴양지에서의 여유로움을 통해 정서적으로 다채로운 감성을 경험하게 되는 교육적 측면에서 커다란 반향을 일으켰다.

6) 안성시의 무용에 대한 관심과 지역 대표 브랜드 축제 육성

경기도에서도 유독 안성은 문화예술에 대한 관심이 높다. '안성 바우덕이축제', 태평무전수관의 '토요전통무용상설무대', '죽산국제예술제' 등이 안성에서 개최되어 축제의 고장이라 불러도 손색이 없을 것이다. 이는 전통적으로 가무 교습의 역할을 담당했던 안성 향당의 영향 때문인 것으로 생각될 수 있다. 또한 한국을 대표하는 전통무용가 강선영과 김숙자의 고향이며 남사당(南寺黨)놀이와 거북놀이 등 민속놀이, 경기무형문화재 제34호로 지정된 안성향당무 등이 있어 안성시의 문화예술에 대한 관심은 높을 수밖에 없다.

또한 지역적 특성으로 미루어 안성은 지역 대표 브랜드 축제에 대한 관심을 가질 수밖에 없다. 전 토지의 50%가 산지로 구성되어 있으며, 경지는 30.7%인데, 경지 중 논이 1만 1,860ha, 밭은 5,290ha, 과수원은 1,267ha[57] 등으로 농사가 경제의 중심을 이루고 있어 경제발전의 변화가 더디다고 할 수 있다. 따라서 안성은 전통적으로 내려오는 유기시장과 연관된 문화콘텐츠의 개발로 관광산업에 관심을 갖게 되었다. 따라서 안성시가 축제를 적극적으로 후원하는 것은 이러한 지역적 특성을 극복하려는 맥락에서 이해할 수 있다. 안성의 지역 대표 브랜드 무용축제는 다음의 두 가지의 사례가 있다.

한국을 대표하는 무용가 강선영은 고향인 경기도 안성에 1998년 태평무전수관을 개관하였다. 사재를 털어 마련한 태평무 전수관은 대지 1,200평, 건평 430평과 지하 1층, 지상 2층 규모로 400여 명의 관람 및 연습이 가능한 130평 규모의 대공연장, 세계풍물과 태평무관련 자료를 전시한 박물관, 연습실, 숙박시설 등을 갖추고 각종 무대공연과 세미나 등을 유치하는 등 문화예술 공간으로서의 역할을 담당해왔다. 스승 한성준에서 강선영으로 이어지는 중요무형문화재 제97호 태평무를 전승하고 점점 자리를 잃어가는 전통무용을 계승하고 무용의 저변 확대를 위해 태평무 전수관을 안성시민에게 공개하였다. 태평무전수관의 주된 활동은 분기별로 무용 전문가들을 대상으로 하는 '태평무 강습회'와 일반인들을 대상으로 하는 '토요전통무용상설무대', '주부대학' 등을 운영하는 것이다. '토요전통무용상설무대'는 안성시의 지역 문화예술 콘텐츠 개발에 대한 의지와 태평무전수관의 협업이 이루어낸 성과로 태평무 상설무대이다.[58] 안성시민 및 관광객과 수도권 시민들을 대상으로 우리 전통무용의 대중화를 꾀하고 있다. 매년 봄, 가을 시즌 공연으로 기획

되어 〈태평무〉, 〈부채춤〉, 〈장고춤〉 등 20여 가지의 다양한 레퍼토리를 무대에 올린다. 특히 대중의 정서와 감수성을 반영하여 전통적인 흥과 신명을 관객들에게 전달하여 건강한 문화를 만드는 데 앞장서고 있다.

태평무전수관의 활약과 함께 '죽산국제예술제'도 안성 죽산의 자연 경관이 어우러진 지역 특색을 반영하여 성공적인 무용축제로 널리 알려져있다. '죽산국제예술제'는 1995년 제1회 죽산 아트페스티벌(Jooksan Arts Festival)에서 '자연과 인간'을 주제로 시작하여 1996년 제2회에 죽산 국제 예술제(Jooksan International Arts Festival)로 개칭했고 2001년 제7회부터는 경기도 안성시의 후원을 받으면서 '안성죽산국제예술제'(Anseong Juksan International Arts Festival)라는 이름으로 지금까지 이어져오고 있다. 이후 매회 정해진 주제 아래 춤 공연이나 퍼포먼스가 펼쳐졌다. 제2회(1996년) '자연과 예술', 제3회(1997년) '자연과 테크놀로지', 제4회(1998년) '동풍', 제5회(1999년) '20세기를 위한 진혼', 제6회(2000년) '21세기를 위한 전주곡', 제7회(2001년) '21세기를 위한 기원', 제8회(2002년) '순례', 제9회(2003년) '웃음', 제10회(2004년) 'Healing Earth', 제11회(2005년) 'Green Earth', 제12회(2006년) 'Green People', 제13회(2007년) '나무', 제14회(2008년) '어루만지다', 제15회(2009년) '순례', 제16회(2010년) '휘이~ 휘이~ 휘이~'라는 주제로 관객과 만났다.[59]

7) 조흥동의 연임과 경기도립무용단의 위상

경기도립무용단은 문화예술단체들이 겪는 변화의 바람을 고스란히 맞이하였다. 2004년 경기도문화의전당이 재단법인으로 출범하면서 경기도립무용단도 자연스럽게 경기도에서 재단법인 경기도 문화의 전당으로 행정책임기관이 이관되었다. 그리고 2009년 경기도립예술단의 법인 일원화에 따라 무용단은 재단법인체에 속한 예술단으로서 예술경영성과 공공성을 바탕으로 자체 브랜드 개발에 고심하게 되었다. 이 변화의 물살을 그대로 맞고 경기도립무용단을 이끌어갈 수장으로 조흥동이 부임하였다. 2001년 부임한 조흥동은 정기공연과 순회공연을 통해 경기도민의 문화 향수 기회를 확대하였다. 2002년 〈화합의 빛〉, 〈한국의 춤 2〉, 〈마의태자〉, 2003년 〈우리춤의 맥 시리즈 I〉, 〈삼별초: 그 혼불을 따라가는 춤길〉, 2004년 〈꿈 꿈이었으니…〉, 2006년 〈봉수당진찬례와 우리춤의 맥〉, 〈달은 지고 꽃은 말이 없는데〉, 2007년 〈금요상설공연: 해설이 있는 우리춤〉, 〈황진이〉, 〈춤 향기 그 색깔〉, 2008년 〈무화〉, 〈태권무무 달하 The Moon〉 등과 2014년 〈우리춤 비상하라: 고이 접어 나빌레라〉, 〈화풍(畵風)〉 등을 무대에 올렸다.

조흥동은 경기도립무용단의 자체 브랜드로 복합 장르극 〈태권무무 달하: The Moon〉를 개발하였다. 천지창조 신화와 고구려 고분벽화의 신화적 모티브를 바탕으로 태권도와 택견, 선무도 등 고난이도의 무술 퍼포먼스와 아름다운 한국춤사위가 결합되어 만든 작품으로 경기도 및 서울의 중앙무대에서도 파격적인 작품으로 인정받았다. 또한 〈Vision 우리춤〉을 통해 한국무용의 레퍼토리를 품격 높은 명품 춤으로 개발하여 2009년부터 현재까지 예술성과 대중성을 확보해나가고 있다. 이 작품들은 전통재구성무로서 전통무용의 레퍼토리를 확장하는 일련의 작업으로 한국무용계에서 보여주는 전통무용의 스토리텔링 작업과도 맞물린다.

8) 경기전통춤의 대표 브랜드 화성재인청 '이동안류의 춤'

경기전통춤에서 대표적인 춤을 꼽으라면 이동안류와 김숙자류의 춤을 꼽을 수 있다. 이들 춤은 경기춤으로서의 정통성과 전통성을 모두 갖추고 있기 때문이다. 그러나 경기도에서 경기전통춤의 맥을 활발하게 지켜나가고 있는 춤은 이동안류이다. 김숙자가 일찍 경기도를 떠나 서울 및 대전에서 활동한 탓도 있지만 이동안류의 춤이 경기무형문화재 제8호로 지정되어 계승되고 있기 때문이다. 그리고 이동안의 가계는 화성재인청의 맥을 지키던 도대방을 이어나가고 있어 수원시 및 화성시의 지자체에서 지역 대표 전통문화 콘텐츠로 화성재인청을 조명하려는 의지가 있기 때문에 자연스레 이동안의 춤은 경기도에서 부각되고 있다.

수원의 경우 조선 정조시대에 축조된 역사문화콘텐츠 화성행궁(華城行宮)을 복원하고 이 유적에 화성재인청의 대표적인 기예를 부가하여 축제화함으로써 이를 관광자원화하려는 의지를 갖고 있다. 그리고 화성의 경우 2001년 시로 승격한 신도시 화성의 문화정체성을 재고하려는 의지를 갖고 화성재인청을 연구, 조사한 바 있다. 그리고 추후 화성재인청과 이동안의 전통기예를 계승 발전시키는 데 큰 관심을 보이고 있다.

수원과 화성 등의 지자체가 관심을 보이는 이동안 춤의 근원인 화성재인청은 경기도는 물론 한국의 전통예술에 있어 매우 중요한 자리를 차지한다. 재인청이 언제부터 있었는지는 알 수 없으나, 『경기도창재도청안(京畿道唱才都廳案)』, 『경기재인청선생안(京畿才人廳先生案)』 등을 통해 1784년에서 1920년까지 있었던 사실을 확인할 수 있다. 물론 그 이전부터 재인청이 존재했을 것이지만, 기록상으로는 1784년부터 존재했음을 구체적으로 확인할 수 있다. 재인청(才人廳)은 재인(才人) · 무부(巫夫) · 광대(廣大) 등이 구성한 자체 조직으로 조선 후기에 재인청의 재인은 흔히 광대라고도 불렸다. 재인청에 소속된 구성원들은 나례(儺禮)나 중국 사신 영접 행사, 과거 급제자 축하잔치인 문희연, 읍치제의(邑治

祭儀), 동제(洞祭), 임금이 선왕의 위패를 종묘에 모시는 부묘(祔廟)를 마치고 궁중으로 돌아올 때, 임금이 종묘에서 제사 지낼 때, 공자 등 유학의 성인을 모신 문묘를 참배할 때, 왕의 각종 행차 시, 왕자와 공주의 태를 태봉(胎峰)에 묻을 때, 정월 보름에 궁중에서 풍농을 기원하기 위해 행하는 일종의 모의 농경의례인 내농작(內農作)을 거행할 때, 새 감사의 부임을 환영할 때 등 각종 행사에 동원되어 전통연희를 담당했던 연희자이다. 즉 재인청은 조선시대의 대표적인 전문적 연희자인 재인들의 조직이었다.

재인청 출신들은 개화기와 일제강점기를 거치면서도 우리의 공연예술사에서 중요한 역할을 담당했다. 일제강점기에 가장 뛰어난 전통연희의 공연장이던 광무대의 주요 연희자들도 대부분 재인청 출신이었다. 그들의 연희 가운데 일부는 전승이 단절된 것도 있지만, 상당수는 현재까지도 계속 전승되고 있다.[60]

이동안이 주목받는 이유는 바로 화성재인청의 마지막 도대방이자 광무대에서 뼈가 굵은 광대라는 점이다. 그는 선천적으로 예인의 맥을 갖고 태어났으며 후천적으로도 다른 재인광대들의 삶처럼 줄타기로부터 소리, 연주, 발탈, 춤에 이르기까지 화성재인청의 스승들로부터 기예를 익혀 그 맥을 계승하였다. 특히 이동안이 가장 많은 애정을 갖고 있던 그의 춤은 광무대에서 만난 화성재인청 출신 스승 김인호에게 사사한 것으로 호방한 경기류의 특성을 고스란히 담고 있다. 또한 이동안류의 춤에 내재된 춤의 형식은 근대 전통춤의 아버지라 불리는 한성준과의 교류를 통해 구축된 예술적 역량이 담겨있어, 그의 작품에는 춤의 연기 해석이 가능할 만큼 내적 형식이 잘 구성되어 있다.

2000년대에 들어서면서 이동안의 춤이 갖고 있는 역사적 전통성과

사진 8 한국전통무용 〈이동안류 태평무〉 / 춤 김기화 / 사진제공 김기화, 한국춤교육연구회

예술적 역량은 무용계에 새롭게 부각되어 경기도는 물론 서울에서 많은 관심을 불러일으키고 있다. 2001 우리춤연구회의 '해설이 있는 우리춤'과 '제3회 운학 이동안 선생류 전통내림춤판'이 공연되었고, 2000년 경기도무형문화재 제8호 승무와 살풀이의 전수조교 김복련이 '김복련 첫 번째 춤판'에서 이동안의 춤을 선보였다. 이후 '화성재인청류의 춤, 그 맥 2002', '김복련 제5회 무용발표회: 나빌레라', 2005년 '운학 이동안의 원류: 화성재인청의 춤', 2014년 '경기도무형문화재 제8호 송악 김복련과 제자백가(弟子百家)의 춤' 등에서 꾸준히 이동안류의 춤을 공연하고 있다. 과천에서 활동하는 정주미도 2002년 '정주미 재인청춤' 2004년 '정주미, 재인청 춤판: 舞' 등을 개최하였고, 경기무형문화재 제8호 승무, 살풀이춤의 이수자 김기화도 2002년 '화성재인청의 춤 그 맥 2002'에 출연을 기점으로 이동안류의 춤을 서울의 중앙무대에 소개하기 시작하였다. 2003년 국립민속박물관의 토요상설공연 '김기화의 춤'에서 〈살풀이춤〉과 〈태평무〉를 무대에 올렸고 뒤이어 국립국악원 목요상설공연, 전통무용기획공연 '류파전' 등에 참가하며 이동안류의 화성재인청 춤을 널리 알렸다. 그리고 2012년부터는 춤전용 소극장 두리춤터의 연간 기획공연 '테마가 있는 한국춤 시리즈 공연'에 '이동안 기본춤에 내재된 줄타기의 미학', '경향류의 춤, 어제와 오늘' 등 이동안류의 춤을 테마로 연구하고 본격적으로 공연하기 시작하였다. 2013년부터는 중요무형문화재 제97호 발탈의 보유자 박정임이 스승 이동안의 본향 수원에 보금자리를 마련하여 경기도에서 이동안의 발탈과 전통춤을 제자들에게 계승하고 공연 활동에 적극 참여하고 있다.

사진 9
부천청소년어린이무용단 / 안무 오은령 / 사진제공 오은령, 한국무용협회 부천시지부

9) 청소년 예술단들의 공연 활동

1990년대에는 어린이들 및 청소년들의 무용 활동이 무용학원을 중심으로 이루어졌다. 그러나 2000년대에는 지역의 이름을 내건 청소년 무용단들이 눈에 띄게 늘었다. 부천청소년어린이무용단, 시흥어린이청소년무용단, 화성시청소년무용단, 광명청소년무용단, 안양 프리미에발레단 등이 매해 정기발표회를 통해 무용에 대한 꿈을 키워나가고 있다.

어린이 · 청소년무용단들은 대부분 시의 보조금을 통해 운영되거나 공적기관의 자금을 통해 운영된다. 그리고 일부의 경우 무용가 개인이 운영하는 경우도 있다. 어린이 · 청소년무용단은 정기발표회, 청소년 유관 기관과의 매칭 공연, 지역축제 등에 참가하여 공연 활동에 참여한다. 부천청소년어린이무용단의 사례를 살펴보더라도 매년 정기공연을 포함하여 국내외의 주요 행사에 찬조 출연 및 초청공연이 펼쳐지고 있는 것을 알 수 있다. 1992년 5월에는 국립극장에서 제70회 어린이날 기념 '색동 어린이 큰 잔치' 축하공연을 하였고, 같은 해 8월 2일부터 12일까지는 모스크바, 레닌그라드, 하바로프스크를 경유하는 러시아 순회공연을 가졌다. 그리고 1994년 8월에는 백두산과 길림성에서 중국 순회공연을 했으며, 1995년 4월에는 프랑스 리옹 국제박람회에 초청을 받아 한국과 부천시의 위상을 높이는 공연을 펼쳤다.[61] 이처럼 어린이 · 청소년 무용단들은 지역을 대표하는 예술단으로 활동하고 있다.

10) 성남 무용가들의 공연 활동과 '정금란 추모공연'

(사)한국무용협회 경기지회의 시군지부 중 가장 합리적으로 운영되는 지부는 성남지부일 것이다. 성남은 지역상 구도시인 성남시가와 신도시인 분당이 어우러지며 새롭게 예술계가 조성되었다. (사)한국예총 경기지회 성남지부와 새로운 시가지인 분당에 조성된 (재)성남문화재단이 협업하며 다양한 무용축제가 만들어졌다. (사)한국예총 경기도지회의 인적 구성원과 (재)성남문화재단의 물리적 구성요소들이 서로 조정되며 성남시의 다양한 행사와 문화축전이 조화롭게 개최되고 있다.

그중 대표적인 축제가 '정금란 추모공연'이다. 성남 무용계의 대모로 무용 불모지 성남에 무용학원을 설립하여 많은 제자들을 양성한 정금란이 성남 무용계에 미친 영향은 실로 대단하다고 할 수 있다. 성남지부 회원들은 1995년 12월 10일 (사)한국무용협회 경기도지회 성남지부 초대 지부장을 역임한 정금란을 기념하기 위해 '정금란 무용가 1주기 추모공연'을 개최하였다. 성남시민회관에서 김종해의 안무로 정금란의 유지를 이어가는 성남무용단 단원들이 출연하였다.[62] 현재까지 15년을 넘게 '정금란 추모공연'은 이어지고 있다.

이 공연이 유지되고 있는 것은 성남 무용가들이 성남 무용의 역사를 올곧게 지켜나가려는 의지로 보인다. 초기 불모지인 성남 무용계를 일군 정금란의 개척정신과 예술창작의 정신은 많은 제자들에게 귀감이 되어 그들의 예술창작 작업에 토양이 되고 있다.

정금란은 (사)한국무용협회 경기도지회 성남지부를 발족하고 그들에게 공연 활동의 장을 마련해주었을 뿐만 아니라 초기 한국창작춤의 지평을 열었다. 그녀의 작품 〈산성풀이〉는 소품 위주의 무용 활동에서 창작안무의 지평을 열었다. 서울에 편중된 예술작업을 지역으로 확산하였을 뿐만 아니라 경인 시대에서 경기 시대로 전환되는 혼란한 경기 무용가들에게 협의체인 (사)한국무용협회 각 시군지회의 설립을 주창하여 (사)한국무용협회 경기도지회를 결성하는 데 기여하였다. 그녀는 지도자적 역량으로 초대 경기도지회장으로 선출되었고 경기 무용인들을 위해 헌신하였다. 제1회 '전국무용제 경기도 예선대회'를 운영하여 경기 무용창작의 시대를 열었다.

사진 10

성남시민회관 / 1981년 7월 1일 성남 최초의 문화 공간으로 개관하였다. 무대 조명이 전무하여 정금란과 김성태가 자비로 조명기를 제작, 기증하여 1년간 무상으로 조명기를 사용했다 / 사진제공 정은파, 성남무용단

사진 11

고 정금란의 무용 사진 / 사진제공 정금파, 성남무용단

아직도 성남에는 정금란의 제자들이 그 유지를 이어 성남무용단을 이어가고 있다. 제자들이 안무역량을 강화하여 '전국무용제 경기도 예선대회'에 꾸준히 참여하고 좋은 작품을 만들어내고 있다. 또한 성남 지역무용계의 합리적인 발전을 위해 참가 단체를 공모하는 등 무용계의 투명한 운영을 시범적으로 운영하고 있다. 이러한 성남지부는 (사)한국예총 성남지회, (재)성남예술의전당 등과 협업하여 '성남창작무용제'[63]를 개최하여 창작 활성화에 이바지하였다. 성남에는 중견 무용가 김종해, 이순림[64], 조성란 등이 터줏대감으로 활동하고 있으며 그 외 홍은주, 정금파 등 무용가들이 지역무용의 발전을 위해 활동하고 있다.

11) 대형 국제 무용축제의 유치와 운영

2006년 (재)성남문화재단은 국제적인 무용축제를 시작하였다. '성남국제무용제'를 통해 성남의 국제적 위상을 높이고, 무용계의 국제 교류와 더불어 성남시민들에게 높은 수준의 무용공연에 참여하고 관람할 수 있는 기회를 마련하였다. '성남국제무용제'는 외국 무용단과의 교류를 통해 시민들에게 지역적 한계를 극복하여 지구촌 문화예술에 대한 안목과 이해를 증대하였다. 이 축제는 (재)성남문화재단과 무용문화포럼이 공동 주최하여 '환경과 꿈'이라는 주제로 처음 개최하였다. 프로그램에 따라 공연 시간을 다양하게 하고 여러 곳을 공연 장소로 활용하여 환경과 춤의 조화를 추구하며, 일반인의 참여를 유도하여 지역축제로서의 역할을 도모하고자 하였다.

2006년 9월 5일부터 10일까지 개최된 제1회 성남국제무용제는 '환경과 춤'이라는 주제로 국수호무용단, 서울현대무용단, 국립발레단 등 국내 무용단과 일본 니브롤(Nibroll) 무용단, 볼쇼이 발레단, 보리스 에이

프만 발레단 등 62개 국내외 무용단체가 참가하였고, 야외 공연을 포함하여 약 2만여 명이 공연을 관람했다. 이러한 성과로 말미암아 2007년 9월 5일부터 9일까지 개최된 제2회 성남국제무용제는 '지중해 춤 컬렉션'이라는 주제로 지중해 지역의 정서를 담은 작품들을 선보였다. 예산도 약 4억 5,000만 원으로 늘었고, 이스라엘 키부츠 현대무용단, 데스타터키 앙상블 등 5개 해외 무용단과 안병순 떼아트르 무용단 등 20개 국내 무용단을 초청하여 공연했다. 2007년 제2회 성남국제무용제를 개최한 후 2008년부터 격년제로 변경하여 2009년 제3회 성남국제무용제가 개최되었다.[65] 그러나 이를 끝으로 성남국제무용제는 더 이상 개최되지 않았다. 이는 성남국제무용제가 지역 무용계의 자생적 역량과는 별도로 외부의 무용가들이 진행함으로써 진정한 지역축제로 자리매김하지 못하였기 때문이었다. 뿐만 아니라 막대한 예산을 소비하는 무용축제의 기능과 지자체의 문화예술에 대한 기대효과가 서로 엇갈리며 아쉽게도 국제적인 규모의 무용제는 막을 내리게 되었다.

'성남국제무용제'와는 달리 민간 주도의 '창무국제예술제'가 2009년부터 경기도에서 개최되었다. 국내 민간무용단체인 (사)창무예술원이 주최하는 '창무국제무용제'는 1993년부터 매년 개최되는 무용축제이다. 서울에서 14년간, 지난 2009년부터는 의정부에서 2년간 개최되고 2011년부터 2014년까지는 고양에서 개최되었다. 주로 문예진흥기금으로 운영되는 축제이다 보니 국가지원금의 선정 여부에 따라 기획의 운영과 범위가 달라진다. '창무국제예술제'도 이를 극복하여 진행하기 위해 극장과 매칭 기획하였다. 2009년에는 8월 21일부터 30일까지 의정부예술의전당 대극장과 소극장에서 '다색화(Polychrome, 多/色/和)'란 기치 아래 전통춤과 멀티댄스까지 7개국 24개 팀이 다양한 장르의 춤을 공연하였다. 총 8개의 프로그램을 기본으로 세대와 계층의 문화적 취향에 맞는 다양한 장르의 공연이 구성되었다. 개막 축하공연으로 전통춤 명인전과 멀티댄스로 세계적인 명성을 얻고 있는 호주 잼버드의 〈메타댄스〉까지 전통과 현대를 오가는 풍부한 볼거리가 예술제의 품격을 높였다. 그리고 축제 주제인 '다색화(Polychrome)'에 따라 색깔별 프로그램도 구성돼 관객의 취향에 맞춘 공연도 펼쳐졌다. 대 · 소극장의 분류만으로 가격을 책정해 상대적으로 국내공연에 기회를 더 주면서 해외공연도 저렴한 가격으로 관람할 수 있는 기회를 제공하여 기획의 묘미를 자랑하였다.

2010년 6월 6월 12일부터 20일까지 6개국 25팀이 펼치는 춤의 향연으로 다시 의정부예술의전당에 올려졌다. 주최 측은 지역축제로써 대중에게 다가서는 노력을 통해 의정부에 자리를 잡고자 노력하는 한편, 대외적으로 지속적인 해외 네트워킹을 통해 국내 무용시장의 해외진출 통로로서의 역할을 수행하려고 노력하였으나 이는 지속되지 못하고 2011년부터 고양으로 옮겨져 개최하게 되었다.

다시 (사)창무예술원은 새로운 문화예술의 메카로 떠오르는 고양으로 자리를 옮겨 '제17회 창무국제무용제'를 개최하였다. 경기 지역을 대표하는 국제 무용예술 축제로서, 언어의 경계가 없는 '춤'을 매개로 남녀노소, 장애우, 외국인 모든 계층의 대중들을 아우르며 예술은 "어렵고 난해하다"는 선입견을 극복하고 지역 문화예술의 활성화라는 비전으로 해외 네트워크, 지역 네트워크의 적극적인 활용을 통해 문화예술 네트워크 발전을 도모하여 공공기관과 민간단체가 함께하는 경기도 지역의 모범적인 예술축제로 자리 잡고자 의도[66]하였으나, 2014년을 마지막으로 2015년부터는 다시 서울의 아르코 예술극장으로 옮겨져 개최되었다.

경기도의 성남과 의정부, 고양에서 개최된 국제 규모의 무용축제인

'성남국제무용제'와 '창무국제예술제'는 아쉽게도 3회를 넘기지 못하고 막을 내리거나 다른 지역으로 옮겨져 개최되었다. 이는 지자체의 예산과 중앙무용가들의 전문적인 식견이 서로 어우러져 국제적인 행사를 유치한 이상적인 기획이었으나 지역축제로 자리매김하기에는 역부족이었다. 우선 지역민들의 자발적 참여가 결여되었을 뿐 아니라 지역적 동의 없이 행사가 이루어지다 보니 이를 지속할 명분을 찾기 어려웠을 것이다.

12) 시즌 발레공연의 정착화

2010년대에 접어들면서 무용 장르에서는 뚜렷한 편중현상이 드러난다. 발레공연이 한국무용과 현대무용에 비해 눈에 띄게 증가[67]한 것이다. 경기도에서 발레공연이 두드러지게 증가한 가장 큰 이유는 복합문화예술 공간의 확충에 따른 시즌 프로그램이 정착된 것에서 그 이유를 찾을 수 있다. 굿모닝 경기[68]에 수록된 경기도 등록 공연장은 2015년 6월 현재 144개이다. 이 중 3개의 공간이 미운영 중이고 나머지 141개의 공간이 공연장으로 운영된다. 이들 공간의 대부분이 공공시설로 경기도 및 시군지자체의 예산으로 관리 · 운영된다. 따라서 이들 공연장에서는 시민의 문화 향수 증대를 통한 예술 공공성의 측면과 공공기관의 예술 경영성의 측면에서 공연 프로그램을 선정하게 된다. 발레는 이러한 복합 문화예술 공간에서 요구하는 조건들을 충족하는 장르로 인식되어 초청공연이 많아진 것이다. 바로 관극 대상이 명확하고 관객 점유율이 높은 이유로 복합 문화예술 공간에서 흥행성이 높은 발레공연을 자주 유치하였다. 발레 흥행의 성공 요인은 젊은 세대 엄마들이 어린 시절 동경했던 발레리나에 대한 환상이나, 발레의 텍스트가 동화에 기반하는 경우가 많아 어린이들의 정서적 측면과 창의적 측면에서 교육 기대효과가 클 것으로 생각하는 것에서 그 이유를 생각해볼 수 있다. 어떠한 이유에서든 발레는 5월 가족의 달과 12월 크리스마스와 겨울방학의 시즌 기획공연으로 정착하였다.

특히 경기도에서는 과천시민회관의 상주 단체 서울발레시어터가 단체의 기반이 안정되면서 단체의 재정 자립도를 위한 다양한 측면의 발레 상품을 개발하고 어린이들의 눈높이에 맞는 작품들을 연구하여 발레 공연 프로그램[69]을 제작할 수 있었던 것도 시즌 발레공연이 정착하게 된 중요한 요인이 될 수 있었다. 민간 직업발레단을 이끌어가며 공연과 교육에서 사회공헌을 실천해나가는 제임스전과 김인희 대표의 노력은 무용의 사회적 역할을 보여주는 좋은 귀감이 된다.

13) 복합공연 장르의 부각

2000년대 중후반으로 접어들면 장르별 무용공연은 급격히 감소하기 시작하고 순수무용공연 대신 복합 장르의 공연이 증가하는 추세를 보인다. 실제 경기도를 대표하는 직업무용단인 경기도립무용단에서도 대표 브랜드로 무예와 무용이 결합된 마샬아츠 퍼포먼스 〈태권무무 달하: The Moon〉을 자주 무대에 올리고 있다. 그리고 의정부시무용단에서도 동두천시립 이담풍물단과 전문 타악그룹 두드락이 공동 작업하여 〈두둥 두둥실 두드리GO〉를 무대에 올렸다. 이담풍물단의 신명 나는 가락에 의정부시무용단의 전통춤사위를 선보였고, 전문 타악그룹 두드락의 화려하고 강렬한 리듬에 현대적이고 역동적인 몸짓과 강렬하고 웅장한 퍼포먼스를 선보여 소리와 몸짓의 향연을 펼쳤다. 공연은 남녀노소를 불문한 넓은 연령층의 관객들이 함께 호응하여 성공적이었다. 포천시립민속예술단도 전통적인 가무악단의 구성원을 통해 다양한 공연을

사진 12 복합공연 〈달빛무사 백동수〉 / 안무 안영화 / 사진제공 안영화, 아트컴퍼니 예기

무대에 올렸다. 〈2011 포천의 얼〉, 〈아씨방 일곱동무 규중칠우쟁론기〉, 〈2012 한국의얼(The spirit of Korea)〉 등이 대표적이다. 그 외에도 한국무용가 진수영이 이끌어가는 청평예술학교와 다올무용단에서도 〈하늘의 소리 땅의 몸짓〉, (사)한국무용협회 평택시지부의 주최로 〈노래와 시 그리고 춤: 춤어울림 2011〉이 공연된 바 있고 김홍주가 이끌고 있는 하남전통예술단에서도 2012년 한국무용과 스트릿댄스, 다도가 결합한 작품 〈차향, 커피향〉을 제작하여 관객들의 다양한 관극 욕구를 채워주었다. 안영화가 이끄는 수원예기보존회(아트컴퍼니 예기)에서도 역사적인 공간 화성행궁과 성곽의 무예24기(무예도보통지)를 결합한 콘텐츠 〈정조의 트라우마, 춤의 칼(2013)〉과 〈무사 백동수〉 등을 공연하였다. 김기화가 이끄는 한국춤교육연구회에서도 소리와 극과 춤이 결합한 〈미얄할멈이 들려주는 우리춤 이야기〉를 제작하여 가족 관극을 대상으로 14회의 장기공연을 시도하였다.

14) 2000년대 연도별 경기도 무용공연 현황

2000년대 경기도 무용계 동향은 한국문화예술위원회가 발행하는 연도별 『문예연감』의 연간 무용공연 현황을 참고한 것이다. 2000년대는 경기도와 인천을 통합한 경인 지역으로 무용공연 장르별로 집계하였는데, 2000년부터 2007년까지 경기도와 인천을 통합하여 집계하였고, 2008년과 2009년 경기도만으로 무용공연 장르별로 집계한 결과이다. 이 통계 수치는 공연 일수가 아니라 공연 건수로 파악된 자료이며, 공연 일수로 집계하면 이보다 훨씬 많은 공연으로 집계된다는 것을 밝혀둔다.

2000년은 전년도 1999년보다 66회로 공연건수가 증가하였고, 한국무용은 69회, 현대무용은 21회, 발레는 13회, 혼합과 복합 장르는 57회로 현대무용과 종합장르가 현격하게 증가하였다.

2001년 경기도 무용계 동향[70]을 살펴보면, 2001년 한국문화예술위원회 지원 사업 무용 부문의 선정 현황은 총 44개의 무용단체들이 지원하여 16개 단체가 선정되었고 1억 4,800만 원이 지원되었다. 2001년 경기도와 인천지역의 무용공연은 90회로 전년도에 비해 70회가 감소하였고, 한국무용에서 창작무용의 공연이 24회로 가장 많은 공연을 하였다.

표 3 2000년대 경기도 무용공연 현황[71]

구분		2000	2001	2002	2003	2004	2005	2006	2007	2008	2009
한국무용	전통무용	18	14	11	22	47	56	33	51	34	49
	창작무용	51	24	51	47	31	32	43	20		
현대무용		21	20	13	27	30	37	42	35	26	53
발레		13	19	24	39	33	42	55	40	35	37
종합(복합 · 혼합)		57	13	11	18	15	29	20	30	16	36
기타							6	7	30	11	14
합계		160	90	110	153	156	202	200	206	122	189

2002년은 한일 월드컵 개최로 인한 다양한 문화행사들이 많은 해였다. 특히 월드컵 경기 시즌에 무용공연이 많았다. 경인 지역의 무용공연은 전년도에 비해 30회가 증가한 110회가 공연되었다. 특히 공연건수가 아니라 공연 횟수로 집계하면 전년도에 비해 2배가 늘어난 219회로 집계되었다. 한국무용에서 전통무용보다는 창작무용의 공연 수가 많아 51회가 공연되었고, 지역 순회공연으로 발레공연들이 어느 해보다 많이 증가하여 24회 공연되었고, 현대무용이 13회 공연하였다. 2002년 한국문화예술위원회 지원 사업 무용부문 선정 현황은 전년도에 비해 4개 단체가 증가한 총 20개 단체가 선정되어 2억 7,000만 원이 지원되었다.[72]

2003년 경인 지역의 무용공연은 전년도에 비해 43회가 증가한 153회가 공연되었다. 특히 경기문화재단 설립 이후 경기도 내 직업무용단에 대한 지원정책과 경기도립무용단의 경기도민을 위한 다양한 순회공연들, 그리고 경기도지회 각 시군 무용지부별로 지역축제 축하공연, 그리고 자체 기획 정기공연들이 증가하였다. 공연이 개최되는 시기도 대부분 축제 시즌인 5월과 6월, 9월부터 12월에 편중되어 있다. 2003년 한국문화예술위원회 지원사업 무용부문 선정 현황은 전년도에 비해 9건이 감소한 11개 단체에 2억 9,500만 원을 지원했는데, 지원단체 수는 감소한 반면 지원금은 단체별로 증가된 경향을 보이고 있다.[73]

2004년 경인 지역의 무용공연은 전년도에 비해 3회가 증가한 156회이다. 경기도 내 지역토대 전문무용단과 대학교 동인무용단 활동이 점차 증가하였고, 서울을 비롯한 외부전문무용단체들의 경기도 내 시군별 순회공연사업에 적극 참여하였다. 경기도 시군별 무용협회 지부의 자체별 기획 및 정기공연이 꾸준히 증가하여 지역토대 전문무용단이 활발하게 활동하였다. 이러한 현상은 2000년대 들어 수도권 중심으로 활발히 시역개발이 이루어지고 경기도 시군별로 젊은 세대가 유입되면서 문화예술 향유 관객 인프라가 구축되고 지역별 무용학원, 경기도 내 무용학과 졸업생 배출 등이 점차 증가하기 때문이었다. 2004년 한국문화예술위원회 지원 사업 무용부문 선정현황은 전년도에 비해 14건이 증가한 25개 단체에 2억 1,600만 원을 지원했는데, 지원단체 수는 증가하였고 지원금은 지원단체 수보다 증가하지 못했다.[74]

2005년 경인 지역의 무용공연은 전년도에 비해 46회가 현격히 증가하여 202회이다. 2005년 경기도 내 성남 아트센터와 고양어울림누리 개관 이후 서울의 주요 대형공연장과 비교해도 손색 없는 다양한 무용공연 공연프로그램들과 해외초청공연 등을 선보여 서울에 이어 제2의 무용 중심지로 발돋움하였다. 경기도 과천에 소재한 서울발레시어터가 과천시민회관에서 상설 발레공연을 시작하였고, 경기도 내 각 시별로 대학동문 발레단과 현대무용단들이 조금씩 활동하기 시작하였다. 또한 2005년 11회를 맞는 현대공연예술축제 '안성죽산국제예술제'가 안정화되었고, 안성태평무전수관은 '상설전통무용공연', 경기도립무용단의 '금요상설무대', 양평군 바탕골예술관의 '바탕골예술제 상설무용공연'과 기타 외부무용공연단체들의 '시군별 순회공연' 사업이 활성화되었다. 경인 지역 무용공연들로 상반기 4월부터 6월까지, 8월부터 12일까지 공연되었다. 2005년 경인 지역 무용공연은 장르별로 한국무용은 88회로 전통무용이 56회, 창작무용이 32회, 발레공연이 42회, 현대무용 37회, 무용제와 종합예술축제들과 기타가 35회로 집계되었다.[75]

2006년 경기도 무용계 동향[76]을 살펴보면 다음과 같다. 경인 지역의 무용공연은 전년도와 비슷한 200회의 공연건수로 집계되었다. 전통무용은 33회, 창작무용은 43회, 현대무용은 42회, 발레는 55회, 종합 및 기타는 7회로 창작무용과 발레공연이 주류를 이루고 있다. 2000년대 초중반부터 경기도 각 시별로 문화재단이 설립된 이후 '시즌별 초청공연'과 '기획공연', 그리고 '시민을 위한 무료 상설 무용공연'이 꾸준히 증가하였다.

2007년 경인 지역의 무용공연은 전년도와 비슷한 206회의 공연건수로 집계되었다. 전통무용은 51회, 창작무용은 20회, 현대무용은 35회, 발레는 40회, 종합예술과 기타 복합무용 장르는 60회로 전통무용과 현대무용, 발레공연이 평균적으로 공연되었다. 경기도에는 총 4건의 무용페스티벌이 개최되어 서울을 제외하고는 전국 대상으로 가장 많은 무용페스티벌을 개최하였다. 또한 무용경연대회도 경인 지역은 총 15개의 무용경연대회가 개최되었다. 2006년부터 성남과 고양시의 무용공연이 활성화되었으며, 특히 성남시는 2006년 '성남국제무용제'를 통해서 무용극을 성남시 브랜드 육성사업으로 국내 최초로 도시의 브랜드 이미지를 무용극으로 제작하였다. 〈남한산성에서 피운 꽃: 이화〉를 선보여 도시의 브랜드가치를 예술적 상품으로 활용하는 실험적인 시도를 하였다. 2000년대 중반 경기도 양평의 '바탕골예술제'와 '안성죽산국제예술제'도 안정화되었다.[77]

2008년 경기도 지역의 무용공연 및 무용 관련 축제 및 경연대회는 총 122회로, 한국무용(전통/창작 포함)은 34회, 현대무용은 26회, 발레는 35회, 종합예술과 기타 복합무용 장르는 16회, 무용 관련 페스티벌 7회, 무용경연대회 4회로 집계되었다.[78] 현대무용과 발레, 그리고 복합 장르의 공연이 증가한 것에 비해 한국무용은 감소하였다. 이러한 원인은 2006년부터 문예진흥기금의 문화소외지역 순회공연으로 주로 서울의 대표적인 국립발레단, 유니버설 발레단의 경기도 지역 순회공연, 그리고 경기도 지역의 국제공연예술축제 등이 활성화되면서 주로 해외 및 서울 중심의 무용 관련 단체들의 활동이 증가하였기 때문이다. 또한 경기도 시별 문화재단들의 설립과 함께 국내외의 유명한 명품공연 유치를 통한 공연장 수익 증대를 위한 시즌별 기획공연과 초청공연들이 증가하였기 때문이다. 따라서 대중적이지 못한 무용공연들은 '지역 순회공연'과 '야외 상설 무료공연'으로 활동 범위가 위축될 수밖에 없었다. 이는 결국 경기도 내에서 활동하는 무용단체들의 공연활동에 위축을 가져왔다.

2009년 경기도 지역의 무용공연 및 무용 관련 축제 및 행사는 총 189회로, 한국무용(전통/창작 포함)은 49회, 현대무용은 53회, 발레는 37회, 종합예술과 기타 복합무용 장르는 50회로 집계되었다.[79] 2009년에는 전년도에 비해 현대무용이 27회 증가하였고, 한국무용은 15회 증가, 종합과 기타 복합 장르도 23회로 증가하였다. 특히 종합과 기타 복합 장르가 증가한 원인을 살펴보면, 경기도 내 각 문화재단들의 5월과 12월, 여름방학 시즌 기획공연 차원에서 특정 관객인 어린이를 위한 문화적인 감성체험 교육의 차원에서 다양한 공연예술 장르 또는 멀티미디어가 결합된 무용의 크로스오버 현상으로 파악할 수 있다. 아울러 서울 중심으로 활동하고 있는 전문무용단체들이 경기도 내 문화재단 공연에 초청된 점과 경기도의 지역토대 전문무용단들이 문예진흥기금 지역 순회공연에 선정되어 활동비율이 높아진 점이다. 이러한 현상은 타 지방도 마찬가지이지만 특히 경기도의 경우 높은 비율을 보였다. 2000년대부터 경기도립무용단의 정기 및 상설공연, 의정부시무용단의 정기 공연 및 기획공연은 꾸준히 증가하였고, 2008년에는 경기 북부 지역인 의정부와 경기도 양평의 무용공연활동이 증가하였다. 의정부시에서 제15회 '창무국제예술제'를 개최하였고, 매년 경기도 양평군 바탕골예술관에서 개최되는 '바탕골예술제'의 무용공연들이 증가하였다.

표 4 2010년대 경기도 무용공연 현황[80]

구분	2010	2011	2012	2013	2014
한국무용	23	29	24	39	22
현대무용	27	23	3	15	7
발레	20	23	31	38	22
종합(혼합 · 복합)	33	24	52	21	22
기타	12	1	9	6	5
합계	115	100	119	119	78

2010년 경기도 지역의 무용공연 및 무용 관련 축제 및 행사는 총 115회로, 한국무용(전통/창작 포함)은 23회, 현대무용은 27회, 발레는 20회, 종합예술과 기타 복합무용 장르는 45회로 집계되었다.[81] 2000년대 중 · 후반 들어 지속적으로 경기도 내 무용공연이 감소하는 추세이다. 더구나 한국무용은 위기의식을 느낄 정도로 현격히 감소하고 있다. 경기 북부의 의정부와 고양시, 경기 동부의 양평과 경기 남부 성남과 하남은 정기적인 무용공연 활동이 꾸준히 이루어지는 것에 비해 경기 서부인 수원과 안산을 제외하고 경기도 내 다른 시군의 지역무용단체들의 활동이 감소하였다. 경기도 내 무용단의 공연보다는 서울의 무용단체의 경기도 지역 순회공연이 3대 7로 외부 지역 무용단체들의 공연활동이 주류를 이루었다. 2010년의 두드러진 특징은 2009년부터 현대무용가 홍신자의 '안성죽산국제예술제'에서 현대무용의 비중이 점차 줄어든 점이다. 의정부예술의전당과 (사)창무회 주최로 '제16회 창무국제무용제'가 개최되었고, 양평군 '바탕골예술제'도 개최되었다. 2010년의 경기도 내 무용계는 그동안 무용공연이 별로 없었던 경기도 이천시, 화성시, 가평군, 평택시에서 지역 무용공연들이 개최되었다.

2011년 경기도 지역의 무용공연 및 무용 관련 축제 및 행사는 총

100회로 전년도보다 15회 감소하였다. 무용장르별 공연 현황을 살펴보면 한국무용은 총 29회, 발레는 총 23회, 현대무용은 총 23회, 종합적인 성격의 무용 관련 행사는 총 24회, 기타 총 1회로 집계되었다.[82] 2011년 경기도 무용공연 현황은 대체적으로 무용 장르별로 평균화되어 어느 하나의 무용장르에 편중되지 않는 경향을 보이고 있다. 2011년 경기도 내 무용은 경기 북부 연천군과 동두천, 경기 동부 화성시의 무용공연이 증가하였다.[83]

2012년 경기도 지역의 무용공연 및 무용 관련 축제 및 행사는 총 119회로 전년도보다 19회로 현격히 증가하였다. 무용장르별 공연 현황을 살펴보면, 한국무용은 총 24회, 발레는 총 31회, 현대무용은 총 3회, 종합적인 무용 관련 행사는 총 52회, 기타 9회로 집계되었다. 2012년 공연부터는 뚜렷하게 발레 장르의 편중현상이 두드러졌다. 발레공연의 경우 대부분 외부 발레단들의 공연들이 많다. 또한 과천시에 상주하는 서울발레시어터의 공연활동도 안정되었다. 발레공연은 주로 시즌 공연으로 가족 및 아동이 주 관객층을 형성하는 대중성을 확보하였다. 반면 현대무용은 2012년 공연이 전년도 23회에 비해 3회만 공연되어 침체기라고 할 정도로 줄어들었다. 한국무용은 전년도에 비해 5회가 감소하였으며 대부분 1회성의 공연으로, 정기공연 및 발표회 수준의 지역 무용인들의 참여성 공연으로 대중성을 점차 잃어가고 있다. 반면 복합 장르나 경연대회, 지역 문화예술 축제의 축하공연이 점차 증가하였다. 복합 장르로서 가무악 공연이라든지 퍼포먼스 스타일은 시대적으로나 대중적으로나 유행을 반영한 실험적인 시도로 보인다. 반면 지역 문화예술 축제의 축하공연은 지역 무용단체들의 수익성 사업 및 지역문화 참여활동의 일환으로 지역축제의 개막식과 폐막식의 무용공연이 주류를 이룬다.

2013년 경기도 지역의 무용공연 및 무용 관련 축제 및 행사는 총 119회이다. 무용장르별 공연현황을 살펴보면, 한국무용은 총 39회, 발레는 총 38회, 현대무용은 총 15회, 종합적인 무용 관련 행사는 총 21회, 기타는 총 6회로 집계되었다.[84] 2013년부터 경기도 무용계의 공연현황을 보면 전년도에 비해 복합 및 혼합 장르의 무용공연은 상당히 감소하였고, 한국무용은 증가하였고, 현대무용도 현격히 증가하였다. 발레공연은 전년도와 비교하여 안정된 추세이다. 특히 발레공연 현황에서 경기도 내 발레 무용학원들의 발표회 수준의 발레공연이 증가하였다.

2014년 경기도 지역의 무용공연 및 무용 관련 축제 및 행사는 총 78회로 전년도보다 41회가 감소하였다. 무용장르별 공연현황을 살펴보면, 한국무용은 전년도에 비해 13회가 감소한 총 22회, 발레는 전년도에 비해 16회 감소한 총 22회, 현대무용은 전년도에 비해 8회 감소한 총 7회, 복합 장르 · 혼합 · 축제 · 경연대회는 총 22회, 기타 5회로 집계되었다.[85] 2014년 4월의 세월호 침몰사건과 6월 지방자치단체장 선거로 인해 2014년 한 해의 공연예술계는 전체적으로 공연활동이 현격히 감소하였다. 경기도 무용공연활동도 상당히 감소하였는데, 경기도 지역별 지역축제들이 취소되고, 5월 시즌과 가을 시즌 공연의 경우 대부분 취소되거나 연기되어 11월 · 12월로 공연이 집중화되었던 것에서 감소원인을 찾을 수 있다.

미주

1 최연식(2006).「조선시대의 중앙-지방관계와 '경기' 제도의 발전」.『延世行政論叢』Vol.29, 연세대학교 행정대학원. p.211.

2 최연식(2006).「조선시대의 중앙-지방관계와 '경기' 제도의 발전」.『延世行政論叢』Vol.29, 연세대학교 행정대학원. p.230.

3 최연식(2006).「조선시대의 중앙-지방관계와 '경기' 제도의 발전」.『延世行政論叢』Vol.29, 연세대학교 행정대학원. p.231.

4 김홍식 · 류웅재 · 김진형(2010).「경기도 문화유산의 스토리텔링화 방안에 관한 연구」.『정책연구』, 경기개발연구원. p.23.

5 서울시사편찬위원회(2011).『서울공연예술사』, 서울: 동 위원회. p.606.

6 (사)인천예술문화단체총연합회(1993).『인천예총 50년사』, 인천: 동 총연합회.

7 (사)한국문화예술단체 경기도연합회 · 경기문화재단(2006).『경기예총 40년사』, 경기: 동 연합회 · 동 재단. p.90.

8 (사)인천예술문화단체총연합회(1993).『인천예총 50년사』, 인천: 동 총연합회.

9 김영실(수원여자대학교 한국무용 교수 역임) · 황문숙(용인대학교 현대무용 교수) · 손경순(숭의여자대학교 한국무용 교수) · 오문자(원광대학교 현대무용 교수) · 윤순자(인천시립무용단 훈련장 역임) · 김기화(성균관대학교 대학원 겸임교수) 등 인천 출신의 무용가들은 무용안무가이자 교육자로 활발한 활동을 하고 있다.

10 심정민(2011). 2장「무용」.『서울 공연예술사』, 서울특별시사편찬위원회. p.766.

11 (사)한국문화예술단체 경기도연합회 · 경기문화재단(2006).『경기예총 40년사』, 경기: 동 연합회 · 동 재단. p.90.

12 (사)인천예술문화단체총연합회(1993).『인천예총 50년사』, 인천: 동 총연합회.

13 (사)인천예술문화단체총연합회(1993).『인천예총 50년사』, 인천: 동 총연합회.

14 이영관(2014).「한국사상(韓國思想) 사학(史學): 미국신문을 통해 본 1970년대 한국 —*Los Angeles Times*와 *New York Times*를 중심으로—」.『한국사상과 문화』Vol.71. pp.141-166.

15 정호순(2007).「1970년대 극장과 연극문화」.『한국극예술연구』Vol.26. p.194.

16 김채원(2011).「무용」.『서울 공연예술사』, 서울특별시사편찬위원회. pp.877-878.

17 김채원(2011).「무용」.『서울 공연예술사』, 서울특별시사편찬위원회. pp.877-

898.

18 한국문화예술위원회(1982). 『문예연감 1982년』, 서울: 동 위원회. p.510.

19 성남시사편찬위원회(1993-2004). 『성남시사』, 경기: 동 위원회.

20 (사)한국문화예술단체 경기도연합회 · 경기문화재단(2006). 『경기예총 40년사』, 경기: 동 연합회 · 동 재단. pp.351-361.

21 (사)한국문화예술단체 경기도연합회 · 경기문화재단(2006). 『경기예총 40년사』, 경기: 동 연합회 · 동 재단. pp.342-343.

22 (사)한국문화예술단체 경기도연합회 · 경기문화재단(2006). 『경기예총 40년사』, 경기: 동 연합회 · 동 재단. pp.261-262.

23 서울특별시사 편찬위원회(2011). 『서울공연예술사』, 서울: 동 위원회. p.1111.

24 (사)한국문화예술단체 경기도연합회 · 경기문화재단(2006). 『경기예총 40년사』, 경기: 동 연합회 · 동 재단. p.263.

25 1993년 11월 27일에는 (사)한국무용협회 경기도지회 의정부지부장 이미숙의 개인 춤 발표회가 있었다. 의정부에 터를 잡은 이미숙은 '이미숙의 춤'을 타이틀로 〈태평무〉, 창작무용 〈달아달아〉 등을 의정부시민회관에서 공연하였다.

1994년 7월 27일 부천시민회관에서는 (사)한국무용협회 경기도지회 부천지부장 박효순무용단이 '광복 50주년 기념공연'으로 한국 창작무용 〈고향〉을 공연하였다. 9월 17일 경기도문화예술회관에서 (사)한국무용협회 경기도지회 수원지부의 수원무용협회 회원들이 '제4회 수원무용협회 회원발표회'를 가졌다. 공연 내용은 김동곤무용단이 〈신명〉, 장상화무용단이 〈내 품 안에 그대들을〉, 박경현무용단이 〈살풀이〉와 〈태평성대〉를 공연하였다. 10월 8일 의정부지부 이미숙 도듬무용단은 서울의 국수호 디딤무용단과 함께 합동공연으로 〈가을밤 춤의 향연〉을 의정부시청 잔디광장 야외특설무대에서 공연하였다. 그 후 12월 10일 이미숙 도듬무용단과 의정부시어머니무용단의 합동공연으로 '불우청소년 돕기 제3회 자선춤판' 공연을 하였다. 11월 25일 용인문예회관 대강당에서 용인대학교 무용과 교수 황문숙의 용인대무용단이 무용공연을 가졌다.

1995년 (사)한국무용협회 경기도지회 수원지부 무용가 차효영과 김동곤 부부의 합동공연으로 '차효영-김동곤 부부 춤꾼 정기공연'이 12월 26일 경기도문화예술회관 소공연장에서 한국무용과 발레작품들을 무대에 올렸다. 12월 29일에는 (사)한국무용협회 경기도지회 성남지부의 '송년무용한마당' 행사가 성남시민회관에서 개최되었다.

1996년 의정부지부 이미숙 도듬무용단은 9월 8일부터 10월 24일까지 총 5회 공연으로 '이미숙 도듬무용단 경기 북부 순회공연: 청소년을 위한 춤의 향연'을 개최하였다. 10월 2일과 7일 성남지부의 회원 이순림이 이끄는 산성무용단이 성남시민회관과 분당구 주택전시관에서 '1996년 성남시 청소년을 위한 타악 실내악 그룹 "푸리" 초청 공동공연'으로 〈태평무〉, 〈살풀이〉, 〈풍물〉, 〈푸리의 길군악〉을 공연하였다. 10월 13일 성남시민회관에서 ㈔한국무용협회 경기도지회 성남지부에서 '제11회 성남무용제'를 개최하였고 김종해 안무의 〈외로운 섬〉을 공연하였다.

1997년 6월 1일 수원야외음악당에서 '수원무용제'가 개최되었다. 박경현 안무의 〈검무〉, 오성주 안무의 〈태평무〉, 장상화 안무의 〈부채춤〉, 김동곤 안무의 발레작품이 공연되었다. 성남지부에서는 '제12회 성남무용제'를 개최하였다. 수원지부 무용가 장정희의 공연에 서울에서 활동하는 홍웅기가 찬조 출연하여 '1997년 장정희 춤판'을 공연하였다. 같은 해 부천어린이무용단이 '제6회 부천어린이무용단 정기공연'을 무대에 올렸고 부천시지부의 성주무용단의 '제8회 성주무용단 정기공연'을 하였다.

1998년 성남지부 회원 이순림이 '이순림의 춤세계 새봄맞이 지역 순회공연'을 하였고 안양지부 회원 김성나가 '제1회 김성나 전통춤발표회'를 열었다. 의정부지부장 이미숙도 '이미숙의 전통춤'을 공연하였고 수원지부장 장정희도 '장정희 춤판'을 공연하였다. 의정지부는 12월 9일 의정부시민회관에서 '의정부무용협회 지전춤판'을 공연하였다. 군포지부장 양대승은 '양대승무용단 무용발표회'를 무대에 올렸다.

1999년에는 '경기명무전'에 시군지부 무용들이 참가하여 공연하였다. 전혜란이 〈살풀이〉, 김성나가 〈장고춤〉, 이미숙이 〈태평무〉, 오철주가 〈승무〉, 명정자가 〈무상〉, 윤희준이 〈청산무화〉를 공연하였다. ㈔한국무용협회 경기도지회에서 주최하는 '1999년 전국무용제 경기도 예선대회', 안산지부 별무리무용단의 '별무리무용단 순회공연' 등을 공연하였다.

26 초기 지역토대 전문무용단으로는 1992년 '전국무용제 경기도 예선대회'에 참가한 성남지부의 정금란이 이끄는 성남무용단, 수원지부 박복희가 이끄는 박복희무용단, 부천지부 박효순이 이끄는 박효순무용단과 이후 '전국무용제 경기도 예선대회'에 꾸준히 참가한 안양지부 김기백무용단, 의정부지부 이미숙무용단 등이 있다.

27 예: 전혜란무용단 정기발표회, 성남무용단 정기발표회.

28 (사)한국무용협회 경기도지회 성남지부의 성남무용단은 1995년 6월 1일과 2일 '한-중 수교 3주년 기념행사'로 중국 산동성 영성시청 분수대 앞 광장에서 〈화관무〉, 〈태평무〉, 〈부채춤〉, 〈승무〉, 〈살풀이〉, 〈여명〉 등을 공연하였다.

29 (사)한국무용협회 경기도지회 의정부지부장 이미숙은 자신의 도듬무용단과 부천지부의 지부장 오은령이 이끄는 오은령무용단과 함께 1995년 8월 12일부터 21일까지 벨기에 웨스텔루 시에서 개최된 '벨기에 국제민속무용제'에 참여하였다.

30 (사)한국문화예술단체 경기도연합회 · 경기문화재단(2006). 『경기예총 40년사』, 경기: 동 연합회 · 동 재단. pp.262-263.

31 네이버 지식백과. 「경기도립무용단(京畿道立舞踊團)」. 한국민족문화대백과, 한국학중앙연구원. http://terms.naver.com/entry.nhn?docId=566398&cid=46666&categoryId=46666.

32 대학 동인무용단의 순회공연은 1992년 11월 17일 부천시민회관과 경기도문화예술회관에서 동량춤 오은희무용단이 순회공연을 하였다. 〈회색공간〉, 〈그림자〉, 〈무색계〉, 〈혼빛 그림자〉를 무대에 선보였다. 그리고 같은 해 수원여대 무용학과 박복희 발레단도 '경기 지역 순회공연 발레공연'을 하였다.

33 지역토대 전문무용단의 순회공연은 1998년 성남지부 김종해의 성남무용단의 '성남무용단 지역 순회공연', 1999년 안성에 터를 잡은 국제적인 현대무용가 홍신자의 웃는돌무용단이 '웃는돌무용단 경기도 순회공연'을 하였다.

34 1980년 처음 개최된 '경기무용제'는 매해 지역을 순회하여 공연한다. (사)한국예총 경기예총 주최, (사)한국무용협회 경기도지회 주관으로 개최한다. 1993년 10월 5일에는 '제14회 경기종합예술제 경기무용제'가 개최되었다. 의정부 이미숙무용단의 〈춘앵전〉, 안양 김기백무용단의 〈시나위〉, 수원 김동곤 발레단의 〈지젤 2막 중에서〉와 〈호두까기 인형 제2막 중에서〉, 부천의 박효순무용단이 〈선〉, 성남의 정금란이 성남무용단의 〈여명〉 등을 공연하였다. 1994년 10월 8일 '제15회 경기종합예술제 경기무용제'가 안산시민회관에서 개최되었다. 수원의 장상화무용단의 발레 〈코펠리아 중에서〉, 박경현무용단의 장직무용 〈오후에 작은 시〉, 성남지부 성남무용단의 〈고목〉, 미르무용단의 〈시나위〉, 의정부지부장 이미숙의 〈승무〉, 안산지부의 초대 지부장 안춘자의 〈살풀이〉와 〈입춤〉이 공연되었다.

35 (사)한국예술 경기도연합회 · 경기문화재단(2006). 『경기예총 40년사』, 경기: 동 연합회 · 동 재단. p.263.

36 임병호(1994). 「지역문화/수원: 신인 등용과 예술정신 기리는 선의의 경쟁」. 『월간 문화예술 1994년』.

37 1997년 서울발레시어터는 일본 『제민일보』 초청공연으로 '서울발레시어터 일본 순회공연'을 하였고 1998년 일본 마츠야마시 주최로 '서울발레시어터 일본 순회공연', 미국 코리아 소사이어티 주관으로 '서울발레시어터 미국 순회공연'에 초청되어 공연하였다.

38 한국춤교육연구회(2010). 『한국춤교육연구회 소개자료 2010년』, 서울: 동 연구회. p.7.

39 부천 박효숙무용단의 대표 박효숙은 〈면사포〉를, 광명 조대식무용단의 대표 조대식은 〈구멍난 일기〉를 안무하였다.

40 (사)한국문화예술단체 경기도연합회 · 경기문화재단(2006). 『경기예총 40년사』. p.262.

41 한국문화예술위원회(1992). 『문예연감 1992년』(연도별 지역 공연 현황), 서울: 동 위원회. pp.668-694.

42 한국문화예술위원회(1991-2000). 『문예연감』, 동 위원회.

김태원(1991). 「1990년 무용행사 실태조사」. 한국문화예술위원회. 『문예연감』, 서울: 동 위원회. pp.524-540.

김경애(1992). 「1991년 무용행사 실태조사」. 한국문화예술위원회. 『문예연감』, 서울: 동 위원회. p.668.

김경애(1993). 「1992년 주요 춤행사 실태조사」. 한국문화예술위원회. 『문예연감』, 서울: 동 위원회. p.660.

김경애(1994). 「1993년 무용 분야 주요 현황」. 한국문화예술위원회. 『문예연감』, 서울: 동 위원회. p.784.

김경애(1995). 「1994년 무용 분야 주요 현황」. 한국문화예술위원회. 『문예연감』, 서울: 동 위원회. p.803.

노정용(1996). 「1995년 무용 분야 주요 현황」. 한국문화예술위원회. 『문예연감』, 서울: 동 위원회. p.704.

노정용(1997). 「1996년 무용 분야 주요 현황」. 한국문화예술위원회. 『문예연감』, 서울: 동 위원회. p.1095.

노정용(1998). 「1997년 무용 분야 주요 현황」. 한국문화예술위원회. 『문예연감』, 서울: 동 위원회. p.1008.

박승현(1999). 「1998년 무용계 주요 현황」. 한국문화예술위원회. 『문예연감』, 서울: 동 위원회. pp.1147-1223.

박만호(2000). 「1998년 무용 분야 현황 분석」. 한국문화예술위원회. 『문예연감』, 서울: 동 위원회. pp.1253-1317.

43 서울시사편찬위원회(2011). 『서울공연예술사』, 서울: 동 위원회. p.1248.

44 김고운(2015). 「근대 이후 한국 사회변동에 따른 무용문화에 관한 연구」, 경희대학교 일반대학원 박사학위 논문. p.82.

45 부천에서 활동하는 오을령무용단은 1988년 서울올림픽 성화봉송로 공연을 시작으로 러시아, 중국, 프랑스, 벨기에, 미국, 이탈리아, 일본, 에콰도르, 투르크메니스탄 등 해외공연과 300여 회의 국내공연을 통해서 수준과 기량을 인정받아 왔다. 현재 30명의 단원으로 구성되어 한국의 전통무용 및 창작무용을 활발하게 선보이고 있다. 〈청음(淸音)〉(1989년), 〈애(愛)〉(1991년), 〈탑돌이〉(1992년), 〈산수화(山水畵)〉(1994년), 〈사군자 · 애(四君子 · 愛)〉(1995년), 〈귀천도애(歸天道愛)〉(1996년), 〈진혼무(鎭魂舞): 이 땅의 혼이 되어〉(1998년), 〈노을은 꿈을 꾼다〉(1999년), 〈백정(白丁)의 딸〉(2000년), 〈꿈: 노을〉(2001년), 〈논개(論介)〉(2001년), 〈비문(碑文)〉(2002년), 〈나비의 잠〉(2003년), 〈푸른 영혼〉(2004년), 〈날개〉(2005년) 등의 작품이 있다.

46 2002년 안산지부 오율자무용단의 '안산시민과 함께 춤을', 2003년 김근희무용단의 '포천예술회관 개관 기념: 전통춤 공연', 2004년 김근희무용단의 '포천시민을 위한 김근희무용단의 어울림' 등이 공연되었다.

47 대학 동인무용단들의 정기공연은 2001년 용인대학교 무용학과 현대무용 동문으로 결성된 미르무용단의 '지역 순회 무용공연', 2002년 신명숙의 참무용단 '신명숙 참무용단의 정기공연', 2003년 한윤희무용단의 '한윤희무용단 정기공연' 등이 공연되었다.

48 대학 동인무용단들의 장르별 공연 활동은 2001년 대진대학교 무용학과 교수 김근희의 김근희무용단의 〈천상천하〉, 2002년 안산 컨템포러리 무용단의 〈사막을 나는 물고기〉, 2004년 김광자무용단의 창작무용 〈계몽군주 정조〉, 2004년 단국대 무용학과 발레 동문으로 결성된 단국 컨템포러리 발레단의 〈화성이라 함은 용맹을 의미한다〉, 2004년 반수는 현대무용단의 〈구름 위의 산책〉,

2005년 반주은 현대무용단의 〈시간여행: 신데렐라 인 러브〉, 2006년 남수정 무용단의 창작무용 〈부아산객〉, 2004년 안산 컨템포러리 무용단의 〈모래꽃: Play on the Sand Flower〉, 2005년 안산 컨템포러리 무용단의 〈2005년 안산 컨템포러리 무용단: 유정재의 춤〉, 2005년 오율자&백남무용단의 창단 20주년 창작무용 〈용담에 이는 바람〉, 2007년 오은희무용단의 〈가난한 아줌마〉와 〈하나로 아리랑〉, 2007년 김기인과 스스로춤모임의 〈스스로춤 Vision 2007〉 등이 공연되었다.

49 대학 동인무용단들의 전통공연 활동은 2001년 수원여자대학교 무용학과 교수 김영실 안무로 김영실무용단의 '전통춤 공연', 2003년 오혜순무용단의 '오혜순무용단의 전통춤 공연', 2003년 경기검무의 명인 김근희의 무용인생 40년을 회고하는 '김근희 전통춤 40년 선상에서 서서', 2004년 오율자&백남무용단의 '고은 빛 우리춤 Ⅰ, Ⅱ', 2005년 남수정무용단의 '구경: 박물관 속 우리춤' 등이 있다.

50 대학 동인무용단들의 해설이 있는 공연활동은 2003년 김영실무용단의 '해설이 있는 우리춤', 2004년 '김영실 교수와 함께하는 해설이 있는 우리춤' 등이 있다.

51 대학 동인무용단들의 어린이 및 청소년을 위한 공연은 2004년 남수정무용단의 '우리춤으로 보는 꿈속의 동화 2004', 2005년 김민희 한양 발레아카데미의 '안산 청소년과 함께하는 발레' 등이 있다.

52 서울예술대학에 재직 중인 김기인의 무용단 스스로춤 댄스컴퍼니는 '스스로춤: 悅樂(기쁨, 즐거움)'(2010) 등을 공연하였다.

53 최상철 댄스프로젝트는 〈기억의 방〉(2008), 〈섬〉(2009), 〈빨간말!〉(2010) 등을 무대에 올리며 경기도에서 활동하였다.

54 장희옥무용단의 '화조풍월(花鳥風月)' 공연에 단국대학교 김현숙 교수가 예술감독으로 협업하였다.

55 이효민무용단의 '가족과 함께 하는 우리춤마당' 공연에 단국대학교 김선정 교수가 예술감독으로 협업하였다.

56 2002년 창단한 의정부시무용단은 매해 정기공연을 통해 한국창작춤을 발표하였다. 대표적인 작품으로는 〈무릉도원〉(2003), 〈백상〉(2003), 〈귀천〉(2004) 〈천명〉(2004), 〈한반도를 잇는 和舞興〉(2008), 〈창작무용극: 귀천〉, 〈숨결〉 등이 있다.

57 네이버 지식백과. 「안성시(경기도)[安城市(京畿道)]」. 한국민족문화대백과, 한국

학중앙연구원. http://terms.naver.com/print.nhn?docId=579808&cid=46618&categoryId=46618.

58 태평무 홈페이지. www.taepyungmu.net.

59 네이버 지식백과. 「안성죽산국제예술제(Anseong Juksan International Arts Festival, 安城竹山國際藝術祭)」. 한국민족문화대백과, 한국학중앙연구원. http://terms.naver.com/print.nhn?docId=2459864&cid=46666&categoryId=46666.

60 네이버 지식백과. 「재인청(才人廳)」. 한국전통연희사전, 2014. 12. 15, 민속원.

61 네이버 지식백과. 「부천청소년어린이무용단(富川青少年어린이舞踊團)」. 한국향토문화전자대전, 한국학중앙연구원. http://terms.naver.com/entry.nhn?docId=2597616&cid=51883&categoryId=53340.

62 한국문화예술위원회(1996). 『문예연감 1996년』, 서울: 동 위원회. p.772.

63 2014년 성남시지부의 '제17회 성남창작무용제', (사)성남예총과 (사)한국무용협회 성남시지부 주최의 '제28회 성남문화예술제: 무용제'가 개최되었다.

64 2003년 '이순림 춤인생 30주년 기념공연', 2005년 '이순림무용단 창단 10주년 기념공연', 2007년 '이순림 춤인생 35주년: 전년바위', 2008년 '이순림 춤인생 36주년 기념: 허수아비', 2009년 이순림무용단의 '성남춤 매니아 200인전: 무영(無永)' 등이 개최되었다.

65 네이버 지식백과. 「성남국제무용제(城南國際舞踊祭)」. 한국향토문화전자대전, 한국학중앙연구원. http://terms.naver.com/entry.nhn?docId=2602243&cid=51884&categoryId=53439.

66 황민호. 『경원일보』, 2011. 6 .6. http://www.k1ilbo.com/news/view.asp?idx=6725& msection=4.

67 2008년 이후 경기도 내 발레단체들의 공연 활동은 활발하였다. 2008년 서울발레시어터의 창작 가족 발레극 〈이상한 나라의 앨리스〉, 창작 발레 〈비밀의 인형: 코펠리아〉, 〈2008 호두까기 인형〉이 있다. 용인의 유니발레아카데미의 KES 발레스케치 〈클래식 발레와 창작 발레의 만남〉, 고양시 심은경 발레하우스의 〈제10회 심은경 발레하우스 정기공연〉, 평택시 키예프 무용학원의 〈키예프 무용학원의 정기공연: 발레 하이라이트〉, 김혜정 블루댄스시어터의 〈Hot house〉, 강준하 발레그라피의 창작 발레 〈소혹성 B-612〉 등이 공연되었다. 2009년 서울발레시어터의 창작 모던발레 〈모던발레프로젝트 격정 Santa Barbara Dance Theater〉, 〈해설이 있는 재미있는 발레: 호두까기 인형〉을 공연

하였다. 2010년 서울발레시어터의 〈재미있는 발레: 클래식 & 모던〉, 〈모던 프로젝트 2010: JOY, 영웅과 세레나데〉, 〈재미있는 발레(월드뮤직발레)〉, 〈호두까기 인형〉을 공연하였다.

68 http://www.gg.go.kr/archives/2403362.

69 서울발레시어터의 〈이상한 나라의 앨리스〉, 〈발레볼레: 뮤지엄파크페스티벌〉, 〈발레로 떠나는 미술여행〉, 〈호두까기 인형〉, 〈재미있는 발레 즐기기: 발레볼레〉 ,〈꼬뮤니께(Communique)〉, 〈서울발레시어터와 함께하는 발레여행〉, 〈아빠, 엄마와 함께 떠나는 발레여행〉, 〈비밀의 인형 코펠리아 Coppelia〉를 공연하였다.

70 한국문화예술위원회(2001). 『문예연감』, 서울: 동 위원회. pp.871-937.

71 한국문화예술위원회(2001-2010). 『문예연감』, 서울: 동 위원회.
장광열(2001). 「2000년도 무용 분야 현황 분석」. 한국문화예술위원회. 『문예연감』, 서울: 동 위원회. p.1413.
장광열(2002). 「2001년도 무용 분야 현황 분석」. 한국문화예술위원회. 『문예연감』, 서울: 동 위원회. p.897.
장광열(2003). 「2002년도 무용 분야 현황 분석」. 한국문화예술위원회. 『문예연감』, 서울: 동 위원회. p.348.
장광열(2004). 「2003년도 무용 분야 현황 분석」. 한국문화예술위원회. 『문예연감』, 서울: 동 위원회. p.369.
장광열(2005). 「2004년도 무용 분야 현황 분석」. 한국문화예술위원회. 『문예연감』, 서울: 동 위원회. p.369.
박성혜(2006). 「통계로 본 2005년 무용계」. 한국문화예술위원회. 『문예연감』, 서울: 동 위원회. p.413.
신혜인(2007). 「2006년 무용계 현황 분석」. 한국문화예술위원회. 『문예연감』, 서울: 동 위원회. p.337.
황윤숙(2008). 「2007년 무용계 현황 분석」. 한국문화예술위원회. 『문예연감』, 서울: 동 위원회. p.361.
황윤숙(2009). 「2008년 무용 현황 분석」. 한국문화예술위원회. 『문예연감』, 서울: 동 위원회. pp.391-410.
황윤숙(2010). 「2009년 무용 현황 분석」. 한국문화예술위원회. 『문예연감』, 서울: 동 위원회. p.309.

72 한국문화예술위원회(2003). 『문예연감 2002년』, 서울: 동 위원회. pp.341-385.

73 한국문화예술위원회(2004). 『문예연감 2003년』, 서울: 동 위원회. pp.361-401.

74 한국문화예술위원회(2005). 『문예연감 2004년』, 서울: 동 위원회. pp.361-410.

75 한국문화예술위원회(2006). 『문예연감 2005년』, 서울: 동 위원회. pp.405-469.

76 한국문화예술위원회(2007). 『문예연감 2006년』, 서울: 동 위원회. pp.329-370.

77 한국문화예술위원회(2008). 『문예연감 2007년: 무용편람』, 서울: 동 위원회. pp.350-390.

78 한국문화예술위원회(2009). 『문예연감 2008년: 무용편람』, 서울: 동 위원회. pp.389-470.

79 한국문화예술위원회(2010). 『문예연감 2009년: 무용편람』, 서울: 동 위원회. pp.277-326.

80 한국문화예술위원회(2011-2015). 『문예연감』, 서울: 동 위원회.

황윤숙(2011). 「2010년 무용 현황 분석」. 한국문화예술위원회. 『문예연감』, 서울: 동 위원회. p.376.

황윤숙(2012). 「2011년 무용 현황 분석」. 한국문화예술위원회. 『문예연감』, 서울: 동 위원회. p.369.

황윤숙(2013). 「2012년 무용 현황 분석」. 한국문화예술위원회. 『문예연감』, 서울: 동 위원회. p.437.

황윤숙(2014). 「2013년 무용 현황 분석」. 한국문화예술위원회. 『문예연감』, 서울: 동 위원회. p.494.

황윤숙(2015). 「2014년 무용 현황 분석」. 한국문화예술위원회. 『문예연감』, 서울: 동 위원회. p.428.

81 한국문화예술위원회(2011). 『문예연감 2010년』, 한국문화예술위원회. pp.345-400.

82 한국문화예술위원회(2012). 『문예연감 2011년』, 한국문화예술위원회. pp.337-389.

83 한국문화예술위원회(2013). 『문예연감 2012년』, 한국문화예술위원회. pp.407-465.

84 한국문화예술위원회(2014). 『문예연감 2013년』, 동 위원회. pp.457-527.

85 한국문화예술위원회(2015). 『문예연감 2014년』, 동 위원회. pp.395-459.

제2장

경기도의 무용가

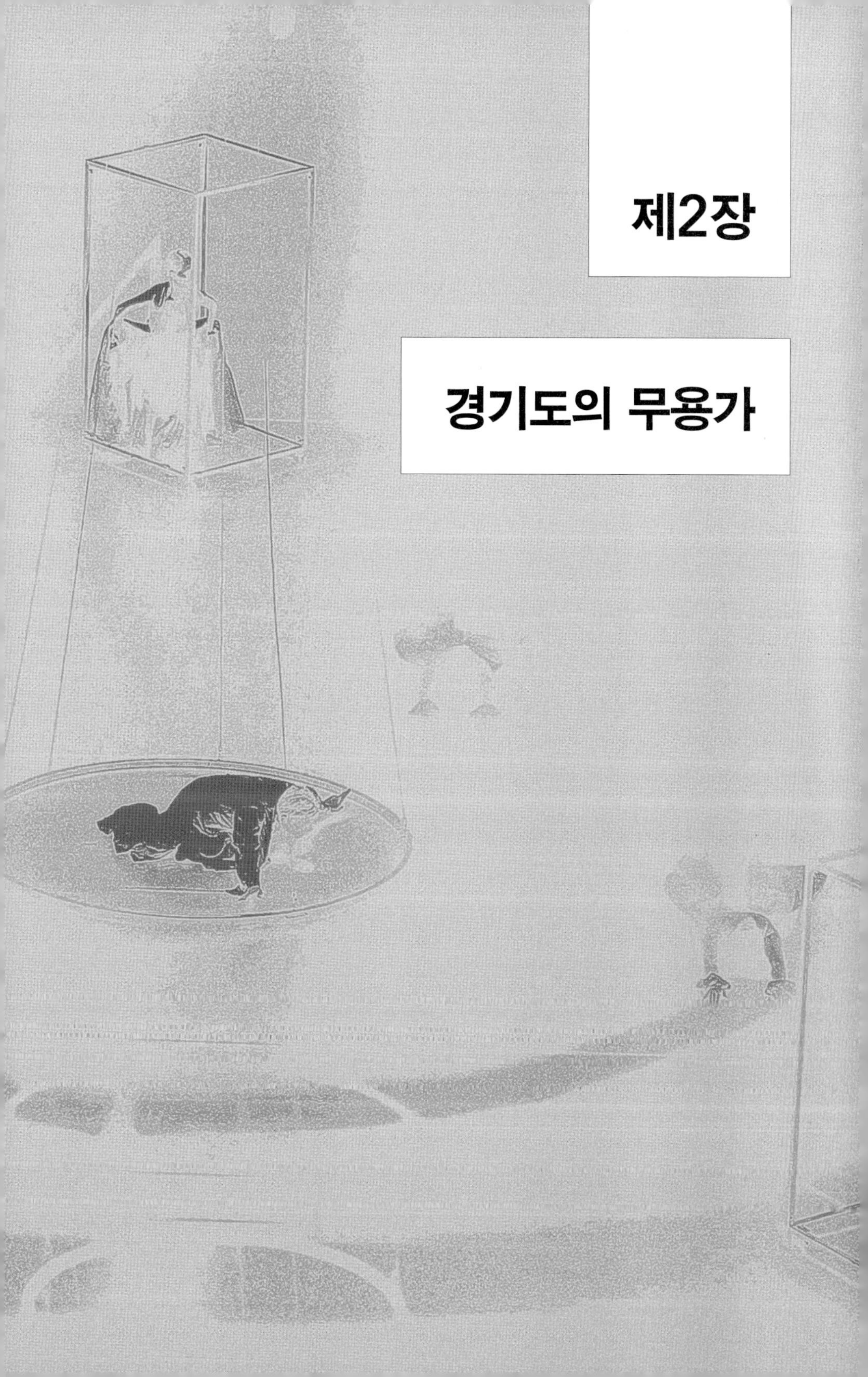

경기도는 대한민국을 대표하는 많은 예술가들을 배출하였다. 특히 전통예술의 본향이라고 할 수 있는 화성재인청이 있어 많은 전통예인들이 이곳에서 배출되어 서울 무대에서 활동하며 대한민국의 전통연희의 중심이 되었다. 무용의 경우도 이동안(화성), 강선영(안성), 김숙자(안성), 조흥동(이천), 정재만(화성)은 한국의 근현대무용사에서 중요한 역할을 담당한 인물들이다. 근대에서 현대를 아우르는 역사의 굴곡을 헤치고 당당히 민족무용을 지켜온 이들의 노력을 바탕으로 우리의 민족무용은 무대예술로 발전하여 현대예술로 자리매김할 수 있었다. 이들 무용가들은 경기도의 무용을 이야기할 때 빼놓을 수 없는 인물들이자 대한민국을 대표하는 무용가들로 미래의 춤을 예견하게 하는 주춧돌이 된다. 무용가로서 창조적인 삶을 개척했던 다섯 명의 경기도 무용가들을 소개하고 그들의 삶과 예술을 통해 우리의 무용문화를 이해하고자 한다.

1. 화성재인청의 위대한 계승자 이동안(李東安)

이동안(1906년 3월 4일-1995년 7월 12일)은 경기도 화성군 향남면 송곡리 137번지에서 6대째 화성재인청의 도대방을 지낸 집안에서 성장하였다. 그는 아버지 이재학과 어머니 해주 오씨 사이에서 외아들로 태어났다. 서울의 광무대에 입단하면서 만난 스승 김인호로부터 화성재인청류의 춤을 사사받아 이를 30여 종의 춤으로 정리하여 남겼다. 이동안의 전통춤은 민족예술의 고제(古制)로서 단연 정통성을 갖는다. 그러나 아쉽게도 재능이 너무 많았던 이동안은 소멸될 위기에 놓였던 중요무형문화재 제79호 '발탈'의 예능 보유자로 지정되어 그의 아름다운 춤자산이 국가적 차원으로 발전하지 못하고 있다.

사진 13 한국전통무용 〈태평무〉 / 춤 이동안 / 사진제공 황헌만

1) 이동안의 출생과 성장

경기도의 대표적인 예인집단 화성재인청의 맥을 잇는 인물이 바로 이동안이다. 이동안은 전통사회와 현대사회를 잇는 전통예술의 가교(架橋)라고 할 수 있다. 그에게 따라다니는 '조선시대 마지막 광대'[1]라는 별칭만 들어도 이동안의 삶의 궤적을 짐작할 수 있다. 그는 조선 말기 국운이 쇠하여 나라가 망하고 일제에 의해 강압적인 근대국가로 전환되는 불운한 시기에 출생하였다. 그리고 광대로서의 파란만장한 인생 행로를 지나 현대사회에 그의 예술을 전한 것이다. 따라서 그가 태어났던 전통시대에서 근대와 현대를 아우르는 우리 전통예술의 역사가 그의 몸짓을 통해 전해졌다고 볼 수 있다.

이동안의 가계는 대대로 경기도의 무단제도(巫團制度)인 화성재인청(華城才人廳)의 도대방의 자리를 지켜왔다. 그 스스로 자신이 마지막 도대방이라 할 만큼 그의 예술세계는 화성재인청에 뿌리를 두고 있다. 재인청(才人廳)은 신청(神廳), 악사청(樂師廳), 광대청(廣大廳), 화랑청(花郎廳)이라고도 불렀는데 재인(才人) · 무부(巫夫) · 광대(廣大) 등이 자체적으로 조직한 구성체이다. 한강 이남의 세습무권에서는 대부분 무당 집안 출신의 무부들이 주된 구성원이었다. 무부는 무녀(巫女)의 남편을 일컫는 말로, 무당을 보조하여 굿판에서 무악 연주를 하는 사람을 지칭한다. 세습무계(世襲巫系)의 무부들은 굿 이외에 각종 연희도 연행했기 때문에 재인청에 소속되어 있었다. 이들은 화랭이(花郎) · 앙중 · 악공(樂工) · 재인 · 공인(工人) · 잽이 등으로 불렸다. 경기, 충청, 전라도에 이들이 조직한 재인청이 있었고,[2] 그중 가장 큰 규모를 갖춘 곳이 바로 화성재인청이었다. 화성재인청은 서울과 가까운 지리적 조건으로 그 위세와 기구가 대단하였다. 등록된 광대들의 상벌까지 재인청의 장인 도대방이 치리(治理)해왔다. 그 밑에 도산주(2명), 집강(4명), 공원(4명), 당무(2명) 등을 두어 소관 업무를 총괄할 만큼 조직적이었다.

이동안은 조부(이하실, 李夏實)의 대를 잇던 부친 이재학(李在學)이 도대방직을 사양하자 후임 선출을 위한 청회(재인청 총회)에 부쳐져서 약관 14세에 도대방직을 맡게 되었다. 그러나 부도대방이었던 숙부와 사돈 이용우(李龍雨, 경기의 대가)가 실제적인 운영을 맡고 회원들에게 악가무음곡(樂歌舞音曲) 등 국악 일체를 교육시켜 왔다.[3] 따라서 이동안은 재인청의 문화적 환경에서 태어나 보고 듣고 느끼며 성장하였다. 그는 잠시 부모의 권유로 서당에서 한학을 공부하였지만 실상은 할아버지가 부는 피리나 젓대를 몰래 가지고 놀거나 어름타기(줄타기)를 흉내 내며 노는 것에 더 재미를 느꼈다.[4] 그는 12세(1919년) 무렵 마을에 찾아왔던 남사당패에 반해 책보를 뒷산에 걸어놓고 그들을 따라 집을 가출하여 1년 남짓 줄타기와 땅재주 등을 배웠다.[5] 그러나 황해도 황주 놀음판에서 수소문 끝에 찾아간 아버지의 손에 이끌려 집으로 돌아오게 되었다. 가출까지 강행했던 아들의 예술적 끼를 인정한 아버지는 아들이 줄 타는 것을 허락하였다. 그 후 3년 남짓 부모의 인정 아래 김관보에게 줄을 배웠다. 바로 이동안이 평생 걷게 될 광대의 외길 인생이 시작된 것이다. 이동안은 부모의 권유로 들었던 억지 장가에 안주하지 못하고 곧 서울로 도망을 가 광대의 길로 접어들게 되었다.

2) 이동안 춤의 사사계보

서울로 상경한 이동안은 황금정에 있던 광무대에 찾아가 단장 박승필을 만났다. 이미 화성재인청에서 기예의 기본기를 익혔던 이동안은 서울 무대에 입성할 수 있었다. 이곳에서 이동안은 그가 꿈에 그리던 당대의 명인들을 만났다. 광무대에는 대금, 피리, 해금의 장점보(張點寶), 태평소의 방태진(方泰鎭), 남도잡가의 조진영(趙鎭英), 재담의 명인 박춘재(朴春在) 등 당대 전통예술의 대가들이 운집해있었다. 이동안은 여기서 배울 수 있는 것을 모두 배웠다.[6] 신찬균이 정리한 이동안의 증언을 살펴보아도 이 시기에 그의 학습이 많은 부분 이루어진 것을 알 수 있다.

> "광무대에서 7년 동안 있었던 것은 참 다행한 일이었지. 낮에는 연극을 하지 않아 춤과 노래도 배우고 발탈도 배웠어 …"

이동안에게 7년간의 광무대 시절은 그의 인생에서 펼쳤던 기예를 익히는 학습의 시간이었다. 12세 시절 가출하여 남사당패에서 매 맞으며 익힌 춤과 상난, 줄타기 등의 재주[7]를 광무대에서 체계적으로 수학하였던 것이다. 특히 이동안은 이곳에서 특별한 인연을 만나게 되었다. 같은 화성재인청 출신의 스승 김인호로부터 경기 예맥의 본향인 화성재인청의 춤 일체를 사사받게 되었다. 김인호는 용인 태생으로 협률사(協律社, 조선 후기 창악인들이 조직한 예술단체) 단원이었다. 또한 전국을 유랑하며 각종 민속연희에 참가한 유랑 광대이자 광무대의 인기 있는 재인이기도 하였다. 원각사(圓覺社, 1908년 세워진 한국 최초의 서양식 극장) 시절에는 궁중의 어전에 드나들며 공연할 정도로 유명하였다. 하루는 궁중 연회에 참가한 김인호가 두꺼비 재주를 넘다가 순종의 무릎 위로 떨어지자 순종이 기쁘게 웃어넘겼다는 일화도 전해질 만큼 그의 명성은 자자했다. 이러한 명무로부터 이동안은 궁중 정재(呈才)를 비롯해 〈승무〉, 〈검무〉, 〈입무〉, 〈살풀이춤〉, 〈태평무〉, 〈진쇠무〉, 〈성진무〉 등을 사사받았다. 김인호에게 사사받은 전통춤은 근대 전통무악의 거장 한성준과 인연을 맺으며 한층 무르익었다. 1938년에는 한성준이 설립한 조선음악무용연구회에서 춤을 사사받고 〈진쇠무〉, 〈승전무〉, 〈입춤〉, 〈승무〉, 〈태평무〉 등을 가르치기도 하였다.[8]

따라서 이동안의 춤에는 화성재인청의 광대들에게 전승되었던 춤의 원류가 그대로 살아있어, 전통춤의 오래된 미의식과 한국인의 심성을 그대로 엿볼 수 있는 귀중한 춤의 역사가 담겨 있다고 할 수 있다.

전통시대 대다수의 예인들이 그러한 것처럼 이동안도 여러 방면에서 전통예술을 익혔다. 김관보에게 배운 줄타기 재주로 광무대에 입단한 후 김인호에게 전통춤과 장단을 배워 무대에 섰고 박춘재로부터 배운 '발탈'로 그의 나이 78세에 중요무형문화재의 예능보유자가 되었다. '발탈'은 발로 하는 탈놀이로 인형과 인간이 함께 하는 독특한 연희이다. 재담과 소리와 춤으로 이루어진 이 연희에는 광대 이동안의 온갖 전통연희가 녹아있다.

3) 이동안의 무용 활동

변화하는 격변기에 청년기를 보낸 이동안은 긴 유랑기를 통해 방황하며 살았다. 여느 광대와 마찬가지로 한곳에 안주하지 못하고 일생을 방랑자로 살다가 세상을 떠났다. 그는 이곳저곳을 떠돌아 공연하며 생계를 연명하였고 노년이 되어서까지 배고픈 예술가로 예술의 현장을 지켰다.

그는 1927년에는 일본 전 지역 순회공연을 하였고 20대 중반에는 활동범위를 넓히게 되었다. 1929년에는 대동가극단에서 임방울, 이화중선 등과 같은 당대의 명인들과 중국 만주를 거쳐 러시아 국경지대까지 순회공연을 하였다. 1933년 조선성악회 회원이 되었으며, 조몽실, 오수암, 이동백, 김창환, 정정렬, 조진영, 임방울, 한성준 등의 명인들과 함께 다니며 전통무용과 줄타기 공연을 하였다. 1936년 조선음악무용연구회에서 당대의 명고수 한성준의 초청으로 전통무용 강사를 하였고, 한성준에게 춤을 사사받기 위해 온 최승희에게 〈장고무〉, 〈태평무〉, 〈진쇠춤〉 등을 지도하였다.[9]

1930년대 이후 그는 순업(巡業)이라 해서 구 극단(舊劇團), 때로는 신파(新派) 유랑극단 등과 팔도는 물론 멀리 중국의 만주까지 공연을 하고 다녔다. 그는 줄타기, 춤, 발탈과 춤장단의 잽이로 인정을 받았다. 그리고 한때는 인천권번에서 〈태평무〉와 〈학춤〉을 가르쳤고, 수원 화성권번의 요청으로 〈검무〉, 〈한량무〉, 〈승무〉 등을 가르쳤으며, 그 외에 목포의 유달권번, 대구의 달성권번 등 전국을 유랑하며 춤을 지도하였다.

1941년 일제가 제2차 세계대전을 일으키면서 이른바 '황군위문대(皇軍慰問隊)'라는 것을 만들어 우리의 전통예술인들을 강제로 동원했을 때 본의 아니게 가담하게 되어 1945년 해방 직전까지 주로 만주 등을 무대로 순회공연을 하였다.[10] 황군 위문대장 노릇을 할 때 징용과 정신대로 끌려가는 조선의 남녀들에게 단원증을 닥치는 대로 발급하다가 반역죄로 몰려 피신 다니기도 하는[11] 등, 그는 격동의 시대에 파란만장한 삶을 살았다.

해방 이후 이동안은 주변의 권유로 치안대장을 3년간 하였다. 1948년에는 동대문에 대한국악음악무용전문학원을 만들었다. 주로 광무대 시절 배웠던 춤과 음악, 소리를 가르쳤다. 학원은 대성황으로 무용을 배우러 온 이들이 대략 80여 명에 이르렀다. 이들 중 장관, 국회의원의 부인들도 많이 포함되어 있어 자연스럽게 '이동안 선생 후원회'라는 모임이 결성되어 공연을 위한 기반을 마련할 수 있었다. 당시 이동안의 교육

프로그램은 〈태평무〉, 〈승무〉, 〈포구락〉, 〈연화대무〉, 〈한량무〉, 〈검무〉, 〈신선무〉, 〈노장무〉, 〈승전무〉, 〈승진무〉 등이었다. 학원은 민족 대참사인 6 · 25동란 직전까지 성황리에 운영되었다.[12]

1959년에는 부산으로 내려가 문장원(후일 동래야류의 전승보유자로 지정)을 비롯한 동래야류 팀에게 〈입춤〉, 〈승무〉 등을 가르치면서 부산대학교, 동아대학교, 부산교육대학교에 출강하였다. 그는 50년대 말까지 인기를 누렸던 줄타기를 1970년대까지 이어왔고, 광대로서의 명성을 이어갔다. 1970년 부산시민회관에서 발탈 공연을 가진 것을 기점으로 전통춤과 발탈을 레퍼토리로 정착시켰다.[13] 또한 부산의 KBS에 〈태평무〉와 발탈을 발표하였다. 그리고 부산민족회관에서 발탈 공연을 갖게 되었다. 이후 서울시립무용단의 안무자 문일지의 요청으로 서울로 올라와 〈승전무〉, 〈태평무〉, 〈진쇠춤〉, 〈신칼대신무〉 등을 사사하였다. 이때부터 다시 서울에서 자리 잡고 무용연구소를 하였다. 종로 3가의 장사동에서 운영하던 학원은 3년 뒤 동대문구 창신동으로 자리를 옮겼다. 그는 사이사이 지방으로 춤을 지도하러 다니다가 몸이 좋지 않아 온양으로 이주하였다. 온양으로 옮긴 후 다시 3년 뒤 부산으로 이주하여 2년간 장사를 하였다.[14]

1974년 무용학자 정병호와 민속학자 심우성과의 인연으로 이동안의 예술세계에 가치는 학계 및 예술계에서 조명받게 되었다. 그동안 묻혀있던 전통예인의 가치가 공식적으로 거론되기 시작하였다. 1969년 한영숙류의 승무가 중요무형문화재 제27호로 지정되었고 이동안의 다양한 민속예능도 그 가치를 인정받기 시작한 것이다. 줄타기, 발탈, 전통무용 등 이동안의 전통문화 자산은 걸어 다니는 문화재로서도 손색이 없었다. 그들은 1977년 전통무용연구회를 발족하고 전국에 숨어있던 전통예능의 명인들을 발굴하여 서울무대에 선보이고자 하였다. 이들은 서울문예진흥원 대강당(현재 아르코 극장 대극장)에서 열린 창립 공연에 이동안의 한량무와 발탈을 선보여 각계의 관심을 이끌어내었다. 그리고 이후 정병호는 1979년 9월 8일에서 16일까지 소극장 운동의 중심지인 공간사랑에서 발탈의 장기공연을 주선하였다. 그리고 같은 해 공간사랑의 '명인명무전' 무대에 이동안을 세웠다. 이러한 유명세를 몰아 전통무용연구회 주최로 1981년 밀양백중놀이의 하보경, 병신춤의 명인 공옥진과 함께 뉴욕 카네기홀에서 공연을 갖게 하였다. 이 두 학자의 노력은 당시의 척박한 전통예술에 대한 사람들의 인식을 바꾸어 민족예술로서의 정체성과 자긍심을 높이려는 것이었다. 특히 전통예술가들에 대한 사회적 편견으로 그들은 하류의 계층으로 인식되었고 전통무용의 경우도 용어가 정리되지 못한 채 조선춤, 고전무용, 한국무용 등으로 불렸다. 이들은 전통무용연구회를 설립하였듯이 우리의 전승되는 민족춤을 전통무용으로 명명하고 이를 발굴하여 계승하고자 하였던 것이다. 정병호와 심우성의 노력은 한국무용사에서 민족무용의 정립 차원에서 긍정적으로 평가할 만한 일이었다.

이들의 이러한 노력에 힘입어 이동안의 예술은 국가의 중요무형문화재로 지정되어야 한다는 사회적 관심을 얻게 되었다. 그러나 너무 많은 재주 중 어느 장르를 지정해야 할지가 초유의 관심사가 되었다. 1976년에 올린 무형문화재지정조사보고서 제149호가 '태평무와 발탈'인 것을 보아도 그의 대표적인 춤인 〈태평무〉와 발놀이인 '발탈'을 두고 고민했던 문화재위원들의 심정을 알 수 있다. 많은 고민을 통해 1983년 발탈이 중요무형문화재 제79호로 지정되었다. 정병호와 심우성의 엇갈린 주장에서 결국 정병호의 주장이 관철된 것이다. 정병호는 이동안이 아니면 비인기 종목인 발탈이 소멸될 것을 우려하여 이동안을 설득하였다. 이로써 이동안의 많은 춤은 공식적으로 많은 무용가들의 관심에서 멀어지게 되었다. 정주미의 연구에서 기술된 이동안의 증언을 살펴보면 이동안의 솔직한 심경을 이해할 수 있을 것이다.

> "네가 안 하면 끊긴다고 해서 무형문화재로 지정을 받았지만 사실 춤꾼이지 발탈 재주꾼은 아니다."[15]

발탈의 인간문화재가 되어서도 이동안은 전통춤을 가르치는 일을 소홀히 하지 않았다. 1995년에는 팔순 기념공연으로 '이동안 춤판'을 열었고 해마다 정기공연을 통해 발탈과 화성재인청의 춤을 공연하였다. 그리고 노년의 여생을 일제 때 폐쇄된 화성재인청을 복원하기 위해 노력하다가 1995년 90세를 일기로 '조선시대 마지막 광대'는 우리의 곁을 떠났다.

4) 이동안 춤의 특징과 미학

어느 때부터인지 전통춤은 문화변형을 통해 무대예술의 외적 형태미가 중시되고 있다. 지나치게 교태적이거나 비례적인 아름다움을 추구하며 세련미와 우아미에서 춤의 품격을 따지는 것이다. 그러나 얼마 지나지 않아 화려한 이들 춤에 시큰둥해진다. 바로 감동이 없기 때문이다. 이동안의 춤은 단순하고 소박하지만 끊임없는 이야기를 하고 있어 눈을 크게 뜨고 귀를 쫑긋 세우며 몰입하게 된다. 바로 관객과 양방향의 소통을 하며 기예를 펼쳐왔던 광대의 배려가 곳곳에 있었던 것이다.

이동안의 전통춤에는 광대로 살았던 파란만장한 그의 삶이 고스란히 담겨있다. 그의 춤에는 요즈음의 춤에서 보이는 세련미나 화려함은 보이지 않는다. 깊게 패인 주름 뒤에 보이는 인생의 깊이가 소박함을 넘어 초월의 경지를 느끼게 하는 것이다. 이는 그 원초적인 힘에 대해 무한한 경외심을 만든다. 편안해 보이는 몸짓 안에는 경(經)과 담(澹)의 에너지가 끝없이 순환하는 기운을 이끌어낸다. 그 깊이의 뿌리에는 그가 평생을 재인광대로 살았던 다양한 경험들이 단단한 토양이 되어 그를 지탱하고 있다.

이동안이 평생을 지켜온 30여 종의 춤들에는 그만의 경험으로 만들어진 고유의 춤 기법과 원리가 있다. 〈기본춤〉을 비롯한 〈승무〉, 〈태평무〉, 〈엇중모리 신칼대신무〉, 〈한량무〉, 〈성진무〉, 〈화랑무〉, 〈도살풀이춤〉, 〈검무〉, 〈남방무〉, 〈선인무〉, 〈팔박무〉, 〈진쇠무〉, 〈승전무〉, 〈장고무〉, 〈노장무〉, 〈소고무〉, 〈희극무〉, 〈아전무〉, 〈바라무〉, 〈나비춤〉, 〈장검무〉, 〈신노심불로〉, 〈입춤〉, 〈사선무〉, 〈학무〉, 〈하인무〉, 〈춘앵무〉, 〈화선무〉, 〈포구락무〉, 〈연화대무〉 등 헤아리기 어려울 정도의[16] 많은 춤에는 줄광대 이동안의 줄타기 원리가 들어있고 발탈에 등장하는 어릿광대의 익살스러운 재담과 해학이 곳곳에 스며있다. 따라서 이동안의 춤은 다른 전통춤에서는 이미 사라진 아이콘과 코드가 존재한다. 그의 전통춤에 전해지는 유래는 그 춤의 연기를 위한 중요한 이야기를 구축하고 있으며, 그의 춤에서 사용하는 춤의 소품들과 춤사위 하나하나는 춤의 이야기를 완성하는 하나의 아이콘이 되는 것이다.

그의 작품에 남겨진 아이콘과 코드는 그가 화성재인청을 통해 경험했던 무속적인 신념들을 예술의 세계관으로 구축한 것이다. 무속의 신화와 의례는 모두 작품의 소재가 되었고 주제가 되었다. 이러한 많은 요소들은 그의 춤에서 표현으로 발현되어 사람들의 마음에 기쁨과 슬픔으로 다가가 그들을 위로하였다.

이동안의 줄타기는 이야기의 축을 형성하는 것뿐만 아니라 그의 춤 전반에 걸쳐 춤의 원리가 되었고 춤의 기법을 만들어내었다. Body Half의 해학적인 몸짓과 익살스러운 고갯짓 등의 소박한 춤사위로 춤의 형태미를 만들었고, 턱턱 내딛는 발디딤과 연동된 무릎관절과 고관절의 굴곡적 탄력은 춤사위로부터 나오는 역동적인 에너지로 춤의 활력을 불어넣었다. 그리고 호흡과 시선을 통해 끊임없이 내부 세계에 몰입하고 외부 세계를 지향하는 심오한 생명력으로 자연을 수용하였다. 그의 춤에 내재된 줄타기의 원리는 그의 춤 곳곳에 스며있어 재인광대의 춤으로 여성 일변도의 한국무용계에 새로운 돌파구가 되고 있다.

평생을 유랑하며 민중들을 웃기고 그들과 살아온 이동안은 이 시대의 마지막 광대요, 화성재인청의 위대한 계승자이다. 그는 민중의 전통연희를 담당해온 예술세계의 중심에 있었고 그의 미의식은 곧 민중들의 미의식이었다. 이동안은 열린 연희 공간에서 관객과 양방향 소통을 하며 관극을 체험하고 미적 시각성을 키워 왔다. 해학과 풍자를 전제로 민중들에게 골계적(滑稽的) 미의식을 심어주었고 줄 위에 펼쳐진 드넓은 연희 공간을 바라보며 생과 사의 초탈적 경지에서 자연과 함께 생명의 약동을 노래하였다.

5) 이동안류 춤의 전승

한국의 무용사에서 이동안의 예술세계는 크게 조명되지 못하였다. 화성재인청의 후예로 그의 무용적인 역량은 서울과 경기, 충청을 아우르는 경향류를 대표하였다. 그러나 제도권에서 공식적으로 인정한 그의 예술세계는 중요무형문화재 제79호로 지정된 발탈로 집약되었다. 발탈의 중요무형문화재 발굴과 지정 당시 민속학자이자 무용학자인 정병호의 권유로 이동안은 당대에 소멸되어 없어진 발탈을 복원하여 발탈의 보유자가 되었다. 후에 발탈과 춤의 중복적인 보유가 불가능해지자 이동안은 춤의 전승을 포기해야하는 아쉬움에 가슴 아파 했다.[17] 민속학자 심우성도 그의 춤에 대한 정통성과 예술성이 큰 줄기를 이루며 계승되지 못하는 점에 대해 아쉬움을 느끼고 있다.

이동안 예술의 전승계보는 무형문화재로 지정된 발탈과 줄타기 그리고 전통춤으로 나누어 살펴볼 수 있다. 중요무형문화재 제79호 재인청류 발탈의 전승자는 박해일, 박정임, 조영숙 등이 뒤를 잇고 있으며, 줄타기는 그의 재담을 이어받은 김대균이 중요무형문화재 제58호 줄타기에 반영하여 그의 예술세계를 전승하고 있다. 이동안의 전통무용은 한국무용계의 명인들 대다수가 전승한 바 있다. 김백봉을 비롯한 장중월선, 최현, 김덕명, 문일지, 배정혜, 정승희, 김백초, 최경애, 김진홍 등이 있고, 오은희, 김명수, 윤미라, 정주미 등 중진 무용가들이 그에게서 몇몇 춤을 사사하여 자신들의 예술세계를 구축하는 데 반영하였다.

이동안의 전통춤에서 매우 중요한 인물로는 박정임과 이승희, 정경파 등이 있다. 박정임은 중요무형문화재 제79호 발탈의 보유자이다. 16세에 이동안에게 입문하여 그의 예술세계를 올곧게 이어가는 전통예인이라고 할 수 있다. 이동안이 이끌던 처녀농악단의 단원이었던 그녀는 이동안이 줄타기에서 산받이 역할을 하였고, 이동안이 전통춤 발표회에서는 장단을 잡았다. 그리고 그의 전통춤 교육에서는 바쁜 이동안을 대신해 조교로서 전통춤을 가르쳤다. 이동안이 비교적 활발한 활동을 하던 50대에 그의 춤을 사사하였으니 박정임의 춤에서는 이동안 춤의 기법과 원리가 한눈에 보인다. 이승희는 1984년부터 이동안의 조교를 하면서 춤을 이어받았다. 이승희는 이동안의 노년에 물려진 다양한 춤 자산을 전승하였다. 그녀는 아직도 이동안이 운영하던 회기동의 연습 공간을 지키며 그의 춤을 이어가고 있다. 정경파는 이동안의 〈승무〉와 〈살풀이춤〉을 정리하여 경기도의 무형문화재 제8호로 지정받도록 하였다. 그녀의 노력을 통해 이동안의 춤은 제도권에서 전승의 맥을 갖게 되었다. 정경파는 이동안에게 입문하던 시절 당시 조교였던 박정임으로부터 이동안류의 춤을 사사하였다. 당시 조교였던 박정임에게 춤을 익혔으니 정경파의 춤에서는 이동안-박정임-정경파로 이어지는 전승 구도를 알 수 있다.

경기무형문화재로 지정된 정경파의 춤은 박경현, 고희자, 박인자, 김희영, 김복련 등이 그 맥을 이어가고 있다. 특히 1986년부터 정경파의 문하에 들어가 춤을 수학한 김복련은 정경파의 타계 후 2002년 중요무형문화재 제8호 〈승무〉, 〈살풀이춤〉의 보유자로 지정되었다. 신현숙, 최선나, 이영훈, 김현숙, 박선례, 김성용, 김기화, 성희자, 한수자(이상 1, 2기 이수자) 등 많은 이수자들을 배출하여 춤을 잘 지켜나가고 있으며, 현재 수원시의 도움으로 무형문화재 전수관을 마련하여 다양한 사업을 통해 춤의 대중화에 노력하고 있다.

2012년부터는 이동안의 오래된 제자 박정임이 이동안의 본향인 경기도로 거처를 옮겼다. 화성이 내려다보이는 자그마한 공간에서 이동안의 예술자산인 발탈과 그의 전통춤을 전승하려는 노년의 마지막 계획을 실현하고 있다. 경기 도당굿의 자산으로 이루어진 이동안의 춤과 장단을 수원에서 만난 제자 김기화, 김정아, 성희자, 송혜주, 손희경 등에게 전승하고, 화성재인청의 위대한 계승자 이동안을 기리며 그 맥을 지켜나가고 있다.

2. 전통무용과 신무용을 아우르는 무대예술가 강선영(姜善泳)

강선영(1924년 3월 30일-)은 경기도 안성군 양성면 명목리에서 아버지 강병학(姜炳學)과 어머니 박춘매(朴春梅) 사이에서 8남매 중 막내로 태어났다. 강선영은 전통무용가로서는 드물게 전통의 계승과 창작의 열망을 담아낸 무용가이다. 또한 무용가로서는 최초로 대한민국의 예술인들을 대표하는 (사)한국예술인총연합회의 이사장을 지냈고, 민주자유당 비례대표로 제14대 국회의원으로도 활동하였다.

사진 14 한국전통무용 〈태평무〉 / 춤 강선영 / 사진제공 김인실

1) 강선영의 출생과 성장

경기도가 낳은 걸출한 무용가 중 한 사람이 바로 강선영이다. 일제의 강점기와 근대의 척박한 토양에서 태어나 성장한 강선영은 전통무용가로서는 드물게 전통의 계승과 창작의 열망을 담아낸 무용가이다. 무용가로서는 최초로 대한민국의 예술인들을 대표하는 (사)한국예술인총연합회의 이사장을 지냈고, 민주자유당 비례대표로 제14대 국회의원으로도 활동하였다. 그녀의 이러한 예술행정가로서의 자질은 내면에 잠재한 인내심과 도전의식에서부터 그 이유를 발견할 수 있다.

강선영은 경기도 안성군 양성면 명목리에서 아버지 강병학과 어머니 박춘매 사이에서 8남매 중 막내로 태어났다. 위로 아들 다섯을 잃은 어머니는 33세에 인근 절에서 백일 불공을 드려 강선영을 낳았다. 따라서 강선영에 대한 어머니의 사랑은 절대적이었다.

강선영의 삶에서 무용에 대한 예술적 재능은 선대로부터 물려받은 것으로 보인다. 그녀의 아버지는 배재학당을 졸업한 인텔리로 한때 협률사 단원으로 활동했으나 조부의 반대로 뜻을 이루지 못했고, 작은아버지 강병화는 협률사의 단장을 지냈다. 또한 백조부 강경수(姜敬秀)[18]는 한말 의전실 재인담당관으로 봉상시(奉常侍)에 근무하면서 가무를 담당한 예인들을 선발하여 궁중으로 들여보내는 일을 맡아 했다. 그는 봉상시 주부(主簿)로 궁의 행사에 예인을 뽑아 들이는 일뿐만 아니라 명창 이동백의 수정고수이자 한성준에게 북과 춤을 가르치기도 했던 전통예능의 명인이었다.[19] 따라서 선대의 예술적 끼를 이어받은 강선영의 재능은 어려서부터 남달랐다. 그녀의 회고담을 보면 그녀의 타고난 재능을 알 수 있다.

"소학교 6학년 때 〈신식 어머니 구식 어머니〉 학예회 발표공연 주연을 맡았어. 노래 부르는 주연을 맡아 3개월간 연습해도 잘 안 됐어. 그때 김복순 선생이 '너 그럼 무용해라'라며 춤을 추는 배역을 다시 맡겼는데 30분 만에 끝냈어. 성공리에 마쳤거든, 그때 선생님이 어머니보고 '따님 요다음에 무용시키세요.' 이것이 계기가 되어 선생님의 권유와 어머니의 도움으로 오늘날까지 춤을 추고 있지."[20]

이처럼 강선영은 어린 시절 학예발표회의 유희를 통해 재능을 발견하게 되어 평생을 춤꾼으로 살게 되었다. 선생님의 권유로 딸의 재능을 알아본 어머니는 서울로 상경하여 백조부 강경수와 교분이 있던 당대의 명인 한성준을 찾아가 딸에게 무용을 사사해줄 것을 부탁하였다. 이를 계기로 토요일과 일요일 그리고 방학을 이용하여 무용을 학습하였다. 그러나 이 사실을 알게 된 조부의 진노로 강선영과 어머니는 집에서 쫓겨났다. 13세에 아버지를 여의고 엄한 조부 밑에서 살았던 강선영과 어머니는 평택으로 거처를 옮겨 어머니의 삯바느질로 연명하며 살았다. 그러나 어머니는 어려운 생활에도 딸의 뒷바라지를 포기하지 않고 초등학교를 졸업한 강선영을 서울로 보내 한성준에게 입문시켰다.[21]

2) 강선영 춤의 사사계보

1937년 3월 어머니의 손에 이끌려 서울 종로구 경운동에 있던 한성준 조선무용음악연구소에 입소했다. 한성준(韓成俊)은 충남 홍성 출신의 명고수로 그 재주가 뛰어나 궁중 어전에 나가 재주를 선보여 고종으로부터 참봉(參奉)이라는 벼슬을 하사받기도 하였다. 또한 전국 유랑을 통해 각 지역에 잔존하는 향토적인 장단과 춤가락을 체득하였고, 후에 이를 바탕으로 조선의 춤과 가락을 집대성하고 무대양식화하였다.[22] 한성준은 백조부 강경수와의 인연으로 강선영을 환영하였다. 입학금으로 쌀 한 가마니를 내고 그 후 매달 5원씩의 수업료를 납부하며 한성준이 타계하기까지 5년간 춤을 익혔다. 강선영은 어린 시절 연구소의 생활을 다음과 같이 회상하고 있다.

> "바지런했나봐 내가. 제일 먼저 일어나서 2층, 우리가 2층이었거든 연습실이, 아래층은 우리 기숙사고 그랬는데 아침부터 그렇게 6시부터 일어나서 청소하고 그냥 할아버지 세숫물 준비하고 뭐 이런 거 하면서 그렇게 바지런하게 지냈어. 아침 6시에 그 어린아이들이라도 아침 6시에 일어나서 밤 11시 반까지 보통 일은 아니거든. 그리고 또 배고프고 보리밥만 먹고 일제 때니까 쌀 구경 못 하고 이럴 때니까 그거 한창때 조금씩들 밥 먹고 나면 죙일 배고파서 죽지. 그런데도 뭐가 그렇게 우습고 기뻤는지 응? 그 괴로움을 모르고 그러고 살던 때가 참 행복했지 않나. 우리는 합숙을 하고 같이 선생님하고 생활하니까 별의별 일이 다 재밌지 뭐."[23]

위의 회고에 드러난 강선영의 연구소 생활은 육체적으로 고단하고 경제적으로도 궁핍한 시간이었지만 낙천적이고 적극적인 강선영의 성격을 보여준다. 스승의 눈에 들고자 어린 강선영은 스승의 세숫물을 준비하고 청소하며 노력하였던 것이다. 이처럼 어려서부터 영민했던 강선영은 한성준 밑에서 수학하며 조교 역할을 할 수 있었다. 특히 〈학춤〉을 창작할 즈음, 창경원(현 창경궁)으로 가서 학의 생태를 관찰할 때 무보화시키는 작업과 무대에 출현하는 과정에 참여하였다. 이처럼 스승 한성준에게 도제식 교육을 받으며 한성준의 춤사위와 춤기법 그리고 전통춤을 집대성한 한성준의 창작정신까지 이어받으며 경기 전통춤의 원형을 사사하였다.[24] 강선영이 한성준의 조선음악무용연구회에서 익힌 춤은 〈검무〉, 〈남무〉, 〈농부춤〉, 〈농악무〉, 〈동자무〉, 〈바라춤〉, 〈배따라기〉, 〈뱃사공춤〉, 〈북춤〉, 〈사공무〉, 〈살풀이춤〉, 〈승전무〉, 〈신선무〉, 〈왕의 춤〉, 〈영남덧뵈기춤〉, 〈장고춤〉, 〈진사춤〉, 〈창부춤〉, 〈초립동〉, 〈태평무〉, 〈학춤〉, 〈한량춤〉, 〈훈령무〉, 〈무당춤〉 등 40여 가지에 달한다.[25] 특히 1938년 한성준이 집대성한 〈태평무〉는 강선영의 일생에서 가장 빛나는 유산이 되어 현재 중요무형문화재 제92호로 지정되어 강선영류의 춤의 계파를 형성하는 뿌리가 되고 있다. 이 춤은 스승 한성준이 "조선이 일본의 지배에서 벗어나면 〈태평무〉 의상을 조선의 왕과 왕비의 옷으로 입고 추라. 〈태평무〉 의상으로 수의를 해달라"는 유언이 담긴 춤이다. 강선영은 스승의 유지를 받들어 이 춤을 조선시대 왕과 왕비의 복식으로 재현하여 제자들에게 전승하고 있다.

3) 강선영의 무용 활동

1941년 조선음악무용연구소를 나온 강선영은 서울의 종로구 익선동에 집을 얻어 홀로 있는 어머니를 모시고 함께 살았다. 어머니의 격려와 후원으로 강선영은 1951년 강선영무용연구소를 개설하였다. 본격적으로 무용 활동을 시작하여 1953년 10월 서울의 시공관에서 첫 번째 무용발표회를 갖게 되었다. 스승 한성준에게서 배운 〈검무〉, 〈살풀이춤〉, 〈승무〉와 함께 창작 소품 〈법열〉을 공연하였다. 봉은사의 스님에게 배운 〈바라춤〉에 〈승무〉를 혼용하여 직접 작품을 안무하였다. 이미 강선영은 한성준에게 수학하던 시절 창극 〈흥보전〉, 〈심국지〉, 〈춘향전〉 등의 안무[26]를 했던 경험이 있어 독립적인 무용가로 활동하는 데 어려움이 없었다.

강선영은 첫 번째 발표회 이후 창작에 대한 능력을 유감없이 발휘하였다. 그녀는 1955년 1시간 40여 분 되는 대작 〈목란장군〉을 창작하였다. 전통무용가로서는 상상할 수 없는 도전의식이었다. 어려서 어머니에게 들었던 중국소설을 번안한 '여중호걸'을 각색한 작품이었다. 아버지 대신 딸이 남장을 하고 전쟁터에 나가 나라를 구한다는 영웅적 이야기를 무용극으로 구성하여 화제가 되었다. 〈목란장군〉은 후에 〈모란의 정〉 혹은 〈모란정〉이라는 제목으로 개칭하여 여러 차례 재공연하였다. 국극 형식의 무언극으로 진행된 〈목란장군〉은 시대를 앞선 강선영의 예술적 역량을 보여주었다.

〈목란장군〉을 시작으로 1963년 〈초혼〉을 공연하였고, 1965년 〈열두무녀도〉를 공연하였다. 이 두 작품은 강선영의 예술가적 작가정신과 도전의식을 엿볼 수 있는 작품이다. 〈초혼〉은 한국의 무용극 사상 최초로 영화화된 작품이다. 동료 무용가 송범과 2인무로 출연한 이 무용극은 모윤숙의 시 「산제」에 모티브를 두고 있다. 먼저 떠난 님의 영혼을 만나려는 17세 소녀의 비장미를 표현하여 제12회 아시아 영화제에서 문화영화 부분 최우수상을 수상하는 영예를 누렸다. 〈열두무녀도〉는 강선영의 대표 작품으로 손꼽히는 작품으로 민속학자 이두현의 권유로 안무하였다. 이두현의 소장 『무당내력』에 전하는 무당 그림을 모티브로 하여 안무된 〈열두무녀도〉는 전국의 굿판을 체험하며 만든 토속적인 색채를 지닌 작품으로 그녀의 창작 열정이 고스란히 담겨있다.

강선영의 열정은 〈수로부인〉(1969), 〈원효대사〉(1976), 〈황진이〉(1981)에 이르기까지 거침없이 작품으로 이어졌다. 강선영의 무용에 대한 미의식은 일제강점기에 풍미했던 신무용적 미감과는 다른 우리의 전통적 미의식에 바탕을 둔 전통의 창조적 계승이라는 맥락에서 큰 의미를 둘 수 있다. 감히 전통무용가들로서는 감당하기 어려운 큰 무대를 거침없이 소화하며 무용계의 거목으로 자리 잡게 되었다.

강선영의 거침없는 작업 스케일이나 예술가들과의 협업은 그녀의 화통한 성격을 보여준다. 그녀는 평생을 도전하면서 새로운 삶을 만났다. 강선영의 창조적 열정은 그녀의 인생이라는 무대를 변화시키는 바탕이 되었다. 1966년 일본의 도쿄에 강선영무용연구소를 설립하기도 하였고, 1960년 강선영무용단을 창단해 한국 무용인으로는 처음 참가한 파리 국제민속예술제를 시작으로 400여 차례에 걸쳐 한국 무용의 춤사위를 세계 각국에 선보였다. 그녀는 170개국을 돌며 1,000회 이상 공연을 해왔다. 그리고 (사)한국무용협회 이사장, (사)한국예술문화단체총연합회장, 14대 국회의원 등 자신의 삶을 꾸준히 변화시키며 살아왔다. 그녀의 독특한 인생행로는 늘 춤 언저리에서 무용계를 지키는 그늘이 되어 후학들에게 힘이 되고 있다. 1988년 개인의 사재로 마련한 고향 안성의 태평무전수관도 그녀가 말년까지 무용에 꿈을 갖고 살아가는 무용가라는 사실을 증명하는 것이다. 그녀는 이제 다시 예술행정가에서 무용가로 돌아가 스승의 춤을 지켜나가는 전통무용가로 이 시대에 민족춤의 정신과 춤의 전통을 전하고 있다.

4) 강선영 춤의 특징과 미학

강선영 하면 젊은 무용가들의 입에서 '강선영류 〈태평무〉'라는 말이 우선적으로 나온다. 이 춤은 강선영의 스승 한성준이 가장 아끼던 춤으로 한성준이 타계할 때 의상을 수의로 입기 원했던 춤이다. 한국예술종합학교 전통원 성기숙 교수는 "〈태평무〉는 왕과 왕비가 나라의 태평을 기원하는 춤을 재현한 것으로 일제강점기 한성준의 문화 독립투사적 의식이 반영된 것으로 이 춤이 손녀 한영숙과 제자 강선영으로 전승됐다"

고 설명하고 있다. 한성준의 두 제자 강선영과 한영숙에게 전승된 〈태평무〉는 세월을 훌쩍 넘어 2개의 서로 다른 춤을 양산하였다. 이 부분은 상당히 중요한 의미를 담는다. 일회적이고 소멸적인 춤의 속성상 춤의 기록 부재로 인한 상이점으로 볼 수도 있으나, 전통시대에 춤을 전승하던 방법이 획일화된 방식으로 순서에 입각해 전승한 것이 아닐 수도 있다는 점을 지적하는 것으로 볼 수도 있다. 그러나 무엇보다 중요한 것은 〈태평무〉에 대한 두 사람의 인식이 다르다는 점이다.

내향적인 한영숙류의 〈태평무〉가 전통의 법통을 이어가는 한영숙의 춤에 대한 의지를 반영한 것이라면, 활발한 강선영류의 〈태평무〉는 전통과 창작의 경계를 넘나들던 강선영의 춤에 대한 의지를 반영한 것이라고 볼 수 있다. 강선영에게 전통은 즉흥적 자유로움에 의한 순수한 생명력인 것이다. 따라서 강선영류의 〈태평무〉는 호방한 강선영의 성격만큼이나 맺고, 풀고, 어르는 춤의 전통적 기법이 명확하다. 강유(剛柔)의 미의식이 명확하여 춤의 반동이 넘친다. 마치 '답지저앙(踏地抵昂) 수족상응(手足相應)'하는 전통적인 우리의 몸짓을 보여준다고 할 수 있다. 땅의 기운을 누르듯 발을 구르는 강선영의 발짓과 손의 자연스러운 어우러짐은 자유로운 허튼춤의 경지이다. 치마 밑에 내비치는 버선발의 맵시와 빠른 발놀림은 흥과 신명으로 한 박 죽여 장단을 타고 넘어가며 조급해하지 않는 한국인의 여유로움을 그대로 담아낸다.

왕과 왕비의 무복(舞服)으로 경기 도당굿의 장단 낙궁, 반설음(터벌림), 섭채(터벌림 몰이), 올림채, 넘김채, 올림채몰이, 넘김채, 연결채, 발뻐드레, 도살풀이, 잦은 도살풀이, 터벌림을 타고 추는 한바탕의 의식을 통해 태평성대를 기원하는 한성준의 창작정신은 강선영에게 대물림되어 후학들에게 전승되고 있다.

3. 무속춤의 대모 김숙자(金淑子)

김숙자(1927년 11월 27일-1991년 12월 23일)는 경기도 안성군 삼죽면 내강리 304번지에서[27] 4대째 내려오는 세습무가(世襲巫家)에서 아버지 김덕순(金德順)과 어머니 정귀성(鄭貴星) 사이에서 6남매 중 다섯째로 태어났다. 그녀는 중요무형문화재 제92호 〈살풀이춤〉의 예능보유자로 지정되기까지 평생 전통무용가로 가난한 삶을 연명하면서도 춤에 대한 굳은 의지를 통해 자신만의 독특한 예술세계를 구축하였다. 그녀가 정리한 무속(巫俗)춤은 경기 도당굿의 심오한 예술세계를 함축하고 있어 전통춤의 뿌리를 살필 수 있는 귀중한 전통문화유산이 되었다.

사진 15 한국전통무용 〈도살풀이춤〉 / 춤 김숙자 / 사진제공 김운신

1) 김숙자의 출생과 성장

춤은 뿌리가 어디 있는지에 따라 그 춤의 특성을 알 수 있다. 김숙자의 춤의 내력을 살펴보면, 그녀가 왜 무속춤의 대모로 불리는지 알 수 있을 것이다. 김숙자는 창우, 광대, 무당 등이 함께 어우러진 한말 전통예인들의 전형적인 존재방식 속에서 탄생된 인물이다. 그녀의 존재는 구한말 창우, 광대, 무당 등 소위 전통예인들의 혼인을 통해 씨줄과 날줄로 얽혀있는 전형적인 모습을 보이고 있다.[28] 김숙자는 1927년 11월 27일 4대째 내려오는 세습무가에서 아버지 김덕순과 어머니 정귀성 사이에서 6남매 중 다섯째로 태어났다.[29] 수원재인청 출신인 그녀의 아버지 김덕순은 소리, 무악, 춤에 능한 재인이었다. 재인청을 나온 그는 안성의 신청에서 전통예능을 가르쳤다. 그는 1933년 국악인들의 연합체인 조선성악연구회의 일원으로 활동하는 등, 경기제에 바탕을 둔 김덕순의 다양한 민속기예를 많은 제자들에게 전승하였다.[30] 어머니인 정귀성도 세습무가 출신으로 무업을 해온 유명 당골이었다. 또한 그녀의 조부와 외조부 역시 당대에 유명한 예인이었다. 조부 김석창은 중고제 판소리의 명창으로 이동백과 김창룡이 탄복할 정도였고 외조부 정창호도 화성재인청 출신의 예인으로 경기도 일원에서 알아주는 예인이었다.[31] 1980년대 초반까지도 김숙자의 고향인 안성군 보개면에는 신당을 모신 그녀의 옛집이 그대로 보존돼 있어[32] 김숙자의 무속적 성장배경과 예술세계의 상관성을 이해하는 단서가 되었다. 이처럼 친가와 외가의 무속전통이 함께 어우러져 김숙자의 예술세계가 무속춤을 중심으로 탁월한 미의식을 갖게 된 것은 당연한 일이었다.

실제로 그녀의 재능은 아버지인 김덕순으로부터 대물림되었다. 6남매 중 오빠인 김경희와 김숙자만이 선대의 뒤를 이었다. 김덕순은 김숙자의 타고난 재주를 알아보고 그녀의 나이 6세가 되자 어린 딸에게 판소리와 무용, 가야금 등을 가르치기 시작하였다. 어려서부터 시작된 남다른 생활로 그녀는 안성 보개보통학교에 입학하여 1941년 졸업할 때까지 친구들의 놀림으로 어울리지 못하고 외톨이로 유년 시절을 보냈다.[33] 그녀는 전통시대 예인들의 삶처럼 구전심수의 교육을 통해 예술가로 성장하게 되었다.

2) 김숙자 춤의 사사계보

김숙자의 인생에서 만난 최고의 스승은 바로 아버지였다. 아버지 김덕순은 민족 전통기예에 대한 애정이 남달라 어린 딸을 학습시킬 때에도 엄격하다 못해 혹독하였다. 따라서 아버지의 교육에 의해 어린 김숙자는 뼛 속 깊이 예인 근성이 박히게 되었다. 그녀는 재인들의 삶처럼 평생을 굴곡 있게 살다 갔지만 단 한 번도 그녀의 삶에서 예인으로의 길을 포기한 적이 없었다. 안성의 신청에서 선생을 하던 아버지는 경기재인청에서 배운 모든 예능을 어린 딸에게 가르쳤다. 6살부터 시작된 그녀의 학습은 판소리로부터 가야금과 무용 등에 이르기까지 다양한 것이었다. 그녀가 12세일 즈음에는 판소리 다섯 바탕과 가야금병창과 〈터벌림춤〉, 〈진쇠춤〉, 〈부정놀이춤〉, 〈올림채춤〉, 〈쌍군웅춤〉과 〈승무〉, 〈태평무〉, 〈한량무〉, 〈신선무〉 등 경기 무속춤 일체를 모두 익혔다. 그녀가 공식무대에서 춤을 처음 선보인 것은 12살 때로 안성극장 개관기념으로 올려진 협률사의 공연이었다. 그녀는 〈승무〉와 〈살풀이춤〉을 추어 인근에서 '소녀 명인'이라는 별명을 부여받았다.[34] 또한 아버지의 강력한 권유로 11세부터 줄타기를 배워 17세까지 줄을 탔다.[35]

당시 일제의 문화말살정책은 우리 민속예술에 대해 혹독하였다. 특히 민족신앙을 바탕으로 하는 굿에 대한 핍박은 대단하였다. 아버지 김덕순은 일제의 탄압에 굴하지 않고 집안 뒤곁에 굴[36]을 깊숙이 파고 들어가 몰래 딸을 가르쳤다. 그런데 주위 사람의 밀고로 일본 경찰에 끌려가 주재소에서 상투가 잘리는 등 온갖 고초를 겪기도 하였다. 어린 김숙자도 아버지와 함께 유치장에 갇히고 평택비행장을 닦는 보급대에서 강제노동을 하기도 하였다.[37] 이러한 고통에도 불구하고 아버지의 민족예술에 대한 집념은 대단하였다. 그 뒤 그녀를 큰 재목으로 키우기 위해 안성의 선면에 있는 쑥굴절로 데려가 600일간 소리와 춤, 줄타기를 가르쳐 그녀를 예인으로 키웠다.

아버지는 자신의 교육뿐 아니라 당시 권번의 선생이었던 친구 조진영(趙鎭英)에게 딸을 맡기어 권번의 예능을 가르치게 하였다. 조진영은 무속무용의 대가이자 수원권번의 선생이었다. 조진영은 김숙자의 타고난 재능에 감탄하여 자신의 장기인 〈시나위춤〉, 〈화초사거리〉, 〈육자배기〉 등 모든 기예를 사사하였다.[38]

1943년이 되자 김숙자는 서울로 상경하여 황군위안대에 들어갔다. 그녀는 그곳에서 재인광대 이동안을 만났다. 자신의 예술행로에서 이동안을 크게 부각하지 않았지만 김숙자와 비슷한 삶의 궤적을 가진 이동안과의 만남은 후일 그녀의 무속춤세계를 정립하는 데 영향을 미친 것으로 보인다. 재인청에 뿌리를 두고 있는 이동안과 김숙자의 춤이 같은 맥락인 경기 도당굿의 예인 오수복의 춤과는 다른 것으로 보아 이 시기 두 사람의 교차지점이 생긴 것은 충분한 상관성을 보인다.

3) 김숙자의 무용 활동

김숙자가 16세 되던 1942년은 일제의 침략이 극대화되어 여자들은 위안부(정신대)에 대한 걱정이 많았다. 김숙자도 위안부로 끌려가지 않기 위해 당시 이동안이 운영하던 황군위안대에 들어가 활동하였다. 이동안은 일제가 제2차 세계대전을 일으켜 이른바 '황군위문대(皇軍慰問隊)'를 만들어 우리의 전통예인들을 강제로 동원했을 때, 본의 아니게 황군위문대장 노릇을 하며 징용과 정신대로 끌려가는 조선의 남녀들에게 단원증을 닥치는 대로 발급하였다.[39] 정신대나 징용을 피할 수 있는 방법은 단체에 가입하여 위문공연이나 계몽공연을 다니는 길밖에 없었다. 이때 김숙자와 같이 정신대나 징용을 피해 활동했던 단원으로는 만담의 김백수, 〈배뱅이타령〉의 박천복, 남원의 조금행, 김기춘, 신불출, 박상근, 심상근, 김재선, 박연심, 김덕자 등 여러 명이었다.

김숙자는 이러한 연유로 당대 최고의 광대 이동안을 만났다. 이 두 사람의 춤에는 유사한 춤의 흐름이 보인다. 이들의 만남을 통해 김숙자가 영향을 받은 것인지 아니면 그들의 학습에 대한 내용이 화성재인청에 기반을 두고 있는지 모르나, 줄타기, 소리, 춤 등 재인광대의 삶의 궤적을 같이 갖고 있어 그 춤의 상관성을 추적해보면 그 답을 얻을 수도 있을 것이다.

뒤틀어진 역사에서 성장한 그녀는 어려움 속에 해방을 맞이하였다. 그리고 그 이듬해인 1946년 아버지를 졸라 장리쌀 20가마니를 내어 서울로 올라와 돈의동에 '김숙자 민속무용'이란 간판을 걸고 학원을 운영하였다. 그러나 경영이 어려워지자 오소산 정암사에 들어가 기예를 닦는 데 전념했고 다시 고향에 돌아와 있던 중 6·25동란을 맞이하게 되었다.

미처 피난을 못 간 김숙자는 인민군의 위문공연단 착출을 피하기 위해 양잿물을 먹고 앓아누웠다. 황군위안대에서 이미 겪었던 위문공연의 후유증은 그녀가 양잿물을 먹으면서까지 피하고 싶었던 것이다. 양잿물의 후유증과 여러 차례의 백일공부로 건강을 잃어 요양차 대전의 유성온천에 가서 대전국악원의 나승엽을 만나게 되었다. 이를 계기로 대전국악원에서 무용 강습을 하게 되었고 대한부인회의 주선으로 28세에 대전에서 학원을 운영하게 되었다. 이후 대전의 국악원을 운영하는 한편 1961년 여성국극단을 창단하였다. 그녀는 상당한 액수의 돈을 들여 창무극 〈이순신〉을 제작하였다. 이 작품으로 문화공보부 주최의 '전국신인국극경연대회'에 참가하였지만 기대하던 장관상을 수상하지는 못하였다. 그녀는 "국악원을 들어먹었다"라는 표현을 할 만큼 돈을 들여 참가했지만 국극 특상인 신인예술상을 탔을 뿐 크게 주목받지 못하였다. 이후 대전 학원에서 경제적 타격을 이기지 못하고 잠깐 군산으로 옮겨 가 국악원을 운영하였다.[40] 이렇게 서울과 지방을 떠돌던 그녀는 다시 서울로 옮겨 와 정착하게 되었다. 서울로 상경한 그녀는 박초월 국악학원에서 무용 강습을 하였다. 그 후 1963년 독립하여 왕십리에 '김숙자 무용학원'이란 간판을 걸고 제자를 양성하였으며, 이후 돈암동, 낙원동, 동대문, 낙원동, 봉천동 등으로 공간을 마련하여[41] 운명을 달리할 때까지 춤을 추며 제자를 양성하였다.

1976년 그녀의 운명을 변화시킬 두 사람의 학자를 만났다. 무용학자 정병호와 민속학자 심우성은 이동안을 학계와 예술계에 소개한 것처럼 김숙자를 발굴하여 가난으로 접었던 발표회를 공간사랑에서 열어주었다. 13살 나던 해 경기도 광주 너더리 배사골 도당굿마당에서 무속무용과 〈승무〉를 추었던 김숙자가[42] 공간사랑의 공연에서 〈올림채〉, 〈터벌림〉, 〈진쇠〉, 〈제석춤〉, 〈부정놀이〉, 〈군웅춤〉을 추며 세상 밖으로 알려지게 된 것이다.

그녀는 학자들의 도움으로 경기 무속춤을 정립하기 위해 발 빠르게 움직였다. 1979년 '한국무속예술보존회'를 창립하여 무속예능인들의 공연을 주선하고 자신의 춤세계를 재정립하였다. 그녀의 주선으로 〈진도씻김굿〉, 〈경기 도당굿〉, 〈해안별신굿〉, 〈해안풍어제〉가 차례로 무대에 오르게 되었고 이 공연을 계기로 그 가치를 인정받아 각기 중요무형문화재로 지정되었다.[43] 그러나 1980년대 중반에 교통사고와 3번의 대수술을 하는 불행에 직면하였다. 그러나 그녀는 이에 굴하지 않고 다시 무대에 섰고[44] 기나긴 행보 끝에 1990년 9월 중요무형문화재 제97호 〈살풀이춤〉(경기도 도당굿 도살풀이)의 예능보유자로 지정되었다. 김숙자는 무대에서 춤으로 말하고 춤으로 보여주는 참된 예인(藝人) 그 자체였다. 육체적 아픔을 이겨내고 어떻게든 무대에서 삶에 담고 있던 한을 온몸으로 표현하였다.[45] 그녀는 문화재 지정 이후 민속계의 기대에도 불구하고 파란만장한 예인으로서의 삶을 접고 1991년 12월 23일 서울 태능의 원자력 병원에서 후두암으로 별세하였다.

4) 김숙자 춤의 특징과 미학

경기재인청의 가계를 가진 세습무계의 무용가 김숙자의 생 전반기는 민속예능을 가계 내림으로 짊어지고 태어나 아버지에게 학습하고, 중반기 서울, 대전, 군산, 그리고 다시 서울을 오가며 학원을 설립하여 제자를 양성하였다. 그리고 뒤늦은 1976년 중앙무대에서 본격적으로 활동을 하여[46] 무속춤을 예술의 반열에 올려놓았다.

그녀의 대표적인 춤으로는 중요무형문화재 제97호로 지정받은 〈도살풀이춤〉이 있다. 이 춤에는 그녀의 인생이 모두 담겨있다. 유독 긴 3m 정도의 살풀이수건이 그리는 선의 파동은 보는 이의 가슴을 아프게 한다. 〈도살풀이춤〉은 원래 도당굿에서 발전된 춤이다. 도당(都堂)살풀이의 줄임 말로 민속무의 하나로 행해지고 있는 〈살풀이춤〉의 원초적 형태이다. 이 춤의 본뜻은 흉살과 재난을 소멸시켜 나아가 행복을 맞이한다는 종교적 소원에서 비롯되었다. 경기 도당굿의 12거리 중 마지막 차례에 해당되는 것으로 굿의식을 다 행한 다음 홀가분한 상태에서 마음껏 즐기면서 추는 뒤풀이격인 춤이 바로 도살풀이춤인 것이다.[47]

김숙자의 〈도살풀이춤〉을 기억하는 사람들은 그녀의 춤에서 소름끼치는 귀기를 느낀다. 보는 사람의 마음속으로 들어가 무엇인가 솔직해져야 할 것 같은 마음을 갖게 하는 것이다. 바로 그녀가 갖는 카리스마와 진정성이 이유일 것이다. 또한 춤의 내용과 형식, 춤사위 등에서 무속적 상징들이 존재하고 있다. 〈도살풀이춤〉은 살기 어린 눈빛으로 쉿소리와 구음과 더불어 삼현육각으로 구성된 장구, 해금, 대금, 피리, 징, 또는 꽹과리 등 리드미컬한 도살풀이 장단으로 장소와 분위기에 맞게 악기를 편성해 친다. 처음 도입부에는 느린 살풀이의 애조 띤 가락으로 천천히 무겁고 엄숙하게 시작하다가 자진 살풀이 가락으로 빠르게 바뀌면 가볍고 흥에 취해 보는 사람과 추는 사람의 경계가 없이 어우러진다. 마지막으로 다시 처음과 같은 도살풀이 장단으로 애원성이 짙고 울분과 한이 있는 춤을 춘다.[48] 그러나 그것에만 머물지 않고 그것을 극복하려는 의지의 몸부림으로 수행자의 몸짓으로 조용히 끝을 맺는다.

김숙자의 〈도살풀이춤〉은 마치 수행자의 신명 체득 과정에서 보여주듯 엄숙하게 몸주신과의 일체감, 혹은 무의식 속 존재자와의 합일감을 통해 엄숙한 신명의 본질을 인식하고 있는 듯 보인다. 수건과 몸짓이 하나 되어 생생한 굿장단에 넘실대는 기승전결 표현을 통해 신명체험을 인식하고 신명을 최고조로 보여주는 듯하다.[49] 이 춤은 김숙자가 어렸을 때부터 배우고 익힌 예술적 기능, 그리고 그러한 예술에 대한 천대와 애환, 이러한 예술에 대한 갈증을 온전히 몸짓으로 풀어낸 것이다. 이 춤은 고대에서부터 면면히 내려오던 무속을 〈도살풀이춤〉과 무속음악으로 전승하여 하나의 완성된 예술작품으로 새롭게 만들어냈다는 데에서 의미를 발견할 수 있다. 김숙자의 〈도살풀이춤〉은 마을 구석구석에서 살풀이로서의 액을 풀었던 그 도당굿의 춤사위를 현대 무대에 올려 관객의 내면에 있는 슬픔과 애환을 풀어내는 힘 있고 아름다운 정중동의 몸짓[50]으로 많은 사람을 위로하고 있다.

4. 남성춤의 지평을 연 명무(名舞) 조흥동(趙興東)

조흥동(1941년 5월 16일-)은 경기도 이천 부발읍에서 부농인 부친 조태환(趙泰煥)과 모친 김음성(金陰成) 사이에서 1남 4녀 중 막내로 태어났다. 조흥동은 한국무용계에서 춤 잘 추는 명무로 널리 알려져있다. 또한 그는 여성 일변도의 전통무용에 남성춤의 지평을 열어 무용 발전에 초석을 다졌다. 국립무용단 단장, 서울예술단 무용감독, 경기도립무용단 예술감독의 요직을 두루 거치며 한국춤의 명품화를 시도하였다. 조흥동은 한국전통무용을 극장춤의 미학으로 재구성하여 현대예술의 반열에 올려놓은 것이다.

사진 16 한국전통무용 〈한량무〉 / 춤 조흥동 / 사진제공 조흥동

1) 조흥동의 출생과 성장

한국의 무용계에서 춤 잘 추는 명무를 손꼽으라 하면 그중 한 사람이 조흥동이다. 조흥동은 8세에 무용에 입문하여 외길 춤 인생을 걸어온, 경기도가 낳은 한국무용계의 거목이다. 조흥동은 1941년 5월 16일 경기도 이천시 부발읍에서 부농인 부친 조태환과 모친 김음성의 사이에서 1남 4녀 중 막내아들로 태어났다. 부모님은 위로 네 딸을 둔 뒤에 얻은 귀한 아들이기에 기대와 사랑이 대단하였다. 장래 사업가나 판사가 되기를 희망하는 부모님의 기대와는 달리 어린 조흥동은 춤을 추는 것에 관심이 많았다.[51] 어려서부터 흥이 많아 놀이패와 굿판이 벌어지는 곳이라면 어디든지 따라다니며 마을 춤꾼들의 춤사위에 젖어 살았다.[52] 누나들의 예쁜 치마에 저고리를 입고 머리에는 수건까지 두르며 춤을 추던 것이 인근까지 소문이 자자하여 마을의 농악대에서도 으레 행사가 있으면 조흥동을 데리러 오고는 하였다.

조흥동이 처음 무용을 배우기 시작한 것은 8세였던 1949년이었다. 농악을 하는 조태호(趙泰鎬)와 엄영연(嚴永然)에게 〈기본춤〉을 배우고 9세 때 〈초립동〉으로 공연을 할 만큼 재주가 있었다. 10세에는 엄영연에게 〈법구춤〉과 〈상모춤〉을 배우고, 조태호에게 〈고사반〉(비나리)을 배웠다. 그는 12세에 신파극 〈원술랑〉에도 출연하고 학예회에서도 〈아리랑〉과 〈노들강변〉에 맞추어 춤을 출 만큼 재주가 있었다. 1955년 서울로 상경한 조흥동은 경동중학교에 입학하였다. 당시로서는 막내 아들에 대한 기대가 큰 터라 서울로 유학을 보내있지만 부모님의 기대와는 달리 조흥동의 마음은 춤으로 향하였다.

2) 조흥동 춤의 사사계보

조흥동이 본격적으로 춤을 시작한 것은 중학교 때부터라고 할 수 있다. 어려서 마을 농악대의 조태호와 엄영연에게 농악춤을 배우기는 했으나 중학교 시절부터 조흥동은 한국무용계의 거목들과 인연을 맺게 되었다.

1955년 경동중학교에 입학하여 둘째 누나 집에 머무를 때, 비원파출소의 소장으로 근무하던 둘째 매형의 심부름을 다니면서 우연히 국악양성소(현 국립국악고등학교) 안의 광경을 지켜보게 되었다. 이것을 인연으로 한국 궁중무용계의 거장 김보남(金寶男)을 만나 춤을 정식으로 배우기 시작하였고 남산의 주만향(朱晩香)으로부터 고전무용의 〈기본춤〉을 배웠다.[53] 그 후 김윤학(金潤鶴)으로부터 〈추월강산〉과 〈검무〉를 배웠다. 부모님에게는 학원을 다닌다는 핑계로 용돈을 받아 무용 교습비를 충당하며 중학교 시절을 보내었다. 1958년 경동고등학교에 입학하며 조흥동은 더 많은 스승들로부터 춤을 사사하였다. 김백초(金百草)에게 신무용의 기법을, 김천흥(金千興)에게 〈처용무〉와 〈춘앵전〉을, 이매방에게서 〈승무〉와 〈오고무〉를, 전사섭(全四燮)에게서 〈설장구〉를 사사했다. 또한 김진걸(金振傑)에게 〈산조춤〉과 발레를, 송범(宋氾)에게서 발레와 남방무를, 은방초(殷芳草)에게서 〈무당춤〉과 〈공작무〉를 사사하였다. 그리고 김백봉(金百峰)에게서 〈장검무〉와 신무용기법을, 한영숙(韓英淑)에게서 〈승무〉와 〈살풀이〉를, 강선영(姜善泳)에게서 〈태평무〉와 〈열두무녀도〉를, 황재기(黃在基)에게서 〈소고춤〉을 사사했다. 특히 강선영에게서 사사한 〈태평무〉는 중요무형문화재 제92호의 이수자 제1호로 남성 〈태평무〉의 맥을 잇는 특별한 계기가 되었다.

1961년 조흥동은 공대의 입학을 원하는 부모님을 속이고 서라벌예대(현 중앙대학교 예술대학) 체육무용과에 우수한 실기 성적으로 합격하여 장학 혜택까지 받고 입학하였다. 부모님을 속이며 입학한 대학 생활은 곧 들통이 나게 되어 부모님들에게 충격을 안겨주었다. 아들을 설득하려던 부모님은 아들의 완고한 결정에 마지못해 허락을 하게 되고, 이때부터 조흥동은 당당히 무용을 공부하게 되었다. 이때 장홍심(張紅心)에게서 〈장검무〉를 사사했다.

8세부터 만난 많은 스승들은 한국무용계를 대표하는 거목들로 조흥동은 그들의 대표적인 무용 종목들을 사사하였다. 궁중무용은 물론 민속무용을 아우르는 전통무용에서부터 신무용과 발레, 남방춤에 이르기까지 폭넓은 춤의 세계를 경험한 그가 현대의 한국무용계에서 손꼽히는 명무가 된 것은 이미 예견된 일이었다. 특히 그의 대표적인 춤 〈한량무〉에는 스승들의 다양한 미의식이 투영되어 있어 누구도 흉내 낼 수 없는 조흥동의 예술세계로 함축되었다.

조흥동의 무용에 대한 학습은 그가 중견 예술가로 인정받는 시기까지 계속되었다. 그는 춤의 기능을 배우는 것에서 멈추지 않고 우리 전통예술 전반을 아우르는 학습을 계속하였다. 김석출(金石出)에게 〈동해안 별신굿〉을, 임준동(林俊東), 박송암에게서 불교의식 무용과 범패를 사사하고, 안사인(安士仁)으로부터 〈제주굿〉을, 우옥주에게 〈황해도 만구대탁굿〉을 사사하였다. 조흥동의 끊임없는 예술에 대한 탐구는 그가 무용수에 머물지 않고 국립무용단과 경기도립무용단의 예술감독으로 자신의 예술세계를 일구는 토양이 되었다.

3) 조흥동의 무용 활동

1964년 서라벌예대를 졸업한 조흥동이 처음 잡은 직장은 동명여지고등학교의 체육 교사였다. 그는 체육 교사로 직장을 잡았지만 어느 한 순간도 무용가로서의 삶을 포기하지는 않았다. 이미 대학을 다니면서도 1962년과 1963년 제1회와 2회 국립무용단 정기공연에 참가하며 주목받았고 제3회 국립무용단 정기공연에 참가하였으며 6년간의 고등학교 재직 기간에도 한 달간 해외공연단의 일원으로 외국공연에 참가하였다.

조흥동은 1965년부터 관인 '조흥동무용학원'을 운영하였다. 당시 동명여자고등학교 교장선생님의 배려로 고등학교 교사와 겸직하며 무용가로서 춤추는 삶을 살게 되었다. 조흥동의 본격적인 예술 활동은 1968년부터라고 할 수 있다. 27세가 되던 1968년 서울의 국립극장에서 '제1회 조흥동 무용발표회'를 개최하였다. 〈귀향〉, 〈선화무〉, 〈고풍의 연가〉를 발표하여 '무용계의 혜성'으로 등장하였다. 뒤이어 1969년 '제2회 조흥동 무용발표회'를 개최하여 〈광영〉, 〈벌의 상태〉, 〈화환〉을 선보였다. 1974년 한국무용협회 창작무용제에서 무용극 〈제신의 고향〉으로 직접 대본을 쓰고 안무를 하였다. 조흥동은 오랜 기간 대가들의 전통 춤사위를 두루 섭렵하면서 이를 계승하는 데 그치지 않고 극장예술과 결합된 자신만의 독특한 춤 기법을 연구하였다.[54] 이후 춤에 대한 그의 열정은 1983년 국립무용단의 지도위원에서 1990년 국립무용단의 제1대 상임안무가, 1993년 국립무용단 단장 겸 예술감독, 1997년 서울예술단 예술감독, 2001년 경기도립무용단 예술감독에 취임하여 현재까지 재직하는 동안 많은 작품을 통해 개성 있는 안무와 연출로 작업을 이어나가고 있다. 조흥동의 작품 능력은 1993년 한국예술평론가협의회 올해의 최우수 예술가상으로 이미 인정을 받은 바 있으며, 그의 예술 행로는 2003년 대한민국 예술가들의 최고 영예인 '대한민국 예술원 회원'으로 선정되어 국가가 인정하는 예술가의 반열에 오르게 되었다.

조흥동의 무용에 대한 열정은 무용가로서의 면모뿐 아니라 예술행정가로서도 장시간에 걸친 역량을 보여주었다. 1967년 (사)한국무용협회 이사로 활동을 시작하여 1979년 한국무용분과위원장, 1985년 부이사장, 1991년부터 2005년까지 이사장을 맡으며 대한민국의 무용가를 대표하여 무용가들의 권익과 무용 발전을 위한 기반을 다지는 데 노력하였다. 1992년 '춤의 해'를 유치하고 무용창작 기회를 증대하는 '전국무용제'를 기획하여 전국의 균형 있는 무용 발전을 도모하였다. 이러한 공로를 인정받아 2005년 제19회 '예총예술문화상' 무용 부문 대상을 수상하였다.

또한 남성 춤꾼들의 큰 스승으로 많은 제자들을 양성해왔다. 1982년부터 대학에 출강하여 전문가들을 양성하였고 1997년부터 한국예술종합학교 무용원에 출강하여 젊은 남성 무용가들을 양성하였다. 1999년에는 경희대학교 무용학과의 겸임교수, 2003년부터는 국민대학교 공연예술학부 초빙교수로 출강하며 후진들에게 조흥동의 춤세계를 전승하고 있다.

4) 조흥동 춤의 특징과 미학

조흥동은 춤을 잘 추는 명무로도 알려져 있지만 어느 무용가에게도 뒤지지 않는 많은 한국무용 레퍼토리를 갖고 있다는 점에서 주목된다. 그를 대표하는 〈한량무〉에서부터 〈진쇠춤〉, 〈입춤〉, 〈호적시나위〉, 〈중부살풀이〉, 〈장고춤〉, 〈부채춤〉, 〈수건산조〉, 〈소고춤〉 등과 스승들로부터 사사한 〈산조춤〉, 〈태평무〉, 〈신노심불로〉 등 다양한 홀춤은 군무로 변형되며, 한국춤의 명품화를 선언하며 무대 속의 군무로까지 변형되거나 재창조되고 있다.

그의 화려한 경력에서와 같이 국립무용단 단장 겸 예술감독(1993-1994), 서울예술단 예술감독(1997-1998), 경기도립무용단 예술감독(2001-2015)으로 약 20여 년간 직업무용단의 수장에 재직하며 창작한 대형작품은 손에 꼽을 수 없이 많다. 〈제신의 고향〉(1974), 〈이차돈〉(1976), 〈푸른 흙의 연가〉(1979), 〈춤과 혼〉(1981), 〈맥〉(1983), 〈부운〉(1984), 〈젊은 날의 초상〉(1985), 〈대(代)〉(1986), 〈흙의 울음〉(1990), 〈강강술래〉(1992), 〈환〉(1993), 〈무천의 아침〉(1994), 〈비나리98〉(1998), 〈우리춤 그맥 2000〉(2000), 〈연인〉(2000), 〈황진이〉(2001), 〈잃어버린 신화를 찾아서〉(2001), 〈화합의 빛〉(2002), 〈마의태자〉(2002), 〈삼별초의 혼길〉(2003), 〈태권무무 달하〉(2008), 〈천년의 환타지〉(2014) 등을 안무하여 한국무용계의 거목으로 한국무용사에 대작을 남기고 있다.

그러나 무엇보다도 조흥동이 유명세를 갖는 이유는 춤을 잘 추는 남성무용가라는 점이다. 굳이 남성 무용가라는 점을 강조하여 이야기하는 것은 한국무용이 주로 여성 일변도의 춤으로 인식되던 문화적 환경을 변화시킨 그의 남다른 노력 때문이다. 한국무용 하면 일반적으로 버선의 맵시를 떠올리며 한복 입은 단아한 여성의 모습을 연상하게 되는 것과 같이 전통춤은 여성이 중심이었다. 과거 궁중의 연희에서도 여령들이 춤을 춰왔고, 궁중이 해체되고 궁중의 연희자인 여악들이 기생조합에서 춤을 이어나가던 상황을 보더라도 춤을 연희하는 춤꾼은 대부분 여성들이었다. 따라서 한국무용은 여성의 아름다운 자태미를 표현하는 미감으로 발전되어 보다 섬세하고 내면적인 정서를 담아내었다. 이러한 무용계 전체의 흐름은 남성 무용가들이 여성적인 선과 부드럽고 유연한 움직임까지도 그대로 모사하는 모습으로 이어져, 남성이 춤을 추되 여성의 춤과 구분이 모호하게 되었다. 조흥동은 이러한 남성춤에 대한 인식을 바꾼 무용가로 정평이 나있다. 대나무와 같은 기상으로 펼쳐지는 그의 춤에는 누구도 따라잡을 수 없는 호방함과 진취적인 남성의 웅대함이 드러나있다. 그의 대표적인 춤 〈회상〉에도 그 특징은 명확히 남아있다.

〈회상〉은 1982년 대한민국무용제 전야제에서 처음 선보였다.[55] 이는 남성 1인이 추는 홀춤으로 한량무의 일종으로 볼 수 있다. 조흥동의 한량무 〈회상〉은 한국의 신무용 1세대 조택원, 정인방을 연원으로 하는 창작 한량무의 맥을 잇는다. 조흥동은 조택원의 작품 〈신로심불로〉와 정인방의 〈신로심불로〉에 작품의 모티브를 두고 있다. 두 작품은 노인이 젊은 날을 되돌아보며 빠른 장단에 맞추어 몸을 의탁해보지만 세월의 무상함을 느낀다는 내용이다. 이 이야기의 구조는 동아시아의 근대무용에서 공통적으로 보이는 이야기이다. 중국의 민족민간무용 〈앙가춤을 추는 사람〉도 같은 구조를 갖고 있고, 최현의 〈허행초〉도 이와 같은 맥락을 갖는다. 이들 작품에서 흐르는 정서는 한량의 상징적 이미지보다는 젊은 날의 회상과 인생의 쓸쓸함에 강한 의미를 부여하고 있다. 하지만 조흥동은 한량을 '노인'에서 '선비'로 전이시키며 새로운 한량무를 창조하고 있다. 그는 그런 의미에서 올바른 뜻과 몸가짐으로 정도를 걷고 청렴을 사명으로 살아가는 남아의 몸가짐을 표현한 춤[56]으로 자신의 한량무를 규정한다.

조흥동의 한량무는 발단, 전개, 위기, 절정, 결말로 이어지는 극적 구조를 가지며 1인 한량무로서의 예술성을 갖는다. 대금의 청성곡으로 시작하여 진양조, 중모리, 중중모리, 엇모리, 자진모리를 거쳐 다시 청성곡으로 마무리하는[57] 음악 구조로 다양한 정서를 표현하고 있다. 김호연은「홀춤 한량무의 형성과 그 변용 양상에 관한 연구」에서 조흥동의 한량무가 선비의 회상과 기개를 덧붙여 절제된 풍류의 서정성이 돋보이는 안무라고 하며, 한량무의 내용을 형성하는 시와 음악 변화에 따른 춤의 극적 변화를 다음과 같이 주장하고 있다.

> "'지나온 세월을 회상하며 미래의 삶을 생각해보며' 인생의 회상을 진양조로 풀이하지만, '자태를 가다듬고 희망과 꿈속에서 헤매던 지난 시간을 뒤로하고 새로운 세계를 향해 나아간다'는 중모리의 서두 부분은 단순하게 인생의 회한이나 허무함이 아닌 새로운 세계를 열기 위한 몸짓으로 받아들여질 수 있는 대목이다. 이는 선비정신을 그대로 보여주기 위해 학으로 상징되는 춤사위에서도 그러하며 부채질을 통한 역동성에서도 스며든 부분이다."[58]

이는 조흥동의 〈회상〉을 연구한 안영화의 생각과도 같은 맥락으로 볼 수 있다. 안영화는 조흥동의 〈회상〉을 다음과 같이 묘사하고 있다.

> "처음 시작은 늙은 선비가 부채를 바라보다가 젊은 날을 회상하면서 춤 이야기가 시작되는데 일어설 때의 구부정한 노인의 모습에서 점점 허리가 펴지면서 젊은 날의 선비 모습으로 변해 힘찬 기개와 능숙한 춤사위와 빠른 움직임을 보이다가 다시 제자리로 돌아가 처음 동작으로 끝나면서 한 선비로써 남자의 일생을 한눈에 보는 것 같다."

조흥동의 〈회상〉에는 그 누구도 감히 흉내 내기 어려운 춤의 독특함이 있다. 〈회상〉에는 그의 폭넓은 춤 자산을 통한 그만의 해석력이 담겨있기 때문이다. 흥으로 일관된 농악춤의 경지는 이미 어린 나이에 체득하였다. 따라서 그의 춤에는 흥이 주도해나가는 경쾌함과 호방함이 살아있다. 또한 황해도, 동해안, 제주도 무속 가락의 다채로움을 익힌 그의 탁월한 장단의 해석력은 그의 다양한 발짓과 폭넓고 담백한 상체의 기상과 맞물린 춤으로 재탄생되었다. 또한 극장주의를 표방하는 신무용의 선험적 경험들은 그의 춤 사이사이에 녹아있는 연기적 바탕이 되어 그의 탁월한 연기적 해석력을 뒷받침하는 춤사위와 소품, 의상 등이 내적 개연성과 연관 지어져 춤의 표현을 명확하게 하고 있다. 이러한 조흥동의 춤에서 보이는 춤의 해학은 여유로운 한국인의 몸짓을 연상하게 하지만 결코 경하지 않은 압도적인 우아함과 기품 있는 절개를 통해 그만의 예술적 깊이를 보여준다.

5. 벽사(碧史)의 정신을 이어 한영숙의 춤을 정리한 정재만(鄭在晩)

정재만(1948년 3월 4일-2014년 7월 12일)은 경기도 화성군 정남면 백리에서 4대째 옹기 장사를 하는 정수환과 김순임의 사이에서 9남매 중 다섯 번째 아들로 태어났다. 중요무형문화재 제27호 승무의 예능보유자로 지정된 이래 한영숙류의 전통춤을 정리하여 체계화하였다. 숙명과도 같은 춤꾼의 삶은 2014년 7월 12일 비운의 사고로 운명을 달리하던 날까지도 이어졌다.

사진 17 한국전통무용 〈승무〉 / 춤 정재만 / 사진제공 정용진

1) 정재만의 출생과 성장

중요무형문화재 제27호 승무의 예능보유자 정재만은 경기도 화성 출신의 무용가이다. 또한 한국을 대표하는 명무(名舞)이기도 하다. 사람들은 그의 춤 앞에서 찬탄을 금치 못하곤 하였다. 장삼 자락을 날려 허공에 그리는 무한한 에너지에 경이로움과 함께 숙연한 번뇌와 해탈까지를 느끼게 하고, 살풀이수건 넘실대는 선의 유동에서는 아스라이 가슴 아픈 삶의 파동에 동화되곤 하였다. 그리고 허튼 살풀이춤의 빠른 잔걸음에서 배어 나오는 무한한 버선의 디딤새는 사람들의 가슴에 신명과 흥을 새기었다. 흐트러짐이 없되 충만한 기는 신체의 구석구석에서 넉넉한 포용력으로 사람들의 가슴을 녹여주었다.

이처럼 멋스런 정재만의 춤은 천성적으로 타고난 그의 운명에서부터 발견된다. 어릴 적 그의 삶을 추적해보면 그에게는 남다른 재능이 있었음을 알 수 있다. 신문 인터뷰에서 정재만은 어린 자신의 모습을 다음과 같이 기억하였다.

> "어릴 적 보고 듣고 자란 환경에서 춤과의 숙명을 느낍니다. 조상이 5대째 옹기 장사를 하며 연명해온 천주교 집안이었는데 마을 대동굿판이 설 때마다 무녀의 춤사위에 빠져 끼니를 잊고 쫓아다녔으니까요."[59]

천주교 신자였던 어린 정재만이 굿판에 동화되어 끼니까지 잊고 쫓아다녔다는 것은 춤에 대한 남다른 신명이 타고났음을 증명하는 것이다. 무용평론가 심정민과의 인터뷰 내용에서도 정재만의 타고난 춤에 대한 재능을 이해할 수 있다.

"경기도 화성에서 태어난 정재만은 어렸을 때부터 민속예능이 활발하게 벌어지는 지역적 특색에 영향을 많이 받았다. 끊이지 않았던 동네 굿판을 밤새도록 구경하고 무당의 몸짓을 흉내 내는 것이 일상이었다. 아기 기저귀 천이나 굴러다니던 부채 등 집안에 있는 소품을 닥치는 대로 잡고 굿판의 춤사위를 따라해보는 것이 그렇게 재미있을 수가 없었다. 하지만 그때만 하더라도 그가 춤꾼이 되리라곤 누구도 생각하지 못했다."[60]

이처럼 정재만의 내면에는 춤꾼으로서 필요한 흥과 신명이 선천적으로 타고났던 것이다. 일반인들은 굿판의 권위적인 무속 의식에서 무당의 신기(神氣)와 출중한 연기에 압도되어 두려움을 갖기 마련인데 어린 정재만에게 굿은 그저 즐겁고 흥겨운 한판의 놀이이자 춤판이었던 것이다. 무당의 몸짓을 모사(模寫)하며 건들거리던 그에게는 집안에서 사용하던 물건조차도 춤을 추는 소품(小品)이 되었고 그 안에서 그는 흥과 신명을 체감하였던 것이다.

2) 정재만 춤의 사사계보

춤에 대한 재주가 남달랐던 정재만은 소년 시절에는 영화배우가 되겠다는 꿈을 꾸었다. 따라서 인천 대건중학교 2학년 때 아동극단에 응모하였으나 고배를 마셨다. 그는 실의에 빠져 서울의 충무로를 걷다가 우연히 송범무용연구소를 발견하고 무작정 들어간 것이 그가 한국춤과 인연을 맺은 계기가 되었다.[61] 당시 14세였던 정재만의 재능을 알아본 송범은 그를 다음과 같이 평가하였다.

"정재만은 스펀지가 물을 빨아들이듯 춤의 기교를 완벽히 흡수한다. 이미 춤의 기본기와 민첩성, 근력과 균형감이 갖춰져 있어 푸세(어설프게 보고 따라

하는 춤꾼)와는 본질적으로 다르다."[62]

스승 송범은 자신의 문하에 들어간 지 3개월 된 정재만을 가능성있는 춤꾼으로 크게 인정하였다. 이미 정재만은 굿판에서 독학으로 익힌 한국춤의 실력이 상당한 경지였던 것이다. 이후 서라벌고등학교를 졸업하고 경희대학교 무용학과에 진학하여 또 다른 스승을 만났다. 송범과 견줄 만한 신무용가 김백봉을 만나 사제 간의 인연을 맺게 된 것이다. 김백봉은 〈부채춤〉과 〈화관무〉라는 역대의 명작을 안무한 신무용가로 그녀의 스승 최승희와는 동서지간이 된다. 따라서 김백봉은 신무용의 무용사적 계보에서 단연 독보적이라 할 만큼 정통성을 갖고 있었다. 특히 남편 안제승과 함께 일군 경희대학교 무용학과에서 수많은 그녀의 춤을 정립 · 보완하여 무대 춤으로서 미학을 완성하였다. 따라서 정재만은 이들의 영향으로 후일 자신의 춤어법과 무대미학을 통해 전통춤을 정립하게 된다.

타고난 춤꾼 정재만은 1971년 한국 전통춤의 대모 한영숙과 인연을 맺게 된다. 당시 송범과 절친했던 한영숙은 남자인 정재만의 특출한 춤을 보고 욕심을 내었다. 이미 1969년에 중요무형문화재 제27호 〈승무〉의 예능보유자로 지정되었던 한영숙은 한성준류의 계보를 잇는 전통춤에 남자인 정재만을 제자로 삼게 해줄 것을 송범에게 요청하였다. 익히 정재만의 재능을 알았던 송범은 제자를 선뜻 내주었다. 이 인연으로 정재만은 평생의 과업이 되는 벽사(辟邪)춤의 길로 접어들게 된 것이다.

세 명의 거장들에게 사사한 정재만의 춤 실력은 대학 시절부터 정평이 났었다. 경희대학교 3학년에 재학 중이던 1972년에 한국무용협회에서 주최하는 전국 신인학생경연대회에서 특상을 수상하였고, 같은 해

제7회 동아 무용 콩쿠르에서는 대상을 수상하였다. 당시로서는 유일한 남자 수상자였기에 많은 언론사에서는 이를 보도하며 그를 주목하였다. 그의 일생에서 세 명의 스승은 그의 예술세계를 굳건히 하는 토양이 되었다.

3) 정재만의 무용 활동

정재만은 전통춤 1세대와는 달리 대학에서 전문적인 무용학을 전공한 무용가이다. 경희대학교 무용학과와 동 대학원을 졸업한 후 국립무용단의 단원을 거쳐 30대 초반 세종대학교 무용학과의 전임강사로 교직에 서게 되었다. 한영숙의 뒤를 이어 맡은 세종대학교에서 한영숙류의 춤을 뿌리내리도록 노력하였다. 1987년 자신의 제자들과 함께 정재만남무단을 결성하여 남성춤의 진수를 보여주었다. 정재만남무단은 국가행사나 해외공연 등에 적극 참여함으로써 짧은 기간에도 불구하고 대통령 표창을 수상하였다. 이후 1987년 숙명여자대학교 무용학과로 거처를 옮겨 재직하면서 그는 새로운 활동을 병행하였다. 바로 무용의 대중화를 위한 사회적인 무용 활동을 시작한 것이다. 삼성무용단과 한국의집예술단, 워커힐호텔 예술단 등 민간 주도의 예술단체, 좀 더 구체적으로 특수목적의 예술단에서 예술감독으로 활동하면서 한국전통예술을 널리 알리고자 하였다. 모든 무용가들이 그들만의 예술계에 관심을 가졌던 시절 정재만은 무용의 판을 넓히는 새로운 예술시장을 겨냥하여 행보하였던 것이다. 정재만의 이러한 활동은 국내는 물론 해외의 많은 관광객들이 한국의 문화예술을 이해하게 되는 중요한 계기가 되었다.

이후 정재만의 노력은 서울예술단, 경기도립무용단으로 이어진다. 그는 공공예술단체인 서울예술단과 경기도립무용단의 무용예술감독으로 영입되어 한국춤의 대중화를 위해 많은 변화를 추구하였다. 이 시기 정재만은 한국춤의 많은 소품 레퍼토리(대략 20여 종)를 개발하며 대중 속으로 깊이 파고들었다. 그의 대중화에 대한 노력은 춤의 레퍼토리 개발뿐만 아니라 교육의 현장에서 다양하게 시도되었다.

또한 많은 문화센터에서 일반인들의 전통춤 강의를 직접 개강하여 비전공인들과 만났다. 그리고 명지대학교의 학점은행제, 승무의 전수 등에도 일정 부분 일반인을 위한 배분을 고려하였다. 무용계의 일각에서 바라보는 비판적인 시각도 있지만 정재만의 예술 활동에서 비춰지는 일관된 행동은 춤의 전승과 발전에서 무엇보다 중요한 것이 대중적 토대를 기반으로 하고 있다는 관점이다. 그의 예술에 대한 앞서가는 시각은 무용계의 젊은이들에게 새로운 일자리가 되었고 그를 따르는 많은 제자들에게 새로운 직업적 전망을 열어주었다.

그의 활동에서 무엇보다 중요한 업적은 무용의 위상을 대사회적으로 높인 것이다. 그는 국내외의 국제문화 교류행사, 민속예술제 등을 중심으로 수많은 대형공연에 주도적으로 참여하였다. 86 아시안게임, 88 올림픽의 안무를 총괄했고 2002 월드컵 홍보사절로 대한민국 국위를 선양하였다. 또한 세계를 순회공연하며 각국 문화계를 감동시키고 문화적으로 한국을 인식시켰다. 이러한 공로를 인정받아 대한민국 예술원상, 서울시문화상, 대통령 표창과 함께 정부의 옥관문화훈장과 녹조근정훈장 등을 수상하였다. 외국에서는 1991년 제45회 프랑스 디종 국제민속예술제에서 〈북의 향연〉으로 대상을 수상하였고 폴란드 민속예술제에서 안무상 등을 수상하는 등 그의 예술행보가 인정되었다.

4) 정재만의 무용작품

정재만의 작품 활동은 너무도 방대하여 그 영역을 규정짓기 어렵다. 그의 행보는 크게 전통춤 활동, 한국창작춤 활동, 타 장르와의 협업 등으로 볼 수 있다. 전통춤 활동은 그의 평생에 걸쳐 펼쳐진 것으로 시기를 단정할 수 없다. 한국창작춤 활동은 1980년대부터 1990년대까지 주로 이루어지고 있다. 타 장르와의 협업은 가무극 혹은 뮤지컬 등의 공연 활동으로 2000년대를 전후로 왕성하게 이루어졌다. 그리고 많은 예술가들이 그러하듯이 예술의 경계를 넘나드는 융복합 공연을 2010년을 전후로 시작하게 되었다. 구체적인 작품 활동은 다음과 같다.

1980년대는 한국무용사에서 한국창작춤이라는 독보적인 장르가 태동하여 발아하던 시기이다. 1980년대는 대학을 졸업한 정재만이 예술가로서, 혹은 안무가로서 공연 활동을 시작한 시기이다. 그의 작품은 대한민국무용제, 한국무용제, 기타 춤기획전을 통해 발표되었다. 1980년 11월 제2회 대한민국 무용제에 그의 처녀작 〈춤소리〉를 출품하였고 안무상을 수상하였다. 이후 1981년 11월 다시 대한민국 무용제에 〈한〉을 출품하였으나 큰 성과를 거두지 못하였다. 그러나 1984년 10월에 정재만은 대한민국무용제에서 동료 무용가 김현자와 공동으로 안무한 〈홰〉로 대상의 영광을 거머쥐었다.

그의 작품 활동의 또 다른 장이 되었던 한국무용제전은 그가 설립에 적극 참여했던 (사)한국무용연구회의 창작춤 축제이다. 한국무용연구회는 1982년 2월 한국무용계를 이끌던 김매자를 비롯한 교수, 학자, 현장 예술가 등이 결집되어 사단법인으로 출범하였다. 한국춤 최초의 연구, 교육, 공연의 집행기구로 출범한 한국무용연구회는 양적, 질적으로 성장하여 현재 (사)한국춤협회로 명칭이 변경되었다. 민족춤으로서의 얼과 창작정신을 지켜나가는 한국무용제전은 내년으로 30년의 역사를 갖는다. 이 제전은 한국창작춤의 창작산실로 한국창작춤이라는 독자적 장르를 구축하였다고 해도 과언이 아닐 것이다. 바로 이 창작의 장에서 정재만은 작품 활동을 다져왔다. (사)한국무용연구회 창단 당시 〈춤, 그 신명〉을 공동 안무하였고, 한국무용제전에는 1989년 5월 〈해와 달의 공연〉을 안무 출품하였고 1990년 4월 〈자화상, 살풀이 굿〉을 안무하였다. 그 밖에 1983년 11월 한국과 일본의 국제교류의 일환으로 개최된 한일무용제에 〈먼길〉을 창작하여 출연하였다.

1990년대 이후 그의 예술 행보에서는 지금까지 전승되는 한국춤에 근거하여 안무하였다. 주로 전통춤을 재구성하거나 소품을 확대하여 안무하는 작업이 주를 이루었다. 이 시기는 서울예술단, 경기도립무용단 등의 공적 기관에서 활동하며 대국민 공연향수에 대해 이해하고 문화예술의 저변을 넓히는 데 기여하였다. 서울예술단과 경기도립무용단에서의 창작 작업은 대형으로 이루어진 작품이다. 서울예술단에서는 비교적 훌륭한 제작여건을 기반으로 1991년 4월 정기공연에서 〈그날이 오면〉을, 1992년 9월에 〈광대의 꿈〉을 안무하였다. 1993년 경기도립무용단에 이직하여 제2회 정기공연에서 〈수원성〉을, 1994년 제3회 정기공연에서 〈은하수〉를 안무하였다.

그의 다른 장르와의 협업은 서울시립가무단과 서울예술단, 민간극단과의 작업을 통해 이루어졌다. 1986년 8월 〈양반전〉을 객원안무, 1989년 〈구운몽〉, 1990년 9월 〈옹고집전〉, 1992년 2월 〈맹진사댁 경사〉, 〈신 배비장전〉, 1998년 10월 〈장보고〉, 11월 〈황진이〉 등에 안무로 참여하였다. 이 협업을 통해 정재만은 한국춤의 다양한 소재 모색과 무대적 스펙터클을 인식하는 시간이 되었다.

그러나 그의 예술 활동에서 무엇보다 소중한 것은 전통춤과 관련된 일련의 작업들일 것이다. 1971년 한영숙의 문하에 입문한 이래 단 하루도 거르지 않고 수련해온 춤을 1989년 10월 벽사 한영숙이 타계하자 그의 춤정신을 기리고자 1991년 (사)벽사춤 아카데미를 설립하고 벽사춤무용단을 창단하였다. 이곳에서 정재만은 그의 일생이 다하는 날까지 전통춤꾼으로서의 삶을 살았다. 정재만이 한국의 현대사에서 대표적인 춤꾼으로 손꼽히는 것은 그의 타고난 재주 이외에도 평생을 통해 자기 자신을 수련했던 성찰의 시간이 있었기 때문이다. 그는 늘 새벽에 일어나 춤과 함께 하루를 시작하였다. 새벽에 일어나면 어김없이 청담동에 있는 그의 연습 공간 벽사춤아카데미로 향하여 정성껏 춤 한바탕을 추고야 하루의 일과를 시작하였던 것이다. 새벽의 고요와 함께 시작된 춤 연습은 자신의 내면을 일깨우고 흐트러짐 없는 춤꾼으로의 삶을 지탱해 간 인내의 시간이었다.

정재만은 이곳에서 전통무용 1세대들이 사사하던 도제식 교육에서 벗어나 춤을 분석하고 연구하여 〈태평무〉의 원삼춤을 〈큰태평무〉로 복원 안무하였다. 또한 스승인 한영숙에게 사사한 〈승무〉와 〈살풀이〉는 그의 대에 와서 훨씬 정리되고 가다듬어졌다. 또한 자신의 대에 와서 자신만의 춤인 〈허튼살풀이춤〉과 〈훈령무〉 등을 전통춤형식으로 안무하였다.

5) 정재만 춤의 특징과 미학

정재만의 호(號)는 '벽사(碧史)'이다. 이 호는 스승인 한영숙의 호로 정재만이 이를 대물림하여 스스로 칭한 것이다. 이는 '푸르른 역사'를 의미한다. 벽사의 의미는 사전적으로 요사스러운 귀신을 물리친다는 뜻을 갖는다. 아마도 한영숙은 자신의 춤을 통해 세상을 푸르게 정화하고 싶은 염원을 담았던 것으로 보인다. 스승을 유독 따랐던 정재만은 자신을 제3대 벽사로 칭하면서 한성준-한영숙-정재만으로 이어지는 춤의 정신을 담아내려고 했던 것이다.

한영숙류의 대표적인 전통춤은 〈승무〉, 〈살풀이춤〉, 〈태평무〉이다. 한영숙류의 창작자인 한성준이 정립한 전통춤이 100여 가지에 이르지만 많은 사람들에게 사랑을 받아온 춤이 바로 이 세 가지의 춤이다. 특히 1934년 발표한 〈승무〉는 인간의 희로애락을 보다 차원 높게 승화시킨 춤으로 이 춤은 전통시대 예인들에게는 반드시 익혀야 하는 춤의 기본이었다. 따라서 이 춤은 1969년 중요무형문화재 제27호로 지정되어 전승된 것이다.

특히 정재만에게도 승무는 매우 의미가 있는 춤이자 그를 대표하는 춤이라고 할 수 있다. 〈승무〉에는 한국의 민속춤이 갖고 있는 기법들이 농축되어 있어 이 춤을 춤의 으뜸으로 본다. 또한 한국 전통춤에서 중요하게 여기는 학체 · 필체 · 궁체의 몸체가 서로 유기적으로 연결되며 정중동(靜中動) · 동중정(動中靜)의 내외적인 구조를 함축하여 표현하고 있다. 전승되는 〈승무〉는 크게 경향류와 호남류로 나눌 수 있다. 서울과 경기도를 중심으로 전승되는 춤의 유형을 경향류라고 하고 전라도를 중심으로 전승되는 〈승무〉를 호남류라고 한다. 정재만이 전승하고 있는 〈승무〉는 중요무형문화재 제27호로 지정된 한영숙류의 〈승무〉이다. 바로 경향류의 〈승무〉를 말한다. 〈승무〉에 관한 그의 생각은 다음의 글에서 엿볼 수 있다.

"〈승무〉를 크게 호남류와 경향류로 나눕니다. 호남류는 기예가 중심이 되어 살아있는 사람과 나누는 교감이 주가 됩니다. 제가 추는 경향류 〈승무〉

는 죽은 자와 산 자, 하늘과 사람과 나누는 교감이 주제입니다. 스승이신 한영숙 선생님은 뼈에서 우러나야 춤이 된다고 했습니다. 사람과 세상을 잇고 감동을 주려면 그만큼 연륜이 쌓여 철학이 생겨야 가능하다는 뜻입니다. 예쁜 춤보다는 아픔과 기쁨이 담긴 춤을 춰야 합니다."

정재만이 인식한 〈승무〉는 다분히 철학적이다. 장삼 끝자락에 삶과 죽음, 신과 인간의 경계가 확장되고 초자연의 질서에 집중된 내면은 무던히도 자신을 담금질하는 수련의 시공간에 들게 된다. 긴 장삼 자락이 그리는 선은 육신의 제약에서 벗어나 하늘까지 닿는 것이다. 장삼 자락의 큰 파동에 절제가 담겨있고 육체와 정신, 움직임과 정지가 조화를 이룬다.

정재만의 〈승무〉뿐만 아니라 〈살풀이춤〉과 〈태평무〉는 모두 호흡의 체계에 의해 이루어진다. 따라서 호흡의 원리를 통해 기를 만들어 내면의 절재가 자연에 수용되어 하나가 된다. 그의 춤은 한국 전통춤에서 중요하게 여기는 학체 · 필체 · 궁체의 몸체가 서로 유기적으로 연결되며 정중동(靜中動) · 동중정(動中靜)의 내외적인 구조를 가장 함축적으로 표현하고 있다.

미주

1 성기숙(2011). 「화성재인청의 명무 조선시대 마지막 광대 이동안」. 『경기문화나루』 통권 15호, 경기문화재단. pp.8-10.

2 전경욱(2014). 『한국전통연희사전』, 서울: 민속원.

3 이규원(2006). 「이동안: 온갖 재기에 능한 '발탈' 무형문화재」. 『우리가 정말 알아야 할 우리 전통 예인 백 사람』, 서울: 현암사.

4 http://rja49.tistory.com/1312.

5 국립문화재연구소(2004). 『중요무형문화재 제79호 발탈』, 서울: 동 연구소.

6 한국문화재 보호재단. 『발탈』, 서울: 동 재단. p.30.

7 구희서(1985). 『한국의 명무』, 한국일보사.

8 성기숙(2011). 「화성재인청의 명무 조선시대 마지막 광대 이동안」. 『경기문화나루』 통권 15호, 경기문화재단. pp.8-10.

9 이규원(2006). 「이동안: 온갖 재기에 능한 '발탈' 무형문화재」. 『우리가 정말 알아야 할 우리 전통 예인 백 사람』, 서울: 현암사.

10 심우성. 「운학(雲鶴) 이동안(李東安)의 춤세계」, http://blog.naver.com/mimajiart/50189171602.

11 이규원 · 정범태(2008). 『우리 전통 예인 백 사람』, 서울: 현암사.

12 정성숙(2007). 「이동안을 통해 본 화성재인청춤의 가치연구」. 『대한무용학회 논문집』 Vol. 50. p.9.

13 성기숙(2005). 『한국춤의 역사와 문화재』, 서울: 민속원. p.248.

14 정성숙(2008). 「재인계통 춤의 특징과 무용사적 가치연구: 한성준 · 이동안 · 김숙자 중심으로」, 성균관대학교 일반대학원 박사학위 논문. p.66.

15 정주미(1998). 「이동안 춤세계 연구」, 중앙대학교 교육대학원 석사학위 논문. p.65.

16 성기숙(2011). 「화성재인청의 명무 조선시대 마지막 광대 이동안」. 『경기문화나루』 통권 15호, 경기문화재단. p.10.

17 박정임의 증언.

18 강경수는 강선영의 백조부이다. 강선영의 아버지 강병학은 원래 강경수의 조카로 강정수(姜正秀)의 친자이다. 강경수에게 대를 이을 자식이 없어 그녀의 아버지 강병학을 강경수의 양자로 입적시켰다.

19 성기숙(2008). 『태평무 인간문화재 강선영』, 연낙재. p.430.

20 국립문화재연구소(1997). 『태평무』, 서울: 동 연구소. p.6.

21 양승미(2008). 「무형문화재 태평무 보유자의 예술사 탐색」, 중앙대학교 예술대학원 석사학위 논문. pp.31-35.

22 성기숙(2008). 『태평무 인간문화재 강선영』, 연낙재. p.431.

23 양승미(2008). 「무형문화재 태평무 보유자의 예술사 탐색」, 중앙대학교 예술대학원 석사학위 논문. p.37.

24 성기숙(2008). 『태평무 인간문화재 강선영』, 연낙재. p.432.

25 성기숙(2008). 『태평무 인간문화재 강선영』, 연낙재. pp.431-432.

26 장은실(2004). 「강선영류 태평무 연구」, 경희대학교 대학원 석사학위 논문. p.23.

27 양길순(2006). 「구술(口述)로 본 김숙자 연구」, 중앙대학교 국악교육대학원 석사학위 논문. p.12.

28 성기숙(2001). 「恨과 神明을 넘나든 초탈의 경지」. 『대한무용학회 논문집』 Vol.31. pp.50-51.

29 양길순(2006). 「구술(口述)로 본 김숙자 연구」, 중앙대학교 국악교육대학원 석사학위 논문. p.12.

30 성기숙(2001). 「恨과 神明을 넘나든 초탈의 경지」. 『대한무용학회 논문집』 Vol.31. p.50.

31 이지연(2005). 「김숙자의 生涯와 춤에 대한 考察」, 숙명여자대학교 대학원 석사학위 논문. p.9.

32 곽은경(2004). 「김숙자 도살풀이춤의 무대화 전이과정에 관한 연구」, 이화여자대학교 대학원 석사학위 논문. p.20.

33 서울시립무단 제14회 정기공연 『한국명무전 II』(1983. 3. 23, 세종문화회관) 팸플릿 중 경기무속무의 예능보유자 김숙자 구술 내용. p.101.

34 곽은경(2004). 「김숙자 도살풀이춤의 무대화 전이과정에 관한 연구」, 이화여자대학교 대학원 석사학위 논문. p.21.

35 네이버 지식백과. 「김숙자(金淑子)」. 한국민족문화대백과, 한국학중앙연구원. http://terms.naver.com/entry.nhn?docId=795901&cid=46666&categoryId=46666.

36 이지연(2005). 「김숙자의 生涯와 춤에 대한 考察」, 숙명여자대학교 대학원 석사

학위 논문. p.5.

37 이지연(2005). 「김숙자의 生涯와 춤에 대한 考察」, 숙명여자대학교 대학원 석사학위 논문. p.5.

38 이지연(2005). 「김숙자의 生涯와 춤에 대한 考察」, 숙명여자대학교 대학원 석사학위 논문. pp.5-6.

39 이규원 · 정범태(2008). 『우리 전통 예인 백 사람』, 서울: 현암사.

40 양길순(2006). 「구술(口述)로 본 김숙자 연구」, 중앙대학교 국악교육대학원 석사학위 논문. p.19.

41 양길순(2006). 「구술(口述)로 본 김숙자 연구」, 중앙대학교 국악교육대학원 석사학위 논문. p.19.

42 이지연(2005). 「김숙자의 生涯와 춤에 대한 考察」, 숙명여자대학교 대학원 석사학위 논문. p.6.

43 이지연(2005). 「김숙자의 生涯와 춤에 대한 考察」, 숙명여자대학교 대학원 석사학위 논문. p.7.

44 네이버 지식백과. 「김숙자(金淑子)」. 한국민족문화대백과, 한국학중앙연구원. http://terms.naver.com/entry.nhn?docId=552582&cid=46622&categoryId=46622.

45 양길순(2006). 「구술(口述)로 본 김숙자 연구」, 중앙대학교 국악교육대학원 석사학위 논문. p.19.

46 곽은경(2004). 「김숙자 도살풀이춤의 무대화 전이과정에 관한 연구」, 이화여자대학교 대학원 석사학위 논문. p.21.

47 곽은경(2004). 「김숙자 도살풀이춤의 무대화 전이과정에 관한 연구」, 이화여자대학교 대학원 석사학위 논문. p.21.

48 이지연(2005). 「김숙자의 生涯와 춤에 대한 考察」, 숙명여자대학교 대학원 석사학위 논문.

49 이지연(2005). 「김숙자의 生涯와 춤에 대한 考察」, 숙명여자대학교 대학원 석사학위 논문.

50 양길순(2006). 「구술(口述)로 본 김숙자 연구」, 중앙대학교 국악교육대학원 석사학위 논문. p.50.

51 정명훈(2007). 「조흥동의 예술세계에 나타난 〈한량무〉의 전승 가치 연구」, 경희대학교 석사학위 논문. p.20.

52 채명신(2004). 「조흥동 한량무에 내재된 남성춤 이미지 연구」, 한국예술교육학회 학술대회. 한국예술교육학회, 2004년 2호. p.137.

53 안영화(2003). 「조흥동의 춤세계: 한량무를 중심으로」, 숙명여자대학교 석사학위 논문. p.9.

54 정명훈(2007). 「조흥동의 예술세계에 나타난 〈한량무〉의 전승 가치 연구」, 경희대학교 석사학위 논문. p.31.

55 안영화(2003). 「조흥동의 춤세계: 한량무를 중심으로」, 숙명여자대학교 석사학위 논문. p.37.

56 조흥동(2007). 『조흥동의 한량무』, 서울: 열화당. p.140.

57 김호연(2015). 「홀춤 한량무의 형성과 그 변용 양상」. 『한국학연구』 Vol.54, 고려대학교 한국학연구소. p.92.

58 김호연(2015). 「홀춤 한량무의 형성과 그 변용 양상」. 『한국학연구』 Vol.54, 고려대학교 한국학연구소. p.92.

59 이규원. 『국방일보』, 2014. 7. 10. http://kookbang.dema.mil.kr/kookbangWeb/view.do?ntt_writ_date=20140711&parent_no=1&bbs_id=BBSMSTR_000000001020.

60 심정민(2011). 인터뷰 「벽사 정재만의 춤추는 삶」. 『한팩』 2011년 4월호.

61 최광. 『머니투데이』, 2014. 7. 13. http://news.mt.co.kr/mtview.php?no=2014071314223228089&type=1.

62 이규원. 『국방일보』, 2014. 7. 10. http://kookbang.dema.mil.kr/kookbangWeb/view.do?ntt_writ_date=20140711&parent_no=1&bbs_id=BBSMSTR_000000001020.

제3장

경기도의 무용단

전통사회에서 무용을 담당해왔던 계층은 교방예인이나 재인, 남사당 등의 전업적인 전통예인집단이었다. 당시로서는 악가무희(樂歌舞戲)가 악(樂)으로 불리며 장르가 미분화되었기 때문에 이들을 무용가라고 부르기에는 한계가 있다. 따라서 이들을 예인으로 구분하여 부르고 있다. 전통적으로 예인집단은 창우집단 혹은 광대집단이라 불리기도 한다. 천민들로 구성된 신분집단이자 기능집단이기 때문에 전통연희를 했던 아전집단, 즉 중인 출신 동호인집단과는 성격이 다르다. 조선 후기의 예인집단은 주류집단과 아류집단으로 나누어진다. 주류집단은 조직과 학습 프로그램 그리고 개성적 레퍼토리를 가졌고, 아류집단은 주류집단을 모방하거나 조직의 규모 및 결속력이 상대적으로 약했다.[1]

경기도에서는 화성재인청이라는 무단제도(巫團制度)로 직업적인 민간예능의 연예활동을 행정적으로 관장해왔다.[2] 따라서 경기도에서 이루어지는 대부분의 전통연희는 화성재인청의 재인들에 의해서 계승되었다. 재인청 출신들은 개화기와 일제강점기를 거치면서도 우리의 공연예술사에서 중요한 역할을 담당했다. 일제강점기에 가장 뛰어난 전통연희의 공연장이던 광무대의 주요 연희자들도 대부분 재인청 출신이었다.[3] 이들은 무용가였으며, 연기자였고, 음악가였다. 화성재인청은 바로 경기도를 대표하는 예술단체로 이해할 수 있을 것이다.

'무용단(舞踊團)'은 근대 이후 무용이 독립 예술 장르로 인식되면서 만들어진 용어이다. 우리나라에서 공공단체로 무용단이 발족한 것은 1962년 국립무용단이 최초이다. 이후, 발레단과 한국무용단으로 분리되면서 시도립 무용단의 발족에 촉매가 되었다. 경기도에서 무용단이 활동하기 시작한 것은 1980년대로 추정할 수 있다. 1957년 수원에 설립된 장상화무용예술강습소의 강습생들의 발표가 있었으나, 1980년대에 들어서야 경기 지역에서는 무용단들이 지역을 토대로 활동하기 시작하였다. 제3장 「경기도의 무용단」은 1970년대 이후 2014년까지 경기도에서 활발한 활동을 했던 무용단체들의 동향을 살펴보았다.

1. 경기도의 무용단체 형성 배경

해방 이후부터 1988년 서울올림픽 기점까지만 해도 경기도는 서울과 인접해있으나 무용의 불모지로 무용공연이 활발히 이루어지지 못하였다. 이러한 현상은 서울을 제외한 다른 지방도 마찬가지였다. 한국무용사에서 1980년대부터 1990년대 초반까지를 '한국 춤의 르네상스 시대'라고 평가하고 있지만 이 평가는 서울 지역무용 활동의 변화를 통해 내린 평가에 국한된 것이었다. 경기도를 비롯한 각 지방은 1990년대에 이르러 본격적인 무용단체들이 결성되고 뿌리를 내리기 시작하였다.

경기도에서 무용단체들이 결성된 요인은 크게 네 가지로 이해할 수 있다. 수도권 인구팽창과 산업화로 인한 신도시 개발과 인구의 유입, 무용교육을 통한 무용 인프라 형성, 경기도 무용예술인 커뮤니티의 형성, 경기도 공공문화정책의 제도적 장치의 마련 등이다.

1) 수도권 산업화와 신도시 개발에 따른 경기도 무용협회 지부 형성

산업화와 신도시 개발에 따른 인구의 유입은 경기도 내 무용단체 형성에 외부적인 요인으로 작용하여 1970년대부터 2000년대에 이르기까지 영향을 미쳤다. 1970년대는 산업화로 인하여 서울의 인구유입이 가속화되었다. 이에 따라 정부에서는 이를 해소하기 위해 수도권 지역으로 공업 기반 시설을 이양하거나 새롭게 확충하여 인구를 분산하고자 하였다. 경기도의 경우를 보더라도 수원과 의정부 등 몇 개의 전통적인 지역을 제외하고는 1970년대와 1980년대 이후에 형성된 도시들이다. 성남, 부천, 안양, 안산, 광명, 군포, 김포 등이 새로운 도심 지역으로 자리를 잡게 되었고 이후 1990년대 수도권 신도시 개발 정책으로 인해 고양, 용인, 과천, 하남, 광주, 구리 등이 새로운 도시로 형성되었다. 2000년대에는 경인 지역 인구팽창으로 인해 대규모 신도시 개발이 이루어져 파주, 하남, 의왕, 화성, 양주 등이 새롭게 부각되고 있다.

이러한 경기도의 도시화 추세로 경기 지역 내 새로운 인구의 유입과 이로 인한 학군 형성에 따라 지역에 기반을 둔 신생 무용학원들이 생겨나게 되었다. 또한 인구비례에 따른 문화 기반 시설의 확충에 대한 욕구가 수용되면서 지역에는 복합문화예술회관이 건립되고 이를 통해 지역의 예술 활동은 새로운 활동 기반을 마련하게 되었다. 특히 도시가 형성되고 10년이 경과하면서 각 지역별로는 본격적인 무용단체들이 결성되었다. 경기도의 각 신도시 개발 역사에 따라서 (사)한국무용협회 경기도지회의 시군지부들이 새롭게 발기하여 창립한 것도 이와 같은 맥락에서 이해할 수 있다.

경기도의 지역 공연단체의 기반이 형성된 것은 1950년대 후반과 1960년대로 볼 수 있다. 경기도의 구도시인 수원에서는 한국 신무용기 시대를 겪은 1세대 한국무용가 장상화가 정착하여 1957년 수원무용예술강습소를 열어 무용교습생 발표회를 가지면서 지역 활동 무용단의 시초가 되었다. 1970년대는 중등 교과과정에 무용 교육이 개설되었고, 1970년대 서울 인구분산정책으로 형성된 위성도시 성남에서는 경기도 지역무용 1세대 한국무용가 정금란이 터전을 잡고 1973년 성남무용학원을 개설하였다. 무용인 강신자도 강신자무용학원을 개설하여 후진양성을 하였다. 1975년 성남제일극장에서 정금란은 문하생을 중심으로 프로젝트 무용단 형식으로 무용발표회를 가졌다. 1979년 부천에서는 한국무용가 박효순이 무용학원을 개설하여 작품발표회를 가졌다. 그러나 나머지 경기도의 다른 지역은 무용 불모지나 다름없이 무용문화에 큰 파장을 일으키지 못하였다. 20년이 지난 후 경기도 내 산업기반 형성과 신도시 개발이 가속화되면서 신도시에는 많은 무용학원들이 설립되고 경기도에는 새로운 무용문화가 필요하게 되었다.

1989년 비로소 (사)한국무용협회 경기도지부가 창립되고 1990년대 초반 수원, 안양, 부천, 성남, 군포, 의정부 등이 시지부를 창립하였다. 그리고 10년이 지난 1990년대 도시화계획에 따라 개발된 고양, 용인, 하남, 광주, 과천, 안산, 구리, 시흥, 김포 등의 도시에서도 시지부들이 연이어 창립하게 되었다. 2000년대 중반 파주, 화성, 남양주, 안성, 포천, 이천, 평택 등 지역에 (사)한국무용협회 경기도지회 시군지부들이 창립되었다.

2) 무용교육을 통한 경기도 지역무용 인프라 형성

경기도는 서울을 제외하고 전국에서 대학이 가장 많이 소재한 지역이다. 전문무용인의 유입에 있어서도 경기도는 여타의 다른 지역에 비해 시기적으로 선구자적인 역할을 하였다. 1980년대에 들어와 경기도 지역에서는 계원예술고등학교와 안양예술고등학교에 무용과가 개설되었다. 그리고 안산에 소재한 한양대학교 에리카 캠퍼스에 생활무용학과가 만들어지고 같은 시기에 화성에 소재한 수원대학교와 용인에 소재한 용인대학교(구 유도대학교)에 무용학과가 개설되었다. 1990년대와 2000년대에 들어서자 포천에 소재한 대진대학교, 수원에 소재한 수원여자대학교에 무용학과가 개설되고 서울에 소재했던 중앙대학교, 서울예술대학, 단국대학교의 무용학과가 각기 안성, 안산, 죽전으로 이전된 캠퍼스에 무용학과를 이전하여 졸업생을 양성하였다

따라서 경기도에서는 경기도 소재 대학에서 무용을 전공한 졸업생들이 사회에 진출하면서 무용학과 교수 및 졸업생이 중심이 되어 결성

된 대학동문 무용단체들이 형성되었다. 이들은 1990년대 중반 이후 서울 지역의 국공립무용단과 1993년 창단된 경기도립무용단 등으로 진출하여 활동하기도 하고, 혹은 경기도 지역에 터전을 잡고 용을 설립하거나 한국무용협회 경기도지회 시지부를 창립하여 지역무용계에 터전을 잡았다. 특히 대학 교육을 받은 전문적인 무용인들은 서울의 소극장 무용공연, 무용 관련 페스티벌에 참여하여 공연 활동을 하거나 지역 문화예술회관에서 공연 활동을 하며 예술 텃밭을 일구었다.

3) 경기도 무용예술인의 커뮤니티 형성

서울을 제외한 전국적인 지역에서 예술 활동을 보장받고 지역 간 협력관계를 유지할 수 있는 것이 (사)한국예술문화단체총연합회(약칭: 한국예총)이다. (사)한국예총에는 각 예술 장르별 단체들이 설립되어 연합되어 있다. 무용계도 1961년 무용인들의 협의체인 (사)한국무용협회가 창립되어 (사)한국예총의 구성단체로 공식적인 역할을 하게 되었다. (사)한국무용협회는 현재 전국적으로 16개 지회와 67개의 지부를 두고 있다. 그중 경기도지회는 전국적으로 가장 많은 25개의 시군지부가 인준받아 활동하고 있다. 따라서 우리나라의 문화예술 활동의 대부분은 (사)한국예총이 주도적으로 역할을 수행하고 있으며, 무용의 경우 (사)한국무용협회가 공조하여 장르 특성에 맞는 예술 활동을 주최하거나 후원하고 있다.

경기도 지역에서도 (사)한국예총 경기도연합회와 (사)한국무용협회 경기도지회가 긴밀한 협력관계를 맺어 도 단위의 예술활동을 주도해 나가고 있다. 특히 2000년대 경기도 각 시에 문화재단이 설립되기 이전에는 이 예술협의체들이 경기도의 문화예술 활동의 구심점이 되어 행정 및 재정적 지원을 경기도로부터 이양받아 경기도 내 무용 관련 축제 및 행사의 대부분을 주최하거나 후원하였다. 무용의 발전과 무용인의 상호 협력관계 유지, 그리고 무용가로서의 권익 신장으로 자유로운 무용예술 활동을 보장받기 위해서는 무용가 간의 상호 협력관계를 유지할 수 있는 협력체가 필요하였고, 바로 이러한 무용인들의 자각으로 설립된 예술협의체들은 변화하는 사회의 구조에 발맞추어 새로운 역할을 준비하고 있다.

4) 경기도 공공문화정책 진흥을 통한 무용공연의 활성화

1995년도 지방자치단체 민선자치 시대가 열리면서 지방자치단체의 예술은 새로운 변화를 맞이하였다. 지방자체단체는 지역의 전통문화 콘텐츠에 대한 육성정책의 일환으로 지역문화축제를 활성화하고 지역의 문화예술회관을 건립하거나 리모델링하였다. 그리고 지역의 대표성을 갖는 시도립예술단들을 창단하였다. 경기도에서는 1991년 경기도문화예술회관이 개관하고 1993년 한국무용 전문 직업무용단인 경기도립무용단을 창단하였다.

지방자치단체 민선자치 시대 초기만 하더라도 지역의 중견 무용가들이 결성한 임의적인 무용단체 또는 모임이 지역축제를 비롯한 지역행사의 개폐막식에 참여하여 꽃과 같이 화려한 장식적 역할을 해왔다. 이러한 지역의 임의무용단체들과 지방자치단체 간의 협력은 2000년대 들어 전국 각 시도에 시도립무용단이 창단되는 계기를 마련해주었다. 이러한 대표적인 사례는 경기도 북부에서 오랜 시간 의정부시와 긴밀한 문화적 동반자로 활동해온 의정부시무용단의 창단에서 찾아볼 수 있다. 의정부의 중견 무용가 이미숙은 의정부시의 지역 문화축제 및 행사에 무보수로 참가하며 자신의 예술 역량을 널리 알렸다. 무대도 없는 척박한 공간을 마다하지 않고 제자들과 함께 이미숙무용단으로 활동하였다. 임의무용단체로 활동하던 이미숙무용단은 의정부시에서 그 공로를 인정받아 의정부시무용단으로 활동하게 되었다. 그 후 2000년대 중반 의정부시의회 시립예술단 운영조례에 의하여 다른 지방의 시도립예술단과는 다르게 의정부시에서 일정 급여와 운영비를 보조금 형태로 지급받는 전문 무용단체인 의정부시무용단을 창단하게 되었다.

또한 경기도는 공공문화정책의 일환으로 경기도 내 민간무용단체에 공연 활동 보조금을 지급하였다. 한국문화예술위원회의 문예진흥기금과 경기도의 공동문화 지원정책은 경기도의 무용단체들이 생성될 수 있는 최소한의 제도적 장치로서 그 역할을 해왔다. 2000년대 중반 들어 기존에 군의 문화국 또는 문화공보과에서 담당하였던 공연예술단체 보조금 지원사업은 지역 문화예술의 발전과 진흥을 위해서 설립된 문화재단으로 행정업무가 이관되어 현재는 경기문화재단을 비롯한 안양문화재단, 부천문화재단, 수원문화재단, 화성문화재단 등에서 문화예술 진흥정책 업무를 담당하고 있다.

지방자치단체 민선자치 시대는 단체장의 문화에 대한 애정과 지역문화예술의 육성정책에 따라 다양한 변화를 갖게 되었다. 특히 지역의 문화적 특성을 개발하여 문화도시로서의 도시 브랜드화를 추진한 특색 있는 사례가 발견된다. 성남시의 경우 민선 4기 시장 때 성남의 문화예술 브랜드화 전략에 따라서 성남 아트센터 개관을 비롯하여 성남문화재단을 설립, 성남시립국악단을 창단하였다. 그리고 2006년 성남문화재단이 추진하여 '성남국제무용제'가 개최되었다. 이 축제는 중앙의 무용가들과 성남시장의 의지가 모여서 중요한 결실을 맺게 된 훌륭한 사례였다. 의정부시의 경우도 대한민국 한국 창작무용의 대표주자인 창무회와 의정부예술의전당이 협력하여 2010년 '창무국제무용제'를 개최하였고, 고양시의 경우 2015년 고양안무가협회 주최와 고양무용협회, 그리고 고양문화재단과 국제춤축제연맹 한국본부의 후원으로 '고양국제무용제'를 개최하였다.

또한 전국 무용인들의 축제인 '전국무용제'의 예선대회가 경기도와 시군 지자체의 보조금으로 개최되어 명실상부한 경기도 무용인의 축제이자 무용창작의 산실로 자리매김하고 있다. 1992년 처음 개최된 '전국무용제 경기도 예선대회'는 현재까지 24회를 지속적으로 이어나가는 역사를 통해 '기전무용제'라는 경기 무용인들의 축제로 정착하여 경기도의 지역 간 상호 교류의 장으로 발전되었다. (사)한국무용협회 경기도지회의 주최로 각 시군을 대표하는 무용단체들이 참가하여 경연을 하거나 축하공연 등에 참여하면서 경기도의 무용예술 발전의 촉매로서 그 역할을 충실히 담당하고 있다.

2. (사)한국무용협회 경기도지회 시군지부 형성[4]

1) (사)한국무용협회 경기도지회 및 시군지부의 형성 과정

(사)한국무용협회는 한국예술문화단체총연합회(韓國藝術文化團體總聯合會, 약칭 藝總) 산하 10개 협회 중의 하나로 1961년 12월 16일 국립공보관에서 설립, 결성된 무용인들의 사단법인체이다. 무용인들의 상호 간 친목을 도모하고 무용예술의 발전 및 창달에 기여함을 원칙으로 하여 전국 17개 지회 67개 지부를 두고 있고, 이사장 · 부이사장 · 감사 · 사무국장 체제로 한국무용 · 발레 · 현대무용 3개 분야로 구성되어 있다.[5]

경기도가 처음 (사)한국무용협회의 경기도지부를 결성한 것은 1967

년 2월 25일이었다. 당시 행정구역상 경기도에 속해있던 인천은 무용의 중심지였다. 따라서 최초의 경기도지부는 인천교육대학의 교수였던 김중흠이 중심이 되어 교사 70여 명과 함께 설립하였다. 그러나 교육공무원들의 잦은 인사이동으로 인해 발족한 지 1년 만에 사실상 해체되고 1969년 인천의 무용가들이 중심이 되어 다시 창립총회를 갖고 지부를 설립하였다. 그러나 이 조직은 방대한 경기도를 대표하는[6] 역할을 수행하지 못하고 유명무실하게 되었다.

경기 지역무용계의 실질적인 변화는 1980년대 후반부터 시작되었다. 1981년 경기도의 행정구역이 개편되면서 인천이 직할시로 독립되자 경기도의 무용계는 새로운 개편이 필요하였다. 1989년이 되어서야 경기도의 도청 소재지인 수원에서 (사)한국무용협회 경기도지부를 재정립하기 위한 창립추진위원회가 결성되었다. 당시 (사)한국무용협회의 중앙회 정관 및 지부 설치 운영규칙에 의해 도청 소재지에서 결성된 수원지부가 자동적으로 경기도를 대표하는 도지부가 되었다. 1989년 5월 9일 개최된 창립총회를 통해 수원여자대학교 교수인 박복희를 경기지부의 지부장으로 선출하여 경기무용 시대를 열었다.

그러나 경기도는 다른 시도의 지부에 비해 워낙 방대한 지역으로 인해 시군지부들이 많아 기존의 경기도지부가 대표성을 인정받기 어려웠다. 지방자치 시대의 여파로 각 시군지역의 자치권에 대한 독립성이 강조되면서 경기도 내 시군별로 속속히 인준받은 지부 간의 협력을 위해 새로운 차원의 협의체가 필요하게 되었다. 1992년 2월 24일 중앙회의 정기총회 때 성남시지부장 정금란의 발의로 도지부 협의체 결성을 위한 운영규칙 개정안을 이사회에 상정하도록 건의하여 1992년 3월 10일 중앙회 이사회에서 각 도지부 협의체 결성을 위한 운영규칙이 개정 통과

되었다.

자연스럽게 경기도지부도 경기도지부장이었던 박복희의 주도하에 새로운 협의체 결성을 추진하였다. 따라서 이들 시군지부의 협의체로서 구심점을 담당할 (사)한국무용협회 경기도지회가 재정립되었다. 1992년 12월 23일 경기도문화예술회관 소회의실에서 협의체 결성총회를 갖고 (사)한국무용협회 경기도지회 협의체 초대 지회장에 성남시지부장이던 정금란을 선출하였다. 이 총회를 통해서 (사)한국무용협회 경기도지회는 명실상부한 경기 협의체로 역할을 할 수 있게 되었다.[7] (사)한국무용협회 경기도지회 및 시군지부의 발족은 지역무용계를 대표하는 공적 기관으로서 지역의 행사 및 공연을 적극적으로 담당하게 되었다.

(사)한국무용협회 경기도지회는 제3대 지회장에 안양지부장이던 김기백이 선출되어 활발한 활동을 하고 있다. 경기 무용인들의 대축제 '기전무용대제전'을 기획하여 지형상 시군 간 상호 교류가 어려운 경기 무용인들에게 무용공연을 통해 상호 교류하고 예술적 교감을 하는 축제의 장을 마련하여 경기 무용의 발전을 위해 노력하고 있다.

2) (사)한국무용협회 경기도지회 시군지부 현황

현재 경기도에서 (사)한국무용협회 경기도지회는 25개의 시군지부가 인준을 받아 활동하고 있다. 현재 3대 도지회장은 한국무용가 김기백이 맡아 경기도지회의 업무를 맡아 진행하고 있다. 경기도 행정구역 31개 시군 중에서 아직 연천군, 동두천시, 양주시, 가평군, 여주시, 오산시는 시군지부가 창립되지 않았다. 무용협회 시군지부가 창립되지 못한 지역은 아직 무용협회 지부를 창립할 수 있는 지역의 무용 인프라가 구축이 되지 못한 상황이거나 지역무용인들 간이 지부 창립에 대한 중지

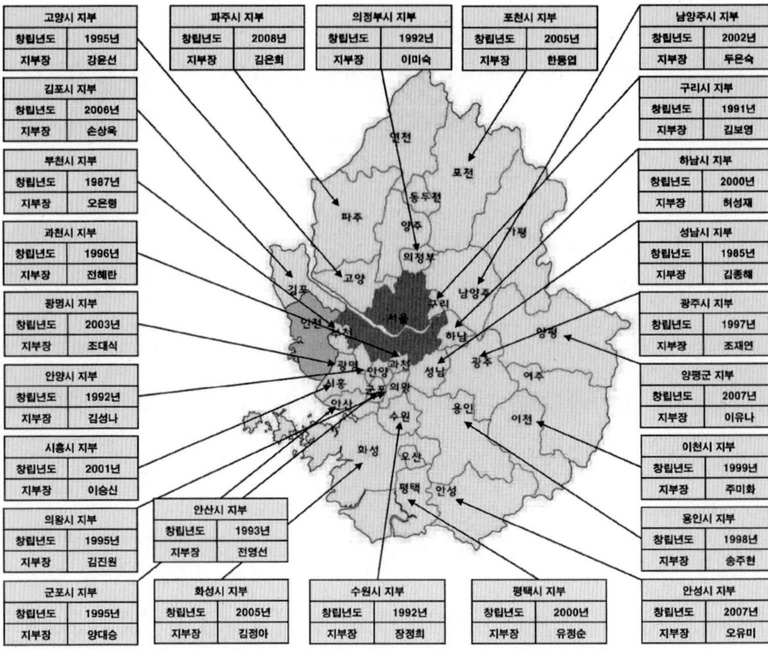

그림 1 (사)한국무용협회 경기도지회 시군지부 현황[8]

가 모아지지 않아 발기인 총회가 무산되어 창립하지 못한 경우도 있다.

(사)한국무용협회 경기도지회 성남시지부는 경기도에서 최초로 설립된 시지부이다. 성남무용계의 대모로 통하던 정금란이 성남 지역의 무용가였던 김종해, 이선아, 이순림 등과 함께 성남 지역의 무용인들을 회합하여 1985년 4월 25일 창립하였다. 1973년 성남에 정착한 중견 무용가 정금란과 강신자가 주축이 되어 성남에 무용학원을 개설하여 정기적인 발표회를 가졌다. 특히 중견 무용가 정금란은 성남 지역에 무용을 정착시킨 인물로 기존의 지방 무용단체들이 무용학원 문하생들을 중심으로한 정기발표회 수준의 무용공연 활동에서 벗어나 전문적인 한국무용단체로 위상을 갖춘 '란무용회'를 결성하여 한국무용 소품 및 한국 창작

무용으로 정기공연을 하였다. 이후 이 무용단은 1992년 '성남무용단'으로 개명하여 성남시를 대표하는 무용단으로 활동하고 있다. 성남시지부는 1986년부터 성남시에서 주최하는 '성남종합예술제'에 참여하였고, 1986년 성남청소년예술제의 일환으로 '성남학생무용경연대회'를 개최하였다. 1995년에는 정금란 업적을 사후 추모하는 '정금란무용제'와 '성남창작무용제' 등을 개최해오고 있다. 특히 2006년 성남문화재단 주최로 한국의 대표 중견 무용가들과 성남시지부의 뜻을 모아 '성남국제무용제'를 3회까지 개최하였다. 현재 성남시지부는 국립무용단 단원 출신이자 예술행정가인 김종해가 지부장을 맡고 있다.

(사)한국무용협회 경기도지회 수원지부는 1992년 결성되었다. 경기도의 도청 소재지가 있는 수원지부는 1989년 5월 9일 (사)한국무용협회 경기지부로 인준을 받아 활동하였지만 1992년 12월 23일 경기도 시군 무용가들의 협의체로 재결성된 (사)한국무용협회 경기도지회가 설립되면서 수원지부로 새롭게 인준을 받았다. 수원지부 초대 지회장은 국립무용단 출신 한국무용가 이창숙이 선출되어 2대까지 활동하였고, 제3대부터 현재까지 한국무용가 장정희가 연임하고 있다. 수원지부는 '수원무용제', '청소년무용대제전', '화성무용경연대회' 등을 주최하였고, '수원화성연극제' 및 '화성행궁행차' 등 수원 지역 문화예술 축제에 참여하고 있다.

(사)한국무용협회 경기도지회 부천시지부는 부천에서 무용학원을 개설하여 운영하던 중견 무용가 박효순이 부천 지역의 무용가들을 회합하여 부천 지역에 무용학원을 개설하여 1987년 (사)한국무용협회 경기도지회 부천지부를 창립하였다. 1987년 1대 박효순 지부장, 2대에 박혜정 지부장에 이어 제3대 오은령 지부장이 활동하고 있다. 1988년부터 '부

천복사골예술제'에 참여하였고, '복사골전국무용대회', '부천청소년예술제' 등을 주최 및 주관해오고 있다.

(사)한국무용협회 경기도지회 안양시지부는 1970년대 초 안양에 터전을 잡은 지역무용가 황연주가 한국고전무용학원을, 유성옥이 고전무용학원을 운영하면서 안양시의 무용을 정착시켰다. 1987년 황연주는 안양시의 무용예술인들을 회합하여 안양지부를 창립하여 제2회 안양시 '만안문화제'에 참여하였다. 그 후 중견 한국무용가 조경남이 안양시지부를 재창립하였으나 인준을 받지 못했다. 1989년 2월 19일 현 (사)한국무용협회 경기지회장 김기백이 안양시지부를 창립하고, 1992년 6월에 인준을 받아 안양시지부 무용협회를 창립한다. 안양시지부는 '안양무용제', '안양청소년무용제' 등을 개최하였고, 현재 김성나가 안양시지부 지부장을 맡고 있다.

(사)한국무용협회 경기도지회 안산시지부는 중견 한국무용가 안춘자를 중심으로 안산 지역에서 무용학원을 운영하는 무용가와 지역 무용예술인들이 회합하여 1992년 7월 자유센터 5층에 무용협회 안산지부 부설 무용소사무실을 개설하였다. 이곳에서 안산 지역 초 · 중 · 고등학교 지도자 무용 강습회를 개최하여 〈탈춤〉, 〈살풀이〉, 〈창무무〉를 교육시켰다. 이러한 활동을 통해서 안춘자가 초대 지부장으로 선출되어 1993년 5월 7일 무용협회 인준을 받았다. 안산시지부는 1993년부터 '안산 별망성 예술제'에 참여하였고, 이 축제의 일환으로 '전국무용경연대회', '안산무용축제 티움'을 개최해오고 있다. 안산시지부는 제1대 안춘자 지부장 이후 제2대 명정자 지부장에 이어 현재 전영선이 지부장을 맡고 있다.

(사)한국무용협회 경기도지회 의정부시지부는 중견 한국무용가 이미숙이 주축이 되어 의정부 지역 30여 명의 무용가들과 회합하여 1992년

11월 17일 한국무용협회 의정부시지부를 창립하였다. 초대 지부장으로 이미숙 무용가가 선출되어 1993년 5월 31일 지부 창립 기념공연을 가졌다. 1993년부터 의정부시를 대표하여 매년 정기공연 활동 및 경기북부 문화소외계층을 위한 지역 순회공연사업을 비롯하여 의정부시와 자매결연 해외 도시 문화교류단 활동 등 다양한 활동을 하고 있다.

(사)한국무용협회 경기도지회 군포시지부는 무형문화재 제97호 살풀이전수자와 제27호 승무 이수자이자 지역무용가인 양대승이 주축이 되어 1994년 10월 7일 군포시 중앙공원에서 무용공연을 갖고, 1995년 7월에 군포 지역 16명의 무용가들과 회합하여 군포시지부 무용협회를 창립하였다. 군포지부는 2001년 〈아리 아리 아라리요〉, 2002년 〈9.11 Peace〉와 〈새야 새야 파랑새야〉 등의 한국 창작무용으로 정기공연 활동, '전국수리학생무용콩쿠르'를 개최하여 군포시의 무용 활성화에 기여하였다. 군포시지부는 현재 한국무용가 김은희가 지부장을 맡고 있다.

(사)한국무용협회 경기도지회 고양시지부는 국립무용단 출신으로 중요무형문화재 제92호 태평무 이수자로 고양시 지역에서 활동하였던 중견 무용가 강윤나가 고양 지역 무용예술인들을 회합하여 1995년 한국무용협회 고양시지부를 창립하였다. 초대 지부장에 강윤나가 선임되었고, 2015년 현재 강윤선이 지부장으로 활동하고 있다. 그동안 '고양무용제', '고양 명무명인전', '찾아가는 다문화공연' 등 다양한 무용공연 활동을 하고 있다.

(사)한국무용협회 경기도지회 의왕시지부는 한국무용가 김진원이 주축이 되어 의왕 지역무용가들을 회합하여 1995년 창립총회를 갖고 11월 20일 협회 인준을 받아 창립되었다. 초대지부장으로 김진원이 추대되어 2015년 현재까지 연임하고 있으며 1998년부터 '의왕무용제',

'의왕백운예술제 본 행사', '의왕예술인한마당 무용공연' 등을 비롯하여 한국 창작무용 〈수중화〉, 〈영원한 사랑 도라지꽃〉, 〈Good 굿 이야기 무용공연〉 등 정기적으로 무용공연을 발표하고 있다.

(사)한국무용협회 경기도지회 과천시지부는 1996년 4월 22일 한국무용협회 과천시지부 창립총회를 개최하고, 12월 5일 협회 인준을 받았다. 과천시지부 초대지부장으로 전혜란이 선출되어 2015년 현재까지 연임하고 있다. 과천시지부는 전혜란무용단을 통해서 매년 정기공연과 '과천시민을 위한 춤의 한마당'을 개최해오고 있다.

(사)한국무용협회 경기도지회 용인시지부는 1998년 용인대학교 무용학과 교수이자 현대무용가인 황문숙이 지역무용가들과 뜻을 모아 용인지부를 창립하여 그해 11월 12일 협회에서 인준을 받아 초대 지부장으로 추대되었다. 2006년부터 중견 무용가 송주현이 지부장을 맡고 있다. 용인시지부는 매년 '용인 전국 학생 무용경연대회', '가을맞이 춤한마당', '용인어린이무용축제', '용인청소년무용단 정기공연' 등을 해오고 있다.

(사)한국무용협회 경기도지회 광주시지부는 1997년 한국무용가 조재연이 결성한 광주시국악봉사단이 주축이 되어 창립총회를 가졌다. 2004년 협회 인준이 되어 초대 지부장으로 조재연이 현재까지 연임하고 있다. 광주시지부는 '광주시문화예술제', '남한산성문화제' 등에 참여하였고, '보훈가족과 경로춤 한마당', '제7회 시민을 위한 한범택춤', '한여름밤 무용가 초청공연' 등의 행사를 개최해왔다.

(사)한국무용협회 경기도지회 평택시지부는 지역의 무용가로 활동하던 유정순과 그의 제자들이 주축이 되어 2000년 4월 9일 발기인 총회를 갖고 6월에 평택지부를 창립하였다. 초대 지부장으로 유정순이 추대되어 현재까지 연임하고 있다. 평택시지부는 (사)한국예총 경기도지부 팽

택예총과 함께 '덕동예술제', '송탄시예술제' 등, 평택시의 지역문화축제 등에 참여해왔고, '중견 무용인 순회공연'을 개최하였다.

(사)한국무용협회 경기도지회 시흥시지부는 현대무용가 이승신이 시흥 지역의 무용가들과 회합하여 2001년 4월 창립총회를 갖고, 그해 11월 협회 인준을 받아 창립되었다. 초대 시흥시지부장에 이승신이 추대되어 현재까지 연임하고 있다. 2002년 5월 시흥시지부 창립 기념 축하공연을 갖고 6월에 제12회 '경기무용제'에 현대무용작품 〈혼선〉으로 참가하였고, 매년 '전국무용제 경기도 예선대회'에 무용작품을 선보였고, '제1회 무용인의 밤'과 '시흥 청소년들과 함께하는 무용축제' 등을 개최하였다.

(사)한국무용협회 경기도지회 이천시지부는 1999년 한국무용협회 인준을 받아 창립되었다. 초대 이천시지부장으로 이향주가 활동하다가 2015년 현재 주미화가 지부장을 맡고 있다. 이천시지부는 한국예총 이천시지부와 함께 이천시 지역문화축제에 참가하고 있으며 '이천도자기 축제', '이천쌀문화축제' 등에 참여하였고, 매년 '이천무용제'를 주관하고 있다.

(사)한국무용협회 경기도지회 광명시지부는 1997년 한국무용가 조대식이 주축이 되어 광명시에서 조대식무용단을 결성하여 정기공연 활동을 해오다가 2003년 10월 21일 협회 인준을 받아 한국무용협회 광명시지부를 창립하였다. 조대식이 초대 시지부장으로 현재까지 연임하고 있으며, 광명시에서 개최되는 지역문화축제에 참여하였고, '구름산무용제'와 '청소년무용제'를 주최해왔으며 매년 '전국무용제 경기도 예선대회'에 한국 창작무용작품으로 참가하였다.

(사)한국무용협회 경기도지회 남양주시지부는 2002년 7월 12일 한

국무용협회 인준을 받아 창립되었다. 2015년 현재 두은숙이 시지부장으로 활동하고 있다. 남양주시지부는 2003년부터 남양주시의 '남양주예술제', '다산문화제' 등에 참여하였고, '남양주시 어린이청소년무용단'을 창단하여 공연하였고, '남양주시민을 위한 무용공연', '다산전국무용제'를 개최하고 있다.

(사)한국무용협회 경기도지회 화성시지부는 수원대 무용과 초빙교수 김효분이 주축으로 태안의 우리춤무용단 단장 김정아와 발안무용학원의 천순진 원장 등이 회합하여 2005년 2월 14일 창립총회를 갖고, 2005년 5월 협회 인준을 받아 창립되었다. 초대 지부장에 천순진이 선출되었고, 현재 김정아가 화성시지부장으로 활동하고 있다. 화성시지부는 2005년 6월 창립 기념공연을 갖고, 매년 '화성예술제'에 참여하였고, '경기무용제'와 '경기도신인무용가전'에 참가하였다.

(사)한국무용협회 경기도지회 김포시지부는 중견 한국무용가 노수은과 한국무용가 손상욱, 김민혜가 주축이 되어 창립되었다. 초대 지부장에 노수은이 추대되었고, 현재 손상욱이 지부장을 맡고 있다. 김포시지부는 2004년 한국 창작무용 〈애기봉〉을 공연한 이래 '전국무용제 경기도 예선대회'에 한국 창작무용작품으로 참가해왔고, '김포전국미래무용경연대회', '김포시지부와 일본 도쿄무용협회 MOU 무용교류공연' 등을 개최해왔다.

(사)한국무용협회 경기도지회 포천시지부는 한국무용가 한동엽이 주축이 되어 지역의 무용가들이었던 김수정, 이동준, 조민정, 이윤희, 김진주, 박민준 등이 모여 2005년 2월 24일 창립총회를 갖고, 그해 3월 4일 협회 인준을 받아 창립되었다. 초대 지부장에 한동엽이 추대되어 현재까지 지부장으로 활동하고 있다. 2005년 12월 23일 창립 기념공연을 포

천시에서 개최하였고, 매년 '전국무용제 경기도 예선대회'에 한국 창작 무용작품으로 참가하였다. 또한 포천시민을 위한 '시민과 함께하는 무용공연' 등을 비롯하여 포천 지역의 지역문화축제 등에 참가하였다.

(사)한국무용협회 경기도지회 안성시지부는 안성시에서 염복리무용단을 결성하여 정기공연을 해오던 중견 한국무용가 염복리가 주축이 되어 2007년 1월 25일 창립총회를 갖고 협회 인준을 받아 창립되었다. 초대 지부장에 염복리가 추대되었고, 3대부터 현재까지 오유미가 지회장을 맡고 있다. 안성시지부는 창립과 더불어 '안성바우덕이축제'와 '안성예술제'에 참가하였고, '2010 안성맞춤 생활무용 Festival'과 '안성 젊은 춤 작가전' 등을 개최하였다.

(사)한국무용협회 경기도지회 구리시지부는 1990년대 말 창립되었다. 구리시지부장은 한국무용가 김보영이 맡고 있고 현재까지 연임 중이다. 구리시지부는 2000년 '무용인의 밤' 행사를 통해서 구리시지부 무용협회 회원 간의 예술교류 및 화합을 도모하고 있다. 매년 '구리예술제'와 '구리 코스모스 축제' 등의 지역 문화예술 축제에 참여하였고, 매년 협회 주관으로 '구리 장자못 무용제'를 개최하고 있다.

(사)한국무용협회 경기도지회 하남시지부는 2000년 창립되었다. 하남시지부장은 한국무용가 허성재가 맡고 있고 현재까지 연임 중이다. 하남시지부는 매년 '하남시 이성문화축제'에 참여하였고, 하남시지부 산하 하남무용단은 정기 공연 활동 및 '전국무용제 경기도 예선대회'에 참가해 왔고, 매년 이성문화제 기간 '전국이성무용경연대회'를 주관하고 있다.

(사)한국무용협회 경기도지회 파주시지부는 한국무용가 김은희를 주축으로 2008년 파주 지역 무용예술인 20여 명을 회합하여 2008년 2월 27일 파주시지부 무용협회를 창립하였다. 초대 파주시지부장은 한

국무용가 김은희가 맡고 있으며 현재까지 연임 중이다. 파주시지부는 2009년부터 '통일기원 임진강민속축제'를 비롯하여 파주시 지역문화 축제들에 참여해왔다. 특히 파주시지부 무용협회 주관으로 '파주시민을 위한 미래의 춤! 꿈의 춤!' 공연 등 정기적인 공연 활동 및 문화소외 계층 무용공연 활동을 하고 있다.

(사)한국무용협회 경기도지회 양평군지부는 1998년부터 양평 지역의 한국무용가 이유나가 창단한 '맑은물양평무용단'으로 활동하다가 2007년 지역무용가들을 회합하여 45명의 회원으로 양평군지부를 창립하였다. 한국무용가 이유나가 양평군지부장을 맡고 있으며, 매년 양평군 지역 문화예술 축제에 참여하고 있고, 협회 산하 맑은물양평무용단은 매년 '춤의 향연' 정기공연을 갖고 있고 지역 문화순회공연을 하고 있다.

3. 경기도의 무용단체 동향

1) 경기도 무용단체의 구분 기준

일반적으로 예술단체를 구분할 때 기준은 단체의 목적과 성격, 그리고 운영 형태에 따라 구분한다. 일반적으로 예술단체는 비영리적 성격의 특정 예술 활동을 전문적으로 하는 조직이라고 할 수 있다. 무용단체의 경우도 비영리적인 민간무용단체가 대부분이며 일부의 단체에서는 일정 급여를 제공하여 무용 활동을 하는 직업무용단이 있다. 국내에서 직업무용단들은 대부분 재단법인 형태의 국공립 광역 및 기초단체 무용단이나 기업 메세나 또는 후원을 통해서 지원금을 받으며 활동하는 직업무용단들이다. 전자는 국가 또는 각 지방자치단체의 대표성을 갖는 전국 시도립무용단들로 국립무용단, 경기도립무용단 등의 직업무용단들이고, 후자는 국내에서 아직 정착되지 못한 직업무용단들의 초창기 형태로 1994년 삼성재단에서 설립한 삼성무용단, 워커힐호텔 극장에서 한국무용을 공연하던 워커힐 무용단, 정동극장 상설 '전통예술무대'를 공연하였던 정동예술단, 1984년 설립된 국내 최초 민간직업발레단 유니버설 발레단, 1995년 설립된 민간 직업발레단 서울발레시어터가 대표적이다.

민간 무용단체는 직업무용단의 직장 개념이 아닌 무용공연 활동을 위한 목적으로 모인 동호인 및 회원들이 결성되어 정기적인 모임과 연습, 공연 활동을 하지만 일정한 급여보다는 무용공연 활동별로 수당을 받는 형태를 유지하고 있다. 민간 무용단체들로 비록 영리법인도 가능하지만 무용예술이 갖는 재정적 자립도가 매우 낮고, 안정된 재원조달이 되지 않아 직업무용단의 조직과 경영을 하지 못하고 있다.

일반적인 직업무용단의 조직 형태는 예술감독이 있고, 단원과 사무국의 조직으로 구성되어 있다. 단원은 훈련장 또는 안무자, 수석과 차석 무용수들로 구성되어 있고, 사무국은 총무, 기획, 홍보요원들로 구성되어 있다. 이러한 무용조직 형태는 국공립 광역 및 기초단체 직업무용단들과 재단법인 형태의 민간 직업무용단들의 조직 구성이다.

직업무용단이 아닌 민간 무용단체들의 경우 전문예술법인이나 전문예술단체로서 무용단체, 법인체의 무용단체, 임의적 무용단체들로서 대학동문 무용단체, 무용학원 문하생의 무용단체, 기초단체 지역문화원 문화센터 무용 수강생과 청소년 관련 공공기관을 통해서 결성된 아마추어 무용단체 등으로 구분할 수 있다.

전문예술법인이나 전문예술단체로서 무용단체는 국가 또는 지방자치단체에서 무용예술 활동에 공신력을 인정받아 전문예술법인 또는 진문예술단체로 지정된 법인체나 무용단체이다. 이는 2000년 문화관광부의 문화예술진흥법 개정으로 인해 '제10조 전문예술법인 등의 지정 육성법'이 제정되면서 시행된 제도로 생긴 공연예술단체를 지원 및 육성하기 위한 제도이다. 일반적으로 공연예술단체들이 법인 자격이 없는 임의단체 또는 비영리법인의 경우가 대부분으로 단체의 자립적 자생력과 경쟁력을 갖추는 데 제약요건들이 있다. 그래서 민간 공연예술단체들의 경우 단체 성격에 관계없이 국가 또는 지방자치단체들이 단체의 전문성을 공공으로 인정하여 각종 세제혜택 등의 제도적 지원 및 국공립 광역기초 예술단체의 경우 시장원리와 공공성의 조화를 통해서 공연예술의 활성화를 도모하는 것으로 도입되었다.[9]

이러한 제도에 의해서 전문예술법인 또는 전문예술단체로 지정되기 위해서는 무용단체의 연간 무용공연 활동 횟수와 무용인력 구성의 전문성, 조직의 경영 및 재정적 자립도 등에서 전문적인 공연예술단체로서의 능력에 대해 심사를 거쳐야 한다. 전문예술단체로 지정된 무용단체는 격년으로 지정기관에 활동 내용을 보고해야 한다. 그리고 지방자치단체의 무용공연 활동을 위한 무대공연 작품 또는 문화소외계층을 위한 공연사업 지원 시 심사에서 단체의 전문성에 대한 우위권의 혜택과 세제혜택을 받을 수 있다. 그러나 실제적으로 전문예술단체로 지정받은 무용단체들은 다른 공연예술단체들에 비해 적고, 혜택을 별로 누리지 못하고 오히려 격년으로 활동을 보고해야 하는 번거로움에 대해서 불만을 토로하는 단체들이 많다. 법인체인 무용단체의 경우는 대부분 비영리 예술법인으로 비영리의 무용예술 활동 또는 문화예술 계승 차원의 사업목적을 위해서 필요한 한도 내에서 영리사업을 할 수 있다. 2000년대 중반 이후 지방자치단체별로 문화재단이 설립되면서 기존의 국공립 직업무용단들이 지방자치단체가 직접 관리 및 운영하는 형태였으나 운영의 자율성과 전문적 경영 시스템의 재정적 자립도를 향상시키는 재단 형태로 독립되어 활동하고 있다.

사단법인의 무용단체일 경우 대부분 한국무용을 전승하는 보존회 형태의 단체들이 많이 있다. 주로 국가 중요 무형문화재로 지정된 한국 전통무용을 보존 및 계승하는 차원에서 회원들이 모여 사단법인체를 만들어서 무용공연 및 다양한 문화예술 활동을 하는 형태이다.

임의무용단체는 임의단체 성격의 무용단체로서 단체 설립자와 단체 재산 등이 임의적으로 구성 및 해체가 쉽기 때문에 무용 활동을 위해서 모인 동호인들이 활동하는 다양한 단체들이 여기에 포함된다. 이러한 임의무용단체에 속하는 무용단체들을 살펴보면, 무용단체의 성격에 따라서 특정 대학의 무용학과 교수가 결성한 임의무용난체, 특정 대학의 무용학과 졸업생들로 구성된 대학동문 무용단체, 무용학원의 원장이 문하생들을 규합하여 만든 무용단체, 전문적으로 무용을 전공하지 않았지만 기초자치단체의 지역문화원 문화센터와 청소년 관련 문화센터 수강생을 중심으로 결성된 무용단체들 등이 임의무용단체에 속한다.

2) 경기도의 무용단체 동향

2013년 재단법인 예술경영지원센터에서 조사한 「2012년 공연예술 실태 조사보고서」에 의하면 경기도에서 활동하는 무용단체 수는 총 48개로 전국 평균 17%를 차지하고 있고, 경기도 · 인천 지역의 경우 유무료 무용공연을 포함하여 무용공연 횟수는 986회(6.7%), 공연 건수 718건(9.3%), 무용 관객 수는 375,628명(6.4%)으로 공연예술 장르 중에서 평균 10%를 넘지 못하고 있다. 광역 공립의 경기도립무용단과 기초단체 공립의 의정부시무용단을 제외하고는 법인체를 포함한 민간무용 단체들의 공연이 80% 이상을 차지하고 있으며, 80%의 공연에서 경기도 소재 민간무용단체들의 공연 비율은 20%밖에 되지 않고 있다. 따라서 서울 중심의 무용단체들이 경기도로 와서 하는 공연들이 대부분이다. 경기도 민간 무용단체들의 창단 현황을 살펴보면 대부분 2000년 이후 창단된 민간 무용단체들이 대부분이다.[10]

경기도 무용단체의 동향은 문헌기록들을 토대로 조사되었다. 경기도 무용단체의 공연이 기록된 경기예총에서 발행한 『경기예총사 40년』, 인천예총에서 발행한 『인천예총사 50년』, 한국문화예술위원회에서 발행한 『문예연감 1982년-2014년』을 비롯하여 경기문화재단과 경기 지역 시군별 공연장의 공연 연보를 참고하여 이를 자료화하였다. 1950년대부터 2014년까지 경기도에 소재했던 단체로서 1회 공연이라도 하였던 기록이 남아있는 무용단체의 수와 무용단체 등의 성격을 살펴보았다. 이 사료는 공식적인 기록 자료를 토대로 하다 보니 이 통계에서 기록되지 않은 무용단체들도 경기도에서 활동했을 가능성이 있어 연구의 범위는 다분히 제한적 일 수밖에 없다.

경기도 31개 시군에 상주하였거나 현재 활동하고 있는 무용단체들의 현황을 단체의 조직 형태에 따라 광역기초단체 직업무용단, 전문예술법인과 전문예술단체로 지정된 무용단체, 전통춤 보존회 형태의 무용단체, 사단법인체 무용단체, 임의무용단체, 예술고등학교와 대학 소재 또는 동문 무용단체, 일반 아마추어 무용단체, 무용학원 문하생의 무용단체로 구분하였다.

표 5 경기도 무용단체 현황(1950년-2014년)

분류 / 지역	광역기초단체 직업무용단	전문예술법인 전문예술단체	보존회 무용단체	사단법인체 무용단체	임의 무용단체	예고/대학 무용단체	아마추어 무용단체	무용학원 무용단체
수원시	1				17	6	3	5
성남시		1			16	1	9	
고양시		1			5		1	4
용인시					11	9	4	1
부천시					7		1	
안산시			1		9	2		2
안양시					9		3	1
남양주시					1			
화성시				1	1	1	2	1
평택시					1		1	1
의정부시	1				1		1	
시흥시					1		1	
파주시					1		1	1
광명시					2			
김포시					1		1	1
군포시					1			
광주시					4		1	
이천시					1		1	
양주시					1		1	
오산시					1	1	2	
구리시					1		1	
안성시			1	2	1			1
포천시					3	1		
의왕시					2		1	
하남시					3		1	1
여주시					1		1	
양평군					1			
동두천시					2			1
과천시					4			
가평군		1			1			
연천군								
총계	2	3	1	3	108	21	37	20

집계 현황을 보면 임의무용단체 수가 108여 개로 가장 많았고, 그다음이 아마추어 무용단체 37여 개, 예고와 대학 무용단체 21여 개, 무용학원 무용단체 20여 개로 집계되었다. 이러한 조사결과를 볼 때 대부분 서울을 제외한 지방의 무용단체 동향과 비슷한 결과를 얻고 있음을 알 수 있다. 다른 점은 여타의 지방에 비해 경기도는 수도권 지역으로 대학 무용단들과 아마추어 무용단들이 많이 존재했었던 것을 알 수 있다.

무용단체의 유형별로 살펴보면, 임의무용단체의 경우 경기 지역별로 구도시 지역이었던 수원시와 성남시에 가장 많은 무용단체들이 활동했었고, 그다음이 용인시, 안양시, 부천시, 안산시, 고양시 순으로 집계되었다. 특히 1990년대 들어 수도권 신도시로 개발된 용인시와 고양시에 무용단체들이 증가하였다.

예고 및 대학 무용단체의 경우 용인시에 무용학과가 개설된 용인대학교와 단국대학교 죽전캠퍼스로 인해 대학 무용단체들이 많았고, 수원 지역에 1980년대 무용학과가 개설된 수원대학교를 비롯하여 수원여자대학교 중심의 대학 무용단체들이 많았다. 안산시는 서울예술대학교 안산캠퍼스, 한양대학교 안산캠퍼스의 무용학과가 개설되었지만 실제적으로 2개의 무용단체들이 지역에서 활동하였다.

경기도의 임의무용단체로서 무용학원의 학원장이 중심이 되어 학원생의 작품발표회를 위해서 결성된 무용학원 무용단체의 경우 총 20여 개의 단체들이 활동했었다. 그러나 경기도 지역과 지방의 경우 무용학원 무용단체들은 대부분 시군별로 (사)한국무용협회 경기도지회 시군지부장 또는 무용협회 회원이 운영하는 경우가 대부분이어서 인적구성에서 임의무용단체 간에 구성원이 중복되는 경우가 많다. 따라서 실제 집계된 단체 수보다 더 많았을 것으로 추정된다.

경기도의 임의무용단체로서 아마추어 무용단체는 26여 개이다. 주로 지방자치단체의 시민을 위한 문화예술정책이 활성화된 시를 중심으로 활동이 왕성했다. 성남시가 가장 많은 9여 개의 단체들이 활동한 것으로 나타난다.

광역기초단체 직업무용단의 경우 총 2개의 직업무용단이 경기도에서 활동하고 있다. 경기도립무용단과 의정시무용단이 있다. 반면 직업무용단의 성격보다는 서울예술단과 같이 전통가무악예술단의 성격이 강한 포천시립예술단이 있으나 이는 직업무용단에는 포함하지 않았다.

전문예술법인과 전문예술단체로 지정된 무용단체를 살펴보면, 2000년 이 제도가 시행된 이후 무용단체로서 전문예술법인은 현재 없으며, 임의무용단체가 전문예술단체로 지정된 3개의 전문예술단체들이 있다.

사단법인체 무용단체로는 주로 국가 지정 중요무형문화재나 경기도 지방무형문화재로 지정된 전통춤을 보존 및 계승하는 보존회 형태의 무용단체가 3개 있고, 지역으로는 안성 두 곳과 수원 한 곳이 있다.

경기도 무용단체들의 무용 장르 유형별로 무용단체 현황을 살펴보면, 한국무용단체가 61%로 가장 많았고, 현대무용단체 18%, 발레 11%, 기타무용 장르 10% 정도로 파악되고 있다. 구도시와 신도시 모두 대부분 한국무용단체들이 가장 많았다. 한국무용단체들의 경우 대부분 임의무용단체로서 프로젝트성 공연 제작이 많은 것으로 보인다. 무용 내용은 한국신무용 소품 및 전통무용 레퍼토리가 많다. 대부분 정기적인 공연 활동 및 지역문화축제의 일환으로 하는 개막공연들이 주류를 이루었다. 현대무용은 신도시 중에서 용인, 안산, 과천, 고양 순으로 공연 활동이 진행되고 있음을 알 수 있다. 현대무용 역시 단체들이 지역 중심으로서 고정된 단원을 확보하기보다는 프로젝트성 팀들로 운영되고 있음을 알 수 있다. 발레 장르 무용단체의 경우 주로 무용학원 중심의 무용단체가 소규모 발표회 수준의 무용공연을 가졌고, 전문적인 발레단의 활동은 미비했다. 발레의 장르적 특성상 무대장치와 의상 등의 제작 여건과 전문적인 발레 전공자의 확보가 어려워 아직 경기도에 정착되지 못하였다. 경기도 각 시군별로 공연장에 매년 발레공연은 늘어났지만 대부분 국립발레단, 유니버설 발레단, 서울발레시어터 중심의 전문발레단을 초청하는 공연이 대부분이었다. 아울러 2000년대 이후 급격히 늘어난 기타 무용장르로 재즈댄스를 비롯하여 라틴댄스, 살사댄스, 사교춤 관련 무용단체들이 경기 신도시 중심으로 활동하였다.

3) 경기도의 무용단체 유형별 동향

(1) 광역기초단체 시도립 직업무용단

경기도 내에 소재한 광역기초단체의 시도립무용단은 광역단체의 경기도립무용단과 기초단체의 의정부시무용단이 있다. 이들 무용단들은 1990년대 초반 지방자치단체 시대가 개막할 즈음 지방 문화예술 진흥을 위해서 지방자치단체별로 지역축제를 발굴하고, 지역문화콘텐츠를 개발하는 등 다양한 지역문화 활성화 정책이 발표되면서 지역의 문화예술 전문 공연장 건립과 지역의 광역기초단체 예술단들을 설립하였다. 이러한 정치사회적 배경 속에서 1993년 경기도를 대표하는 직업무용단으로서 경기도립무용단이 창단되었고, 2002년 경기도 기초단체 의정부시를 대표하는 직업무용단으로서 의정부시립무용단이 창단되었다.

경기도립무용단은 1993년 경기도 도립예술단 재정 조례에 의해서 1993년 7월 27일 창단되었고, 2004년 경기도문화예술회관이 경기도문화의전당으로 재단법인화되면서 그 산하 경기도립예술단체로 법인화되었다. 경기도립무용단은 한국전통무용예술의 계승과 발전을 통해서 경기도 문화의 우수성과 독창성을 무용예술로 승화시키고 경기 문화예술 창달에 기여하며 대중으로 하여금 예술을 통해 긍정적인 가치관을 형성하도록 일조하기 위해서 창단되었다. 직업무용단으로서 경기도립무용단의 조직은 현재 예술단장 겸 예술감독, 상임안무와 지도위원, 기획총무, 수석-차석-상임 단원으로 총 60여 명으로 구성되었다. 초대 예술감독으로 정재만, 2대 김근희, 3대 조흥동, 2015년 현재 김정학이 예술감독으로 재직하고 있다. 경기도립무용단은 1993년 창단공연 '한국춤전'을 시작으로 매년 정기공연 및 지역 및 해외 순회공연, 기획 및 특별공연 등 150여 회의 공연을 하고 있다.[11]

1990년부터 (사)한국무용협회 의정부시지부를 창립하여 활동하였던 중견 한국무용가 이미숙이 임의단체로서 이미숙무용단을 결성하여 공연 활동을 해오다가 의정부시의 '회룡문화제'를 비롯하여 의정부문화원 무용공연 활동을 통해서 의정부시로부터 인정을 받게 되었다. 의정부시무용단은 의정부시의 의정부시 시립예술단체 설치조례에 의해 2002년 창단되어 안무자, 단무장, 훈련장 각 1명의 간부 단원과 일반 단원을 포함한 50명 이내로 구성된 직업무용단으로, 창단 이후 현재까지 이미숙이 안무자 겸 예술감독으로 활동하고 있다. 2002년 창단공연 '천지인의 화합'을 시작으로 그동안 의정부시무용단은 의정부시의 지역 전통문화의 정체성을 한국 창작무용에 담는 작업을 해왔다. 특히 의정부시 지역의 전통문화원형을 창작무용 콘텐츠로 활용하여 의순공주 이야기를 담은 〈속누리〉, 천상병 시인의 삶을 다룬 〈귀천〉을 비롯하여 '의정부시 해외 자매결연 도시 순회공연', '경기 북부 지역 문화소외지역 순회공연' 등 다양한 활동을 하고 있다.[12]

(2) 전문예술법인 및 전문예술단체로 지정된 무용단체

경기도 내 전문예술법인으로 지정받은 무용단체는 없다. 전문예술단체로 지정받은 3개의 무용단체들이 있는데, 성남시의 이순림무용단, 가평군의 청평문화예술학교, 고양시의 키아로댄스컴퍼니이다.

성남에서 활동하고 있는 한국무용단체 이순림무용단은 성남 지역의 1세대 중견 한국무용가 이순림이 1994년 창단한 임의무용단체로 22년간을 활동하면서 성남 지역의 한국무용 보급 및 대중화에 기여하였고, 정기적인 한국무용 공연 및 지역문화축제 공연 등 다양한 공연 활동을 인정받아 2006년 1월 전문예술단체로 지정받았다.

2008년 2월 경기도 무용 분야 전문예술단체로 지정된 청평문화예술학교는 경기도 가평군 가평문화예술회관 상주 단체이자 사회적 기업으로 다양한 문화예술 교육과 공연 활동을 함께 하는 복합예술단체이다. 이 단체는 다올무용단이라는 한국무용단체가 주축이 되고 있으며 한국무용가 진수영이 단장이자 예술감독으로 단체를 이끌어가고 있다. 2000년 창단되어 한국 전통춤의 전승과 발전 및 저변 확대를 목표로 문화예술의 참여 기회 확대, 나눔을 통한 예술인과 일반인, 소외계층 간의 문화적 격차를 해소하고자 다양한 통합적 문화예술 교육과 공연 활동을 해왔다.

2009년 2월 경기도 무용 분야 전문예술단체로 지정된 키아로댄스컴퍼니는 컨템포러리 재즈댄스를 하는 무용단체로 2005년 창단되었다. 주로 힙합, 방송용 댄스, 재즈댄스 등 대중적인 컨템포러리 무용을 하는 재즈댄스 학원 중심으로 운영된다.

(3) 보존회 형태의 무용단체

보존회 형태의 무용단체는 주로 한국전통무용을 전승 및 계승하는 무용단체로서 주로 국가 지정 또는 도 지정 중요무형문화재 중 전통춤의 보유자(일명 인간문화재)로 지정된 무용가를 중심으로 문하생들이 창단한 무용단체이다. 초창기 태평무(太平舞)보존회 등의 임의무용단체로 활동하다가 지역의 문하생이나 전국 단위의 문하생이 증가하면 사단법인화되는 경우가 많다.

임의무용단체로서 보존회 형태의 무용단체로는 안산시의 최승희 민족무용기본보존회가 있는데, 한국 신고전무용의 대가 최승희의 마지막 제자 강금순에게 사사한 3세대 중국 동포 한국무용가 서인숙이 최승희의 한국 최초의 무용교본 『조선민족무용기본』을 토대로 최승희 무용의 계승과 보급을 위한 보존회 형태로 2007년 설립한 무용단체이다. 그동안 최승희 춤을 일반 시민에게 교육시키고, '서인숙 무용서예전', '최승희 무용 워크샵' 등의 활동을 하였다.

안성향당무보존회는 경기도 무형문화재 제34호로 지정된 안성향당무의 보존과 계승을 위해서 창단된 보존회 형태의 임의무용단체이다. 안성향당무는 수건과 궁, 깃발 등의 무용소품을 사용하여 다양한 한국춤사위들로 표현하여 국태민안을 기원한 안성 지역의 전통춤으로 매년 정기발표회를 비롯하여, 지역 전통문화축제에 참여하고 있는 단체이다.

(4) 사단법인체의 무용단체

경기도 사단법인체 무용단체로서는 수원시에 상주하는 사단법인 화성재인청보존회, 안성시에 상주하는 사단법인 웃는돌, 안성시에 상주하는 사단법인 태평무전수관이 있다.

(사)웃는돌은 세계적으로 유명한 현대무용가 홍신자가 주축이 되어 현대무용의 보급과 대중화를 위해 1993년 창단한 사단법인체 무용단체이자 문화예술 교육단체이다. 이 단체는 다양한 현대무용 교육법과 신체수련의 명상법 등을 활용하여 다양한 교육사업과 국제적인 컨템포러리 퍼포먼스 축제로서 '안성죽산국제예술제'를 개최하고 있다.

(사)화성재인청보존회는 2004년 창단된 사단법인체이다. 원래 조선시대 전문예인집단이었던 '화성재인청'의 위대한 자산을 계승 · 발전시키고자 하는 취지로 창단되었다. 특히 화성재인청의 마지막 도대방을 지낸 고(故) 이동안의 춤세계가 집약된 경기도 무형문화재 제8호 〈승무〉, 〈살풀이춤〉의 보유자 김복련이 사단법인 화성재인청보존회로 인가를 받았다. 매년 정기공연, 학술 심포지엄, 화성재인청춤 교육 등의 다양한 활동을 하고 있다.

(사)태평무전수관은 국가 지정 중요무형문화재 제92호 태평무 예능보유자이자 한국무용가 강선영이 자신의 고향인 안성에 세운 태평무 전승 교육기관이다. 태평무의 전승과 계승을 통한 전통춤의 대중화와 후진 양성을 위해서 사단법인체로 운영하고 있으며, 매년 상설공연으로 태평무와 다양한 한국 전통춤을 무대에 올리고 있다.

(5) 임의무용단체

경기도 각 지역 소재 임의무용단체는 경기도에 (사)한국무용협회 경기도지회 각 시군지부로 지역의 대표성을 갖춘 시군명을 사용한 임의무용단체, 무용가 개인으로서의 명성과 예술가로서의 자부심을 위해서 자신의 이름을 사용한 임의무용단체, 동호회 성격의 모임으로 결성된 임의무용단체 등이 활동하였다. 경기도에서 활동했던 임의의 무용단체의

표 6 경기도 시군별 임의무용단체 현황(1950년-2014년)

분류 / 지역	임의단체
수원시	장상화무용단, 박복희의 난무용단, 박경현무용단, 차효형무용단, 김동곤 발레단, 은하수무용단, 김기화무용단(한국춤교육연구회), 오은희무용단, 김복련무용단, 황연주무용단, 이선화무용단, 수원예기보존회(안영화무용단), 연화무용단, 춤누리무용단, 박상희무용아카데미, 최소빈 발레단, 서순경 선무용단
성남시	김종해 성남무용단, 이순림의 산성무용단, 권경미의 성남 발레 미래, 황미숙의 파사현대무용단, 푸른봄 현대무용단, 한국춤문화연구원, 이정희 현대무용단, 댄스프로젝트 D.T.H(도태희), 춤사랑무용단(신미경), 연 발레단(강연희), 예무단(신미경), 성남참살이무용단, 성남시 횃불무용단, 회오리무용단, 김호은 카시아 무용단
고양시	고양무용단, 강윤선청소년무용단, 댄스그룹 코마, 고양국악예술단
용인시	정고을무용단, 한혜경무용단, 채명신무용단, 정지윤&이수무용단, 유지영무용단, 정지윤무용단, 최상철 댄스프로젝트, 김혜정&블루댄스씨어터, 용인가무악단, 용인한우리예술단
부천시	박효순무용단, 오은령무용단, 고리울무용단, 강해자 복사무용단, 부천춤사랑회, 이미희 필무용단
안산시	안춘자무용단, 물수레무용단, 별무리무용단, 명정자무용단, 안산 컨템포러리 무용단, 김인숙 춤사랑무용단, 앰비규어스 댄스컴퍼니
안양시	김기백무용단, 김성나무용단, 춤사랑무용단, 김충한무용단, 필로스 장애인무용단, 한국춤보존회, 춤나울예술단, 김성화무용단, 권영관무용단
남양주시	강준하 발레그라피
안성시	염복리 수무용단
의정부시	이미숙 도듬무용단
시흥시	이승신의 시흥무용단
파주시	김은희무용단, 이향미무용단
광명시	조대식무용단, 구름무용단
김포시	노수은무용단, 손상욱무용단
군포시	양대승무용단, 김은희 希무용단
광주시	김경희무용단, 한가람예술단, 하늘누리춤터, 민장미무용단
이천시	이향주무용단
구리시	윤희준무용단
포천시	김효진무용단, 임윤희무용단, 이은주무용단
의왕시	의왕무용단, 김진원무용단
하남시	허성제무용단, 하남무용단, 춤사랑무용단
양평군	물맑은양평무용단
동두천시	동두천무용단
과천시	우리춤연구회, 전혜란무용단, 한뫼국악예술단(무용단), 과천무용단

경우 대부분 무용공연을 위해서 단기적으로 모여 무용 연습을 통해서 공연을 하고 공연결과를 공유하거나 공연수당을 나눠 갖는 프로젝트성 무용공연 활동을 하는 단체들이 많으며, 고정적인 무용단으로 지속성을 갖지 못하고 1회 또는 몇 회의 프로젝트성 공연을 끝으로 단체가 해체되는 경우가 많다.

경기도 각 지역별로 활동하였던 임의무용단체 현황을 살펴보면 〈표 6〉과 같다.

(6) 동문 또는 대학 무용단체

경기도에는 경기도 소재 예술고등학교 무용 전공 동문 무용단이 없고, 경기도 소재 대학교들의 무용학과 교수들이 주축이 되어 결성된 대학 무용단들이 해당 지역을 중심으로 활발한 활동을 하였다. 대학 무용단체는 경기도의 문화예술 지원 기금을 수혜하여 지역 내의 순회공연을 하는 등 임의무용단체들보다는 그 활동 영역이나 규모 면에서 왕성한 활동을 할 수 있었다.

표 7 경기도 동문 또는 대학 무용단체(1980년-2014년)

분류 / 지역	동문 또는 대학 무용단체
수원시	수원대학교 임학선무용단, 수원여대 김영실무용단, 수원여대 김광자무용단, 수원여대 반주은현대무용단
용인시	용인대학교 황문숙현대무용단, 용인대무용단, 용인대학교 미르무용단, 용인대학교 한윤희무용단, 용인대학교 남수정무용단, 단국 컨템포러리발레단, 김정수 단국 컨템포러리발레단, 단국대 김현숙(장희옥무용단), 단국대 김선정(이효민무용단)
안산시	서울예술대학 김기인과 스스로춤모임(현대무용), 한양대학교 밀물현대무용단, 한양대학교 오율자무용단(백남무용단), 백정희무용단
화성시	수원대학교 오혜순무용단
포천시	대진대학교 신명숙 참무용단, 대진대학교 김근희무용단

(7) 무용학원 무용단

무용학원 무용단은 경기도 각 시별로 형성된 무용학원에서 작품발표회를 위해서 결성된 무용단체이다. 실제적으로 이보다 많은 무용학원에서 학원 중심의 공연 및 지역행사에 참여하여 활동한다. 이 통계에 기록된 무용학원 무용단체는 전문적인 공연장에서 공연을 한 단체이다.

표 8 경기도 무용학원 무용단(1980년-2014년)

분류 / 지역	무용학원
수원시	장정희 은하수무용단, 박복희 발레단, 김동곤무용단, 장상화무용단
고양시	심은경 발레하우스, 가인무용단, 예인청소년무용단, 고양예종발레단
용인시	유니발레아카데미
안산시	김민희 한양 발레아카데미
안양시	김민정 발레단
화성시	푸르너스 무용단
평택시	키예프 무용학원
파주시	메디시스발레
안성시	안성청소년무용단
하남시	가온누리무용단

(8) 아마추어 무용단

경기도 내 아마추어 무용단체들은 대부분 각 시별로 소재한 청소년수련관의 문화예술 강좌의 수강생들과 경기도 내 시군별 주민자치센터 및 지역문화원의 문화강좌에서 무용을 수강한 일반인들로 구성된 아마추어 무용단체들이 대부분이다.

이러한 아마추어 무용단체들은 경기도 내 각 시군별 한국무용협회 경기도지회 시군지부장이 강사이거나 일반 초청 무용 강사의 무용교육을 받은 수강생들이 중심이 되어 창단한 임의무용단체이다. 이러한 단체들 중 초창기 수강생 중심 무용단체에서 동아리 무용단체로 성장한 경기도대한어머니회무용단, 수원중앙주부무용단, 수원한얼어머니무용단, 성남시생활무용연합회 등의 경우도 있다.

표 9 경기도 아마추어 무용단체 (1980년-2014년)

분류 / 지역	아마추어 무용단
수원시	경기도대한어머니회무용단, 수원중앙주부무용단, 수원한얼어머니무용단, 온누리 여성무용단
성남시	성남시생활무용연합회, 빛여울무용단, 어울림청소년무용단, 풀이무용단, 청소년 그랑발레단, 서현승청소년무용단(발레), 예승청소년무용단, 드림 어머니무용단, 횃불 무용단, 정은파청소년무용단, 청소년 그랑발레단
고양시	어울림문화학교 전통무용단
용인시	한얼무용단, 무용동아리 자미무용단, 그린 청소년무용단
부천시	부천청소년어린이무용단
안양시	프러미에발레단, 안양 YWCA 어린이무용단(발레)
화성시	화성시청소년무용단, 봉담호수무용단, 한신대학교 평생교육원 무용단
평택시	시니어 한빛무용단
의정부시	의정부시어머니무용단
시흥시	어린이청소년무용단
파주시	파주시청소년무용단
광명시	광명청소년무용단
김포시	박현주 춤사랑무용단
광주시	광주시청소년무용단
이천시	이천청소년무용단
양주시	양주문화원 무용단
오산시	오산어머니무용단, 운암 리틀무용단
구리시	늘해랑무용단
의왕시	의왕시청소년수련관 공연 발레단
하남시	하남농협어머니무용단

미주

1 네이버 지식백과. 「예인집단(藝人集團)」. 한국민족문화대백과, 한국학중앙연구원. http://terms.naver.com/entry.nhn?docId=2460996&cid=46661&categoryId=46661.

2 임학선(2001). 「화성재인청류 춤의 전승양상 및 무용사적 가치 연구」. 『대한무용학회 논문집』 Vol.31. p.87.

3 네이버 지식백과. 「재인청(才人廳)」. 한국전통연희사전, 2014. 12. 15. 민속원. http://terms.naver.com/entry.nhn?docId=3326237&cid=56785&categoryId=56785.

4 (사)한국문화예술단체 경기도연합회 · 경기문화재단(2006). 『경기예총 40년사』, 경기: 동 연합회 · 동 재단. pp.262-846.

5 네이버 지식백과. 「한국무용협회(韓國舞踊協會)」. 한국민족문화대백과, 한국학중앙연구원. http://terms.naver.com/entry.nhn?docId=525820&cid=46666&categoryId= 46666.

6 (사)인천예술문화단체총연합회(1993). 『인천예총 50년사』, 인천: 동 총연합회.

7 (사)한국문화예술단체 경기도연합회 · 경기문화재단(2006). 『경기예총 40년사』, 경기: 동 연합회 · 동 재단. p.263.

8 (사)한국무용협회 홈페이지 지회지부 참조. http://www.dancekorea.org/sub.php?flas hmenu=10708.

9 (재)예술경영지원센터 기획지원부(2012). 「2012 전문예술법인 · 지정 · 육성제도 운영 워크숍」. p.36.

10 (재)예술경영지원센터(2013). 「2013년 공연예술실태조사보고서」, 문화체육관광부. pp.80-89.

11 경기도립무용단(2012). 「경기도립무용단 경기 지역 순회 찾아가는 문화활동 보도자료」.

12 의정부시립무용단(2016). 「의정부시립무용단 소개자료」.

김기화 작품 화보

한국 창작무용 〈독도며느리〉
2015 한국무용제전 출품작

한국 창작무용 〈독도며느리〉
2015 한국무용제전 출품작

한국 창작무용 〈어미의 딸〉
2012 한국무용제전 출품작

한국 창작무용 〈하얀 나비이어라〉
2010 한국무용제전 출품작

한국 창작무용 〈하얀 나비이어라〉
2010 한국무용제전 출품작

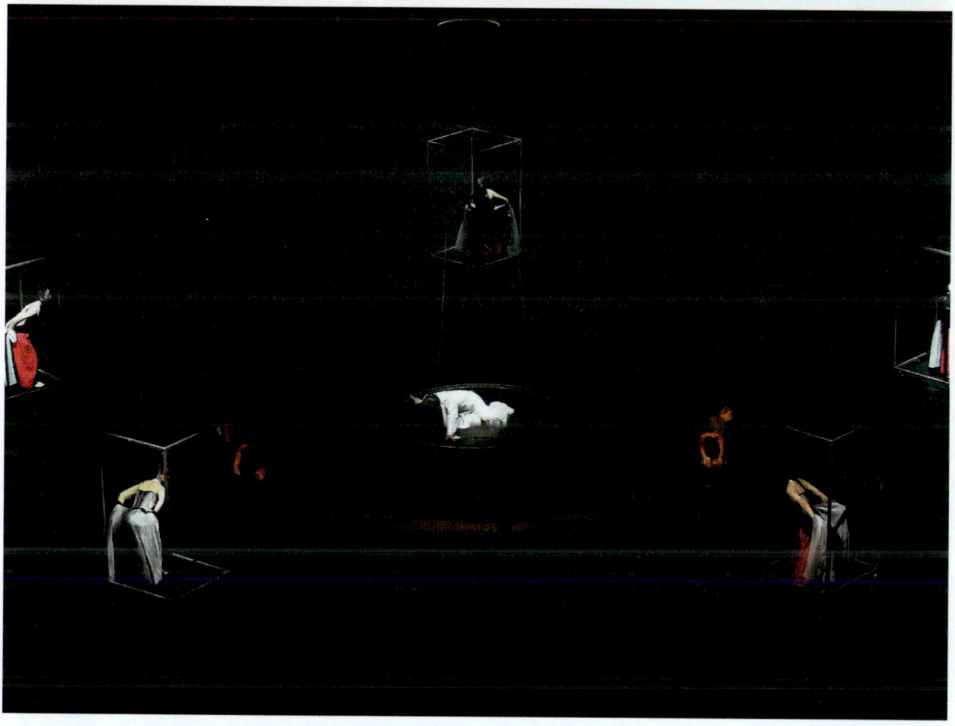

한국 창작무용 〈거위를 모는 사나이〉
1992 두리신인안무가전 출품작

한국 창작무용 〈미얄할멈이야기〉
2004 세계문화오픈 출품작

한국 창작무용 〈개미왕국〉
2007 엄마! 우리춤에 자연이 보여요 출품작

한국 창작무용 〈비님 오는 날〉
2007 엄마! 우리춤에 자연이 보여요 출품작

한국 창작무용 〈화훼벽〉
2008 김기화의 춤 출품작

한국 창작무용 <봄날의 꾀꼬리>
2007 엄마! 우리춤에 자연이 보여요 출품작

제4장

경기도 무용의 창작산실

오늘날 공연예술 장르 중에서 대중성과 예술경영 확보의 측면에서 성장이 둔화된 장르를 꼽으라면 그중 하나가 무용 장르일 것이다. 무용은 비언적인 속성을 통해 관객과 소통하기 때문에 관객과의 공감이 쉽지 않다. 따라서 무용이 공연시장에서 흥행을 통해 활성화되기에는 많은 어려움이 따른다고 할 수 있다. 그러나 무용이 기여하는 문화 · 사회적인 측면의 가치는 역사 이래로 그 역량을 인정받은 바 있다. 세계적인 국제 스포츠 대회나, 정치 외교적인 행사, 국가나 사회의 단합과 조화를 이루는 모든 측면에서 무용은 교량적 역할을 충실하게 해내는 인간 사회에 꼭 필요한 교감을 이루어내고 있다. 따라서 무용이 미치는 파급은 무용예술의 공공지원에 대한 타당성을 공감하게 한다.

무용공연에서 공공기금의 지원은 매우 중요하다. 공공기관의 공적 지원금이 없이는 무용공연은 그 자체가 많이 위축 될 수 있어 무용은 악순환의 고리를 반복하며 발전이 둔화될 가능성이 높다. 이러한 상황은 지방으로 갈수록 더욱 심화되어 있다. 서울을 제외한 여타의 지역에는 전문적인 무용공연장조차 건립되지 못하였고 이러한 기반에서 활동해야 하는 여러 단체들은 전문적인 민간 직업무용단체로 존립하지 못하고 있다.

국가에서는 이러한 무용의 장르적 침체 상황을 극복할 수 있는 제도적 측면에서 무용축제를 지원해왔다. 바로 무용인들의 대표성을 띠는 (사)한국무용협회를 통해 서울무용제와 전국무용제를 수최하였넌 섯이다. 이 두 무용제는 대한민국 무용창작의 산실이자 등용문으로서 20년 이상의 전통을 갖게 되었다.

1979년 시작된 대한민국무용제는 서울무용제로 명칭을 변경하여 현재 36회 개최되었을 정도로 국내에서는 가장 오랜 역사성을 갖고 있는 국내 최대의 무용제이다. 또한 전국무용제는 1992년 시작되어 현재까지 24회 개최되는 지속성을 갖고 있다. 두 무용제 모두 정책적 차원에서 공적 기금이 집행되어 무용인들에게 두 축제가 갖는 위상은 상당한 위치를 차지하고 있다.

서울무용제는 대외적으로 중앙 집중적인 성격을 갖고 있는 축제로 우리나라 무용계의 예술적 위상을 가늠할 수 있는 특징이 있다. 서울에서 개최되는 무용축제이다 보니 참여 단체의 대부분이 중앙에서 활동하는 단체들이다. 이들 단체들은 인적구성에 있어서도 대부분 전공자들로 이루어져 있고 빈번한 공연 기회로 공연 제작의 경험이 많아 단체별 혹은 안무자별 개성 있는 무용 스타일이 구축되어 있다. 또한 한국무용, 발레, 현대무용을 망라한 참여를 통해 무용 세부 장르별 역량에 있어서도 예술적 충격을 통한 장르적 발전을 기대할 수 있는 대한민국 최고의 무용축제로서 그 역할을 다하고 있다.

전국무용제는 대외적으로 지방 분산적인 성격을 갖고 있는 축제로 우리나라 무용의 현재를 가늠할 수 있는 특징이 있다. 전국적인 지역에서 순회 개최되는 무용축제이다 보니 참여 단체의 대부분이 지역에서 활동하는 단체들이다. 전국의 도 단위 순회개최를 통해 각 지역의 예선 참여 단체가 경연을 통해 지역 대표로 본선 경연대회에 참여한다. 전국무용제는 한국의 문화예술 진흥정책에 있어서 예술의 지역적 편중 현상을 해소하고 균형 있는 지역 문화예술 발전으로써 전국 지역무용계의 활성화에 기여해왔다.

이러한 측면에서 서울을 둘러싸고 있는 수도권 지역이지만 경기도 무용계의 동향은 전국무용제 이전과 이후로 나눌 정도로 무용공연의 활성화에서 확연한 차이를 발견할 수 있다. '전국무용제 경기도 예선대회'

가 처음 도입된 1992년 이전까지만 해도 경기도의 무용공연 활동은 불모지나 다름없었다. 그러나 '전국무용제 경기도 예선대회' 시행 이후 경기도의 무용공연 활동은 양적, 질적으로 발전하는 계기가 되었다.

따라서 '전국무용제 경기도 예선대회'에 대한 평가와 전망은 경기도 무용계의 역사와 발전 방향을 모색하는 중요한 토대가 되어 향후 경기도 무용창작활동의 방향을 예견하는 중요한 콘텐츠를 제공한다. 실제로 '전국무용제 경기도 예선대회'는 경기도의 무용창작의 산실로 자리 잡아 경기 무용인들의 예술 활동에 토대가 되어왔다.

1. 경기도 무용의 창작산실 '전국무용제 경기도 예선대회'

1) 전국무용제

(1) 전국무용제의 창설 배경

문화관광부는 1992년 문화예술진흥의 모토를 '춤의 해'로 선정하여 국내 무용을 집중 지원할 수 있도록 문화예술 집중진흥정책을 펼쳤다. 이 사업의 일환으로 운영위원회를 선정하고 대중에게 가까이 다가가는 건전한 춤문화를 발전시키고 지방과 신진들에 대한 지원을 확대하여 민족문화의 동질성과 정체성을 확인하는 계기를 사업목적[1]으로 두고 '전국무용제'를 개최하였다.

1992년 시행된 문화예술 집중진흥정책인 '춤의 해'의 사업목표는 "대중에게 춤을, 춤꾼에게 무대를"이라는 캐치프레이즈이다. 이 정책은 지방 무용계에 대한 지원과 신진 무용가들에 대한 지원 확대를 통해 무용의 대중화와 국제화를 모색하는 다양한 무용 집중지원사업을 마련하였다. 따라서 운영위원회는 공연 제작분과, 국제분과, 섭외분과, 지방분과, 학술분과, 홍보분과로 구성[2]하여 공동 운영위원장이었던 조흥동과 육완순, 그리고 6개 분과 위원들이 서울을 벗어나 낙후된 지방 무용계의 활성화와 대중화를 위해서 '전국무용제'를 무용축제로 구성하여 시행하게 되었다.

(2) 전국무용제의 운영 형태[3]

1992년 제1회 '전국무용제'는 1992년 '춤의 해' 운영위원회가 주최하고 (사)한국무용협회가 주관하였다. 이후 1년 단기로 운영된 '춤의 해' 운영위원회가 해체되자 제2회 '전국무용제'부터는 (사)한국무용협회가 주최로 운영에 적극 개입하게 되었다. 그리고 각 지역별 예선대회는 전국 15개 시도 한국무용협회 지회 또는 각 (사)한국예총 지회가 주최 또는 주관에 참여하여 각 지역에서 예선대회를 개최하였다.

'전국무용제'는 문화체육관광부와 한국문화예술위원회, 지방자치단체, 지자체 문화재단 등이 후원해왔다. 현재 전국무용제는 전문적인 경영 시스템을 구축하여 별도의 조직위원회를 두고 있다. 당해 연도 개최 시도의 지사 및 시장이 제전의 회장과 대회장을 맡고, 자문위원회와 집행위원회에서 (사)한국무용협회 이사장이 운영위원장을 맡는다. 한국문화예술위원회와 운영위원회에서 집행위원장을 선출하여 당해 연도 개최 시도의 (사)한국무용협회 도지회장이 맡고 예술감독과 사무국장과 협력국장을 두어 산하에 공연운영팀, 행사운영팀, 홍보기획팀, 행정지원팀을 두어 대회를 운영한다.

전국무용제는 8일에서 10일 정도의 행사일정으로 진행되며 참가팀이 많을 경우 행사일정이 늘어난다. 경연대회는 대부분 지역의 공공문화예술회관 및 공연장에서 개최되고 부대행사는 야외무대에서 개최된다. 행사 내용은 개막식과 개막 축하공연으로 개최 시도의 무용협회 지회 및 집행위원회에서 지역문화 콘텐츠를 활용한 공연을 무대에 올린다. 2010년 이후부터는 특별공연, 기획공연, 초청공연이 마련되어 풍성한 무용축제로서의 성격까지 갖추게 되었다. 전국무용제의 본행사 경연은 일정에 따라 하루에 2팀에서 3팀 정도가 경연 공연을 한다. 폐막식은 시상식 및 대상 받은 공연을 올리는 폐막공연 무대로 구성되어 있다.

전국무용제는 서울을 제외한 전국 각 지역의 무용인들이 참가하며 해당 지역에 거주하는 무용인 또는 무용단체를 원칙으로 참가 대상을 정하고 있다. 서울을 제외한 전국 15개 시도로 인천 · 부산 · 대구 · 대전 · 광주 · 울산 · 경기도 · 강원 · 경북 · 경남 · 전북 · 전남 · 제주 · 충남 · 충북 지역의 무용인들로 참가 대상을 한정하고 있다. 안무자는 서울을 제외한 각 시도에 거주하며 각 시도 소재의 단원 비율이 70% 이상 되는 무용단체로, 출연자 중 직업무용단과 재학생 총비율이 30% 이내인 무용단으로 구성하는 것을 참가 대상으로 규정한다.

전국무용제는 예선과 본선으로 나누어 개최된다. 매년 10월 또는 11월경에 전국 15개 시도 중에서 본선대회 유치를 신청하는 지역에서 개최된다. 예선대회는 본선대회가 개최되기 3-5개월 전에 각 지역 한국무용협회 시도지회의 지부에서 신청을 받고 1차 심사를 거쳐 2차 각 시도별 지회에서 개최하는 예선대회에서 지역 대표를 선정한다. 예선대회에서 지역 대표로 선발된 무용단체는 몇 개월간 작품을 보강하여 작품의 완성도를 높여 본선대회의 지역 대표로 참가한다.

1992년부터 1996년까지는 전국무용제의 초창기로 무용제에 대한 홍보 부족과 각 지역의 무용인력 부족으로 인해 몇몇 지방자치단체들은 예선대회를 개최할 단체가 없어 지역 예선 없이 바로 본선에 참여하는 경우도 있었다. 그러나 1998년 이후부터는 전국 15개 시도지역에서 예선대회를 거쳐 본선 진출팀을 결정하여 전국무용제 본선대회에 참가하고 있다.

2010년 이후부터 전국무용제는 전국 각 지역 예선대회가 마무리되고 지역 대표팀이 선정되면 당해 연도 전국무용제 개최지에서 전국 15개 지역을 대표하는 참가 단체와 대표자들이 모여 '전국무용제 대표자회의'를 개최한다. 이 회의에서는 경연 순서를 위한 추첨을 통해서 공연 조를 구성하고, 경연대회 일정에 따른 구체적 경연 일정 결정, 무용제가 개최되는 공연장의 시설 및 부대행사 사전답사, 그리고 간담회 등을 통해서 사전에 당해 연도 전국무용제에 대한 정보를 공유한다.

전국무용제의 참가작품 유형은 무용공연 창작 활성화의 목적에 부합하는 것으로 전국 규모 무용경연대회에서 입상한 사실이 없는 새롭게 제작한 한국무용, 현대무용, 발레 장르의 창작이어야 한다. 작품의 소재는 자유롭게 하며 작품은 40분 내외로 한정된다.

전국무용제는 심사위원장 1인에 심사위원 6명으로 구성한다. 전국무용제의 시상 내용은 단체상과 개인상으로 구분되어 있다. 단체상은 총 7개로 제7회까지 최우수상 1개, 우수상 2개, 장려상 4개로 시상해왔고, 개인상은 총 6개로 안무상 1인, 연기상 4인, 무대미술상 1인씩 선정하여 시상해왔다. 2000년부터 상금과 수상자를 확대하여 단체상의 명칭이 변경되어 대상(대통령상) 1개에 상금 2,000만 원을 시상하였고 금상(문화체육관광부 장관상) 1개에 상금 1,000만 원, 은상(본선대회 개최지 단체장상 · 한국문화예술위원회 위원장상 · 한국무용협회 이사장상 · (사)한국예총 회장상 등) 5개에 상금 각 500만 원을 시상하고 있다. 개인상 부분에서 연기상이 총 6명으로 확대되고, 안무상은 1인에게 상금 200만 원, 무대미술상은 2인으로 확대되었다. 대상을 수상한 단체는 다음 연도에 '서울무용제' 개막식에 초청되어 공연을 하며, 개인상 수상자 2인에게는 해외무용계의 시찰 자격이 부여된다.

(3) 전국무용제가 경기도 무용계에 미친 영향

서울과 함께 수도권 지역을 형성하는 경기도는 그 위상에 맞게 무용공연이 활성화되고 대중화되었을 것으로 생각하지만 실상은 다르다. 1990년대 초반까지만 해도 경기도는 무용공연의 불모지나 다름없었다. 그나마 경기도의 행정 중심이었던 수원과 1970년대 수도권 인구분산정책과 산업화로 인해 인구가 유입된 성남, 부천, 안양을 중심으로 (사)한국무용협회 경기도지회의 지부들이 간간히 무용공연을 하였을 뿐, 다른 지역에서 무용공연은 거의 전무하였다.

1980년대 경기도 내 2개 지역에 예술고등학교 무용학과가 개설되었고, 3개의 지역에 대학 무용학과가 설립되었다. 이들은 졸업 후 서울 지역의 국공립 직업무용단체에 진출하여 활동하다가 지역으로 복귀하여 무용학원을 설립하거나 지역의 예술 활동에 참여하게 되었고 이러한 지역기반을 통해 경기도의 무용 인프라가 점차 구축되기 시작하였다. 또한 1990년대에는 경기도 내에 서울 지역 대학들이 무용학과의 캠퍼스를 이전하여 운영함으로써 경기도 내의 무용 인프라는 큰 변동이 일어났다. 이러한 변화가 전국무용제와 상충되면서 경기도의 무용은 시군지역의 균형적인 발전과 함께 세부 장르 간의 균형 있는 발전이 시도되었다.

전국무용제 경기도 예선대회는 초창기 (사)한국무용협회 경기도지회 시지부가 창립된 4개 지역의 시들에서 참여하다가 1990년대 중후반부터 (사)한국무용협회 경기도지회 각 시군별로 지부들이 창립되어 전국무용제 경기도 예선대회 참여자가 7개 지역에서 10개 지역으로 점차 늘어났고 2000년대 들어 13개 지역으로 늘어나 참여하였다. 지역 시군들은 각 지자체의 대표성을 얻기 위해서 각 시군명을 무용단체의 명칭으로 사용하기도 하였다. 또한 2000년대 들어서는 경기도 내 대학 무용학과 교수들이 중심이 된 무용단체와 대학 동문 무용단들이 경기도 예선대회에 참여하였다.

전국무용제 경기도 예선대회는 경기도의 유일한 무용 창작산실로 구심점이 되어왔다. 무용공연의 경우 대중적 흥행 기반이 열악하여 대부분의 무용가들은 창작 작업에 대한 열망을 접고는 한다. 무용가들이 개별적으로 한국문화예술위원회 공모사업이나 경기도 각 시군의 지원금을 통해 무용공연을 기획하는 경우도 있으나 공연 전반에 대한 기획 업무까지 가중되어 상당한 스트레스에 시달리게 된다. 전국무용제는 거시적인 차원에서 지역무용계의 고른 발전을 이끌기도 하였지만 경기도의 경우 미시적 차원에서 지역무용, 즉 경기도 내 무용창작 및 지역 간 교류를 활성화하고 지역무용문화의 근간을 세우는 데에도 크게 기여하였다.

2) 전국무용제 경기도 예선대회

(1) 경기도 예선대회 운영 형태

전국무용제 경기도 예선대회는 매년 5월부터 7월 중에 경기도 25개 시군을 돌아가며 개최된다. (사)한국무용협회에서 전국무용제 본선 일정이 공지되면 전국 각 지회는 각 지방의 예선대회 개최 일정 등에 관한 사항을 본회에 보고한다. 경기도지회장은 공식적인 경기도 예선대회에 대한 일정과 개최 시군을 경기도 각 지부장과 협의하여 결정한다.

전국무용제 경기도 예선대회 일정과 장소가 결정되면 경기도 25개 무용협회 지부에서는 시군지부의 예선대회 참가 단체를 공고한다. (사)한국무용협회 경기도지회에서 공고를 통해서 신청한 전국무용제 경기도 예선대회 시군지부별 참가 단체에 대한 심사를 거쳐 각 시군지부 대표를 선정한다. 선정된 단체를 중심으로 전국무용제 경기도 예선대회가 시행된다.

행사 내용은 개막식과 개막 축하공연, 경연, 시상식 및 폐막식으로 구성되어 있으며 개막 축하공연은 경기도 25개 무용협회 지부의 무용가들이 참여하여 축하공연을 한다. 예선대회에는 참가팀별로 1일 2팀

내지 3팀이 한 조가 되어 공연한다. 참가 규모에 따라 기간이 늘어난다. 경연 마지막 날 심사결과 발표와 시상식을 갖고 폐막공연을 갖는다.

전국무용제 경기도 예선대회 시상 내용은 단체상으로 대상과 금상 각 1개 참가 단체, 은상 2개 참가 단체, 동상과 장려상은 각 3개 참가 단체에게 수여된다. 개인상으로는 안무상, 연출상, 무대예술상이 3명, 최우수연기상 2명, 우수연기상과 신인연기상이 각 6명에게 수여된다. 대상을 받은 참가 단체는 전국무용제 본선대회에 경기도 대표로 참가한다.

전국무용제 경기도 예선대회 경기도 대표팀에게는 1992년부터 90년대 후반까지 경기도에서 1,000만 원 지원금이 책정되어 지원되었고, 2000년대 들어 1,500만 원, 2000년대 후반에는 2,000만 원으로 지원금이 상향되어 지원되고 있다. 한국문화예술위원회는 지원금을 1992년 초창기 300만 원에서 2015년 현재 500만 원으로 상향하여 지원하고 있다. 이처럼 전국무용제 경기도 예선대회는 재정적, 행정적 뒷받침을 통해 무용가들의 창작을 독려하여 지역무용문화의 고른 발전을 위해 노력하고 있다.

(2) 전국무용제 경기도 예선대회 참가 동향

전국무용제 경기도 예선대회 참가 동향은 2015년 기준 총 24회 대회 개최에 대한 개최 연월일, 개최지, 참가 단체, 작품명, 안무자, 참가 지역으로 구분하여 표로 정리하였다.

표 10 전국무용제 경기도 예선대회 참가 동향

횟수	개최 연월일	개최지	참가 단체	작품명	안무자	참가 지역
제1회	1992	수원시	성남무용단	학의 노래	정금란	성남시
			박복희무용단	꽃의 교향곡	박복희	수원시
			박효순무용단	하늘 잃은 땅	박효순	부천시
제2회	1993	안양시	김기백무용단	불항아리	김기백	안양시
			박효순무용단	문풍지귀	박효순	부천시
			성남무용단	문	정금란	성남시
			황연주무용단	나그네	황연주	수원시
제3회	1994. 6.22-6.24	수원시	성남무용단	태	김종해	성남시
			박효순무용단	삶과 죽음의 길이 예 있으매	박효순	부천시
			김기백무용단	45.94	김기백	안양시
			김동곤 발레단	내 품 안에 그대들을…	김동곤	수원시
제4회	1995	안양시	김기백무용단	죽(竹)의 비가(悲歌)	김기백	안양시
			장정희무용단	꿈의 여행	장정희	수원시
			박효순무용단	영상의 빛인 사의 자아	박효순	부천시
			성남무용단	찔레꽃 여인들	미확인	성남시
제5회	1996. 7.9-7.10	수원시	장정희무용단	모천(母川)	장정희	수원시
			안양무용협회무용단	어떤 하루	권영관	안양시
			성남무용단	외로운 섬	김종해	성남시
			성주무용단	내마음의 삽화	박효순	부천시
제6회	1997. 6.11-6.12	수원시	김동곤 발레단	추억의 한 페이지	김동곤	수원시
			조대식무용단	시간속으로	조대식	안양시
			성주무용단	이야 이야 고야	박효순	부천시
			성남무용단	광야	김종해	성남시
제7회	1998	군포시	김기백무용단	간드레 불빛을 찾아서	김기백	안양시
			물수레무용단	장주의 꿈	백정희	안산시
			김광자무용단	바람의 넋	김광자	수원시
			성주무용단	미확인	박효순	부천시
제8회	1999. 6.25-6.30	안양시	전혜란무용단	제	전혜란	과천시
			양대승무용단	다시 만난 나의 허상	양대승	군포시
			발레 미레	로댕의 연인	권경미	성남시
			물수레무용단	미혹	백정희	안산시
			오은령무용단	노을은 꿈을 꾼다	오은령	부천시
			황규자 발레단	소씨의 세계	황규자	용인시

횟수	개최 연월일	개최지	참가 단체	작품명	안무자	참가 지역
제 8 회	1999. 6. 25-6. 30	안양시	김성나무용단	데미안을 꿈꾸며	김성나	안양시
			박복희 발레단	흑과 백	박복희	수원시
			강윤나무용단	회향	강윤나	고양시
			신명숙무용단	몽상록 2	신명숙	포천시
제 9 회	2000. 6. 25-6. 30	안양시	김성나무용단	혼성	조대식	안양시
			허성재무용단	꽃씨 하나 심은 마음으로	허성재	하남시
			김광자무용단	꽃굿	김광자	수원시
			고양무용단	회향 2	강윤나	고양시
			오은령무용단	백정의 딸	오은령	부천시
			김진원무용단	엄마야 누나야 강변살자	김진원	군포시
			성남무용단	굴레	이선아	성남시
			이미숙무용단	꽃등	이미숙	의정부시
			춤사랑무용단	구름은 비를 데리고	김인숙	안산시
제 10 회	2001. 7. 1-7. 4	부천시	오은령무용단	꿈~노을	오은령	부천시
			이미숙무용단	해원의 강	이미숙	의정부시
			안양무용단	만개(滿開)	이근복 김성나	안양시
			양대승무용단	오십교(伍十橋)	양대승	군포시
			신나리무용단	향(香)	신나리	수원시
			유정재무용단	하늘열림 소리	유정재	안산시
제 11 회	2002. 7. 4-7. 7	군포시	양대승무용단	잿빛하늘	양대승	군포시
			성남무용단	덫	이선아	성남시
			장정희무용단	하늘이여 땅이여	정은경	수원시
			송주현무용단	맥	송주현	용인시
			안양무용단	그들만의 세상	김기백 김성나	안양시
			이승신무용단	$\sqrt{\frac{1}{2}} \times 1 = 0$	이승신	시흥시
			의정부시무용단	생	박문용	의정부시
			부천무용지부무용단	비문	오은령	부천시
제 12 회	2003. 7. 3-7. 6	용인시	안양무용단	몽가(夢家)	김성환	안양시
			이승신무용단	배웅	이승신	시흥시
			전미애무용단	다리	전미애	남양주시
			이미숙무용단	청랑	이미숙	의정부시
			장정희무용단	꿈	장정희	수원시
			양대승무용단	겨울무지개	김은령	군포시

횟수	개최 연월일	개최지	참가 단체	작품명	안무자	참가 지역
제 12 회	2003. 7. 3-7. 6	용인시	송주현무용단	넋두리 II	송주현	용인시
			이순림무용단	현절사	이순림	성남시
			오은령무용단	나비의 잠	오은령	부천시
제 13 회	2004. 5. 29-6. 9	안양시 군포시 의정부시	오은령무용단	푸른 영혼	오은령	부천시
			안양무용단	조신의 꿈	김성나	안양시
			조대식무용단	연 · 몽 · 공	조대식	광명시
			이승신무용단	세상 밖의 외눈박이	이승신	시흥시
			송주현무용단	넋두리 3	송주현	용인시
			전미애무용단	연	전미애	남양주시
			군포무용단	그때 휘파람새가 울었다	김은령	군포시
			이미숙무용단	돌에 핀 꽃	이미숙	의정부시
제 14 회	2005. 6. 16-7. 1	수원시 안양시 김포시	조대식무용단	남아있는 내일	조대식	광명시
			이미숙무용단	하나되는 땅	이미숙	의정부시
			안양무용단	그 하늘은 멀어도	김성나	안양시
			부천무용단	여자들의 수다	김혜은	부천시
			용인송주현무용단	따로 또 같이	송주현	용인시
			양대승무용단	허물어진 둥지	김은령	군포시
			이승신무용단	세상 밖의 외눈박이	이승신	시흥시
제 15 회	2006. 8. 5-8. 10	안양시	이미숙무용단	천상화	이미숙	의정부시
			송주현무용단	존재는 눈물을 흘리고	송주현	용인시
			광명무용단	우화의 강	김송희	광명시
			한동엽무용단	삶 그리고… 그림자	한동엽	포천시
			안양무용단	낙화	김성나 김기백	안양시
			이승신무용단	청춘예찬	이승신	시흥시
			오은령무용단	낙원을 꿈꾸다	오은령	부천시
제 16 회	2007. 5. 27-5. 31	안성시 의정부시	이미숙무용단	족두리	이미숙	의정부시
			성남무용단	바로서기	이재은	성남시
			손상욱 춤무용단	비몽(悲夢)	손상욱	김포시
			린무용단	벽	김혜린	수원시
			염복리무용단	깅깅 영원의 노래	염복리	안성시
			강윤선무용단	얼음별	강윤선	고양시
			양대승무용단	슬픔이여 흐르는 눈물꽃 되어	김은희	군포시
			조대식무용단	망각놀음	조대식	광명시

횟수	개최 연월일	개최지	참가 단체	작품명	안무자	참가 지역
제 16 회	2007. 5. 27-5. 31	안성시 의정부시	한동엽무용단	못다 핀 꽃 한 송이	한동엽	포천시
			안양무용단	진달래꽃 나비 되어	김성나	안양시
			오은령무용단	혼(婚)	오은령	부천시
			이승신무용단	여섯 개의 문	이승신	시흥시
			송주현무용단	참을 수 없는 내 존재의 가벼움	송주현	용인시
제 17 회	2008. 6. 10-6. 15	고양시 안양시	한동엽무용단	바람속에 나려질제…	한동엽	포천시
			강윤선무용단	그곳…(못 가는 고향)	강윤선	고양시
			최규일무용단	공공의 장소, 사적인 생각	최규일	부천시
			이미숙무용단	당신은 눈물을 흘려본 적 있는가	이미숙	의정부시
			이승신무용단	자유(自由)	이승신	시흥시
			린무용단	여명의 넋	김혜린	수원시
			이영순무용단	얼굴 없는 그들!	이영순	성남시
			손상욱무용단	비몽 II : 자유의 외침	손상욱	김포시
			안양무용단	진달래꽃	김성나	안양시
			송주현무용단	바람과 등불	송주현	용인시
			김은희무용단	가득 찬 빈손	김은희	군포시
			조대식무용단	山萬落 명월이 천산만락(天山萬落)에 아니 비췬 듸 없다	조대식	광명시
제 18 회	2009. 6. 16-6. 19	화성시	김은희무용단	새석평전을 꿈꾸며	김은희	군포시
			오은령무용단	화원	오은령	부천시
			조대식무용단	가까이 그리고 멀리에서	조대식	광명시
			강윤선무용단	사이에서…	강윤선	고양시
			박성아무용단	터 · 벌림	박성아	성남시
			장정희무용단	돌고, 돈다…	장정희	수원시
			안양무용단	붉은 꽃: 순백의 영혼	김성나	안양시
			이승신무용단	재밌는 이야기	이승신	시흥시
			한동엽무용단	평검지애	한동엽	포천시
제 19 회	2010. 6. 11-6. 13	안양시	이영순무용단	인연	이영순	성남시
			안양무용단	母心: 어머니의 마음으로	김성나	안양시
			이미숙무용단	하늘의 꽃이 되어…	이미숙	의정부시
			오은령무용단	달 그림자	오은령	부천시
			장정희무용단	아! 잊으랴…	장정희	수원시
			이승신무용단	리셋(reset)	이승신	시흥시
			한동엽무용단	화란의 風	한동엽	포천시

횟수	개최 연월일	개최지	참가 단체	작품명	안무자	참가 지역
제 19 회	2010. 6. 11-6. 13	안양시	김은희希무용단	서른 개의 초	김은희	군포시
			강윤선무용단	사이에서… II(두 번째 이야기)	강윤선	고양시
			조대식무용단	꼭두야 놀자	조대식	광명시
			김포시무용단 춤짓	귀촉도	손상욱	김포시
제 20 회	2011. 6. 4-6. 12	동두천시 동탄시	이승신무용단	세상 속의 외눈박이	이승신	시흥시
			이미숙무용단	하늘꽃… 사랑	이미숙	의정부시
			한동엽무용단	白.血 꽃비 되어	한동엽	포천시
			안양무용단	天地花	김성나	안양시
			한빛무용단	글라듸올라서: 사랑의 기도	김종진	고양시
			장정희무용단	흔들리며 피는 꽃	장정희	수원시
			춤하랑	畵(화): 말하다	음지민	성남시
			조대식무용단	달빛 구름에	조대식	광명시
			오은령무용단	傳說	오은령	부천시
			김은희希무용단	문…	김은희	군포시
제 21 회	2012. 6. 7-6. 10	안양시	밀물현대무용단 (이해준무용단)	태양의 인간	이해준	안산시
			안양무용단	마지막 겨울(나 가거든)	김성나	안양시
			이미숙무용단	잃어버린 장미	이미숙	의정부시
			성남무용단	웃음	김종해	성남시
			조대식무용단	가시나무새	조대식	광명시
			이승신무용단	마음의 감기	서은정	시흥시
			김은희 希무용단	길에 서다…	김은희	군포시
			한동엽무용단	포천의 빛	한동엽	포천시
			강윤선무용단	사계(四季)	강윤선	고양시
			오은령무용단	휘이 휘이 훨~ 훨~	오은령	부천시
제 22 회	2013. 6. 7-6. 9	고양시	이미숙무용단	꽃두레 빈 무덤	이소희 박문용	의정부시
			오은령무용단	불편한 진실	이룩	부천시
			단경무용단	비나리	방주현	용인시
			김은희무용단	그 겨울의 푸른 노을	김은희	군포시
			이영순무용단	어느날 갑자기	이영순	성남시
			손상욱무용단	가시나무새	김지은	김포시
			이승신무용단	그 여사의 이야기	서은정	시흥시
			안양무용단	여인의 향기	박성민	안양시
			강윤선무용단	별 하늘 그리고 바람…	강윤선	고양시

횟수	개최 연월일	개최지	참가 단체	작품명	안무자	참가 지역
제 22 회	2013. 6. 7-6. 9	고양시	한동엽무용단	무악	조민정	포천시
			광명무용단	슬픈 유희	조대식	광명시
제 23 회	2014. 7. 18-7. 20	구리시	김선정무용단	열두 비나리	김선정	안양시
			이미숙무용단	군(君)	이소희 박문용	의정부시
			광명무용단	기적	조대식	광명시
			이선아무용단	窓… 톡(talk) & 터치(touch)	이춘희 이선아	성남시
			강윤선무용단	하늘에 내리는 눈물 흩날리는 꽃잎 되어…	최수진	고양시
			이승신무용단	어메이징 그레이스	박미연 서윤정	시흥시
			부천무용단	염훤(孌諠)	김유미 이룩	부천시
			김은희 希무용단	갑돌이와 갑순이 (말하지 못하는 사람)	김은희	군포시
			한동엽무용단	향기 머금은 화폭(畫幅) 속으로	한동엽	포천시
제 24 회	2015. 5. 14-5. 17	양평군	민애 춤 컴퍼니	달이 삼켜버린 하늘	이민애	구리시
			김성나무용단	한량열전(閑良熱戰)	김성나	안양시
			이미숙무용단	환멸의 꽃	이순주	의정부시
			광명무용단	빈집	이상수	광명시
			두은숙무용단	05 혼푸리 굿	두은숙	남양주시
			임미경무용단	No Response	임미경	고양시
			엘루시아 무용단	Genesis	이재은	성남시
			이승신무용단	뭘 봐?!	서은정	시흥시
			한동엽무용단	풍류 위를 거닐도다	한동엽	포천시
			김은희 希무용단	신명	김은희	군포시

(3) 역대 전국무용제 경기도 대표 무용단체 참가 현황 및 성과

횟수	개최 연월일	개최지	경기 대표단체	작품명	안무자	수상 실적
제1회	1992. 9. 23-10. 1	부산직할시 부산문화회관	성남무용단	학의 노래	정금란	은상
제2회	1993. 9. 21-9. 28	부산직할시 부산문화회관	김기백무용단	불항아리	김기백	은상 연기상(김현성)
제3회	1994. 9. 2-9. 10	광주광역시 광주문화예술회관	성남무용단	태	김종해	내무부 장관상
제4회	1995. 9. 14-9. 22	대구광역시 대구문화예술회관	김기백무용단	竹의 悲歌	김기백	문체부 장관상 연기상(김성나)
제5회	1996. 9. 4-9. 12	제주도 제주문화예술회관	장정희무용단	母川	장정희	
제6회	1997. 9. 22-9. 30	충청북도 청주예술의전당	김동곤 발레단	추억의 한 페이지	김동곤	은상 연기상(김동곤)
제7회	1998. 9. 16-9. 25	전라북도 전주삼성문화회관	김기백무용단	간드레 불빛 을 찾아서	김기백	은상
제8회	1999. 10. 13-10. 22	강원도 속초문화회관	전혜란무용단	세	전혜란	
제9회	2000. 10. 2-10. 11	경상남도 창원 성산아트홀	김성나·조대식 무용단	혼성	김성나 조대식	
제10회	2001. 9. 18-9. 27	충청남도 천안학생문화회관	오은령무용단	꿈~노을	오은령	은상 연기상(오은령) 미술상(김기백)
제11회	2002. 9. 3-9. 11	울산광역시 울산문화예술회관	양대승무용단	잿빛하늘	양대승	은상
제12회	2003. 9. 16-9. 24	인천광역시 인천종합 문화예술회관	안양무용단	몽가	김성환	
제13회	2004. 9. 6-9. 15	대전광역시 대전문화예술의전당	오은령무용단	푸른 영혼	오은령	연기상(이동준)
제14회	2005. 9. 5-9. 13	제주도 제주문화예술회관	조대식무용단	남아있는 내일	조대식	은상 연기상(조대식)
제15회	2006. 9. 11-9. 20	경상북도 포항문화예술회관	이미숙무용단	선상화	이미숙	
제16회	2007. 9. 11-9. 20	경기도 의정부예술의전당	이미숙무용단	족두리	이미숙	은상
제17회	2008. 9. 23-10. 1	전라남도 목포문화예술회관	한동엽무용단	바람속에 나려질재	한동엽	문화체육관광부 장관상 안무상(한동엽) 연기상(최태헌)

횟수	개최 연월일	개최지	경기 대표단체	작품명	안무자	수상 실적
제18회	2009. 9. 16-9. 24	경상남도 김해문화회관	김은희무용단	새석평전을 꿈꾸며	김은희	
제19회	2010. 9. 16-9. 24	광주광역시 광주문화예술회관	이영순무용단	인연	이영순	
제20회	2011. 9. 16-9. 24	부산광역시 부산문화예술회관	이승신무용단	세상 속의 외눈박이	이승신	
제21회	2012. 10.18-10. 27	전라남도 여수예울마루	이해준무용단	태양의 인간	이해준	은상 음악상
제22회	2013. 9. 26-10. 5	전라남도 순천문화예술회관	이미숙무용단	꽃두레 빈 무덤	이미숙	은상 기술상(조명)
제23회	2014. 9. 26-10. 4	인천광역시 인천종합 문화예술회관	김선정무용단	열두 비나리	김선정	대상
제24회	2015. 9. 10-9. 19	전라북도 삼성문화회관	민애 춤 컴퍼니	달이 삼켜 버린 하늘	이민애	연기상(이민애) 무대예술상 (이정면)

2. 전국무용제 경기도 예선대회의 작품 경향

전국무용제 경기도 예선대회 참가 동향은 1992년 제1회, 제2회, 제4회, 제7회 대회에 대한 팸플릿 자료 및 기타 참고자료가 없어서 부득이하게 파악하지 못하였고 『문예연감』의 자료로 대신하였다.

1) 제1회 전국무용제 경기도 예선대회[4]

(1) 개요

행사명	제1회 전국무용제 경기도 예선대회
일 시	1992. 7. 17(오후 5시)
장 소	경기도문화예술회관 대공연장
주 최	(사)한국예술문화단체총연합회 경기도지회
주 관	(사)한국무용협회 경기도지부
후 원	경기도, 한국문화예술진흥원

행사일정			
구분 / 행사	프로그램	출연단체	지역
예선대회	학의 노래	성남무용단	성남시
	꽃의 교향곡	박복희무용단	수원시
	하늘 잃은 땅	박효순무용단	부천시

(2) 대회 평가 및 작품 경향 분석

1992년 제1회 전국무용제 경기도 예선대회는 (사)한국무용협회 경기도지회 3개 지부에서 총 3개의 창작무용작품들이 참가하였다. 대상은 성남지부 성남무용단의 〈학의 노래〉가 수상하여 그해 제1회 전국무용제에 참가하였다. 〈학의 노래〉는 제1회 전국무용제에서 은상을 수상하였다.

2) 제2회 전국무용제 경기도 예선대회[5]

(1) 개요

행사명	제2회 전국무용제 경기도 예선대회
일 시	1993. 6. 20(오후 7시 30분)
장 소	안양문예회관
주 최	(사)한국예술문화단체총연합회 경기도지회
주 관	(사)한국무용협회 경기도지부
후 원	경기도, 한국문화예술진흥원, 부천시, 안양시, 성남시, 수원시

행사일정			
구분 / 행사	프로그램	출연단체	지역
예선대회	문풍지귀	박효순무용단	부천시
	불항아리	김기백무용단	안양시
	문	성남무용단	성남시
	나그네	횡연주무용단	수원시

(2) 대회 평가 및 작품 경향 분석

1993년 제2회 전국무용제 경기도 예선대회는 (사)한국무용협회 경기도지회 각 4개 지부에서 총 4개의 창작무용작품들이 참가하였다. 예선에 참가한 작품들의 장르 유형은 한국 창작무용이 4작품이다. 대상은 안양시지부 김기백무용단의 〈불항아리〉가 수상하여 그해 제2회 전국무용제에 참가하였다. 〈불항아리〉는 제2회 전국무용제에서 장려상을 수상하였고 김현성이 개인연기상을 수상하였다. 안무상에는 부천지부 박효순무용단의 〈문풍지귀〉가 수상하고, 연기상에는 성남지부 성남무용단의 〈문〉에 출연한 조성란과 수원지부 황연주무용단의 〈나그네〉에 출연한 황연주가 수상하였다. 미술상은 성남지부 성남무용단의 〈문〉이[6] 수상하였다.

3) 제3회 전국무용제 경기도 예선대회[7]

(1) 개요

행사명	제3회 전국무용제 경기도 예선대회	
일 시	1994. 6. 22 – 6. 24(오후 7시 30분)	
장 소	경기도문화예술회관 대공연장	
주 최	(사)한국예술문화단체총연합회 경기도지회	
주 관	(사)한국무용협회 경기도지부	
후 원	경기도, 한국문화예술진흥원, 경기도문화예술회관, (사)한국무용협회, 수원시, 성남시, 부천시, 안양시, 의정부시, 안산시	
행사일정		
구분 / 행사	프로그램	출연단체	지역
전야제	춘앵무	이미숙무용단	의정부시
	살풀이	안춘자무용단	안산시
	민들레 왕국	임학선무용단	수원시
	여자와 사내	황문숙현대무용단	수원시
	카니발, 꽃의 왈츠	서정자 물이랑발레단	수원시
	북소리 사위	경기도립무용단	경기도

구분 행사	프로그램	출연단체	지역
예선대회	태(胎)	성남무용단	성남시
	삶과 죽음의 길이 예 있으매	박효순무용단	부천시
	45.94	김기백무용단	안양시
	내 품 안에 그대들을…	김동곤 발레단	수원시

(2) 참가작품 소개

① 성남무용단 〈태(胎)〉: 한국 창작무용 / 안무 김종해

〈태(胎)〉는 신화적인 세계관을 담고 있는 단군신화와 아담과 이브의 신화에 모성애가 결합된 작품이다. 작품의 동기는 단군의 단일민족의 성스러운 태를 이어받은 남녀가 제를 올리고, 사랑과 환희의 기쁨으로 잉태를 한다. 하지만 인간은 원래 원초적 본능으로 욕망이 생겨 분열이 되고, 혼돈과 비극의 파멸의 세상이 되지만 살아남은 여인이 그 비극의 설움을 씻어내고 새로운 정기를 잉태하여 단일민족의 태를 온 땅에 뿌리며 희망의 미래를 기원하는 마을의 축제가 펼쳐진다는 내용이다. 이 작품은 현실적인 전쟁으로 분단된 한반도의 비극을 신화적 세계관으로 해석하여 남북통일의 희망을 담은 작품이다.

② 박효순무용단 〈삶과 죽음의 길이 예 있으매〉: 한국 창작무용 / 안무 박효순

이 작품은 삶과 죽음의 본질적인 철학적 질문을 예술적인 춤의 사랑으로 해석한 작품이다. 안무가 박효순은 “삶은 우리에게는 매우 중요하다. 죽음 또한 그러하다. 삶과 죽음의 길이 예 있으매…, 막을 올리는 뜻 또한 그러하다. 그리하여 춤은 예술이라야 한다. 춤은 사랑이 깊숙이 있어야 한다. 춤은 깨끗한 영혼과 함께 해야 한다”라고 소개하고 있다.

③ 김기백무용단 〈45.94〉: 한국 창작무용 / 안무 김기백

이 작품은 한국의 비극적 현대사를 다룬 현실 반영적인 창작 전통무용이다. 작품의 구성은 1945년 일제강점기에서의 해방과 1950년 한국전쟁, 그리고 현재를 살아가는 우리의 모습을 보여주는 1994년까지 현대사의 흐름을 보여주고 있다. 작품의 해석은 상징적인 춤의 언어로 강자와 약자의 관계 속에서 힘의 논리에 의해 서로 강인함과 나약함의 변증법적 해석을 통해 민족적 수난과 약자의 설움, 주체성의 문제를 다루었다.

④ 김동곤 발레단 〈내 품 안에 그대들을…〉: 창작 발레 / 대본 · 안무 김동곤

이 작품은 한국의 일제강점기 시절 일본군 위안부의 비극을 재미있는 창작 발레로 아름답게 승화시킨 작품이다. 내용은 일본군 위안부로 끌려갔다가 전후 귀향한 '랑'의 독백으로 시작한다. 해방 이후 조국으로 돌아온 랑이 고향 사람들에게 냉대를 받으며 점차 고립된다. 그리고 그 랑을 찾는 랑의 남자 '이'가 '랑'과 해후하게 된다. 랑이 겪은 과거의 상처를 알게 된 이가 랑의 아픔을 사랑으로 받아들이고, 그들의 사랑을 통해서 고향 사람들도 위로와 사랑으로 화합하여 축제의 춤을 추며 막을 내린다. 작품은 〈손수건 왈츠〉, 〈이와 랑의 사랑의 아다지오〉, 〈정신대 여인들의 사랑의 왈츠〉, 〈일곱 여인의 축하왈츠〉, 다 함께 피날레 축하의 춤으로 구성되어 있다.

(3) 대회 평가 및 작품 경향 분석

1994년 제3회 전국무용제 경기도 예선대회는 (사)한국무용협회 경기도지회 각 6개 지부에서 총 4개의 창작무용작품들이 참가하였다. 예선에 참가한 작품들의 장르 유형은 한국 창작무용 3작품에 창작 발레 1작

품이 경연하였다. 대상은 성남시지부 성남무용단의 〈태(胎)〉가 수상하였고, 그해 제3회 전국무용제에 참가하여 우수상(내부무 장관상)을 받았다.

경연대회 경기도 예선에 참가한 4작품들의 작품 유형을 살펴보면, 3작품은 모두 한국의 근현대사의 비극을 다룬 역사적 모티브를 취하는 작품들이고, 나머지 1작품은 인간 내면의 근원적인 철학적 문제를 예술적인 춤의 세계관으로 풀어낸 작품이다.

성남무용단의 〈태(胎)〉는 한국전쟁의 비극을 신화적 세계관으로 해석하였고, 김기백무용단의 〈45.94〉는 한국 일제강점기와 한국전쟁, 그리고 현재를 살아가는 우리의 역사적인 변화를 힘의 논리에 의한 권력 이동이라는 세계관으로 해석하였다. 김동곤 발레단의 〈내 품 안에 그대들을…〉은 일본군 위안부의 이야기를 발레의 언어로 남녀 간의 사랑의 갈등과 화해로 풀어내어 아픈 과거의 진지한 역사성을 아름답게 승화시켰다.

4) 제4회 전국무용제 경기도 예선대회[8]

(1) 개요

행사명	제4회 전국무용제 경기도 예선대회
일시	1995. 7. 8 – 7. 9(오후 7시 30분)
장소	안양문예회관 대공연장
주최	(사)한국예술문화단체총연합회 경기도지회
주관	(사)한국무용협회 경기도지부
후원	경기도, 한국문화예술진흥원, 수원시, 부천시, 안양시, 성남시

행사일정			
구분 / 행사	프로그램	출연단체	지역
예선대회	꿈의 여행	장정희무용단	수원시
	영상의 빛인 사의 자아	박효순무용단	부천시
	죽(竹)의 비가(悲歌)	김기백무용단	안양시
	찔레꽃 여인들	성남무용단	성남시

(2) 대회 평가 및 작품 경향 분석

1995년 제4회 전국무용제 경기도 예선대회는 (사)한국무용협회 경기도지회 4개 지부에서 총 4개의 창작무용작품들이 참가하였다. 예선에 참가한 작품들의 장르 유형은 한국 창작무용 4작품이다, 대상은 안양지부 김기백무용단의 〈죽(竹)의 비가(悲歌)〉가 수상하여 그해 제4회 전국무용제에 참가하였다. 〈죽(竹)의 비가(悲歌)〉는 제4회 전국무용제에서 우수상과 연기상을 수상하였다.

5) 제5회 전국무용제 경기도 예선대회[9]

(1) 개요

행사명	제5회 전국무용제 경기도 예선대회		
일 시	1996. 7. 9 – 7. 10(총 2회 공연)		
장 소	경기도문화예술회관 대공연장		
주 최	(사)한국예술문화단체총연합회 경기도지회		
주 관	(사)한국무용협회 경기도지부		
후 원	경기도, 한국문화예술진흥원, (사)한국무용협회, 수원시, 성남시, 부천시, 안양시		
행사일정			
구분 / 행사	프로그램	출연단체	지역
예선대회	어떤 하루	안양무용협회무용단	안양시
	외로운 섬	성남무용단	성남시
	내마음의 삽화	성주무용단	부천시
	모천(母川)	장정희무용단	수원시

(2) 참가작품 소개

① 안양무용협회 무용단 〈어떤 하루〉: 한국 창작무용 / 안무 권영관

〈어떤 하루〉는 일상적 에피소드 속에서 발견하는 자아 성찰을 담고 있다. 작품은 반복되는 일상 속에서 무감각해지는 자아, 어느 날 하루가

시작되는 아침의 출근길에 급작스러운 브레이크, 전철의 연착, 엘리베이터의 고장 등으로 갇혀버린 나, 갇힌 공간 속에서 본능적인 생존의식으로 인한 갈등 등이 연속되고, 서로 탈출하려고 했던 나약한 인간들임을 반성하고 이런 일로 인해서 서로 간의 소중한 인간애를 갖게 된다는 내용이다.

② 성남무용단 〈외로운 섬〉: 한국 창작무용 / 안무 김종해

〈외로운 섬〉은 우리나라의 독도(獨島)의 존재 의미를 무용언어로 되새겨보는 작품이다. 태고부터 우리나라의 동쪽 끝에 터를 잡고 존재하였던 독도는 온갖 풍랑에 시달려도 생명을 이어주고 숨 쉬는 섬으로 우리나라 역사의 축소판 같은 존재이다. 안무가는 독도의 생성부터 수난을 거쳐 독도에 평화가 가득하길 바라는 바람을 창작 한국무용으로 승화시켰다.

③ 성주무용단 〈내마음의 삽화〉: 한국 창작무용 / 안무 박효순

〈내마음의 삽화〉는 '어머니'라는 숭고한 이름을 가진 한 여성의 강한 의지와 인내, 그리고 심리적 상황을 보여준다. 이 작품은 오늘날 현대인들이 잃어버리고 사는 '희생'과 '사랑'의 메시지를 담고 있다. 제1장 생명의 빛, 제2장 현실의 운명, 제3장 사랑의 빛으로 구성되어 있다.

④ 장정희무용단 〈모천〉: 한국 창작무용 / 안무 장정희

〈모천〉은 혼란기에 태어나 시대의 아픔을 온몸으로 느끼며 살다 간 여성의 삶을 춤으로 형상화하였다. 한 평범한 소녀가 한 남자를 만나고 서로 사랑하여 딸을 낳는다. 여성으로서의 기쁨을 맛보지만 바로 한국

전쟁으로 인해 남편은 죽고, 먹고살기 위해서 기지촌 여자로 전락하고 딸과 갈등하여 딸은 집을 나간다. 그녀는 딸을 그리워하며 회한의 세월을 보내고 이승과 이별한다. 어머니의 무덤 앞에서 딸이 잘못을 뉘우치며 어머니의 극랑왕생을 빈다. 이 작품은 물질만능시대 진정한 삶과 행복의 의미, 그리고 효의 가치를 되새겨보고 있다.

(3) 대회 평가 및 작품 경향 분석

1996년 제5회 전국무용제 경기도 예선대회는 (사)한국무용협회 경기도지회 각 4개 지부에서 총 4개의 창작무용작품들이 참가하였다. 예선에 참가한 작품들의 장르 유형은 모두 한국 창작무용이다. 대상은 수원시지부 장정희무용단의 〈모천〉이 수상하여 그해 제5회 전국무용제에 참가하였다.

경연대회 경기도 예선에 참가한 4작품들의 유형을 살펴보면, 3작품은 모두 한국의 근현대사의 비극을 다루고 있고, 나머지 한 작품은 일상적 에피소드에서 인간 내면의 철학적인 자아 성찰의 문제를 다루고 있다.

안양무용협회무용단의 〈어떤 하루〉는 반복되는 일상 속에서 무기력해지는 현대인의 일상에서 갑자기 겪는 공공의 사고를 통해서 서로 인간애를 느끼며 사는 인간적인 모습을 찾자는 자아 성찰의 의미를 담고 있다. 성남무용단의 〈외로운 섬〉은 일본과의 독도분쟁에 대한 논쟁 속에서 독도가 한국사에서 갖는 존재 의미가 반도국가로서 5,000년을 이어온 한국사와 그 맥락을 같이한다는 메시지를 전하고 있다. 성주무용단의 〈내 마음의 삽화〉는 여성의 어머니로서의 삶이 갖는 숭고한 희생정신에 대한 진지한 성찰을 다루고 있고, 장정희무용단의 〈모천〉은 어느 여인의 삶을 한국 근현대사의 비극과 견주어 표현하고 있는 작품이다.

6) 제6회 전국무용제 경기도 예선대회[10]

(1) 개요

행사명	제6회 전국무용제 경기도 예선대회		
일 시	1997. 6. 11 – 6. 12(총 2회 공연)		
장 소	경기도문화예술회관 대공연장		
주 최	(사)한국예술문화단체총연합회 경기도지회, 안양시		
주 관	(사)한국무용협회 경기도지부		
후 원	경기도, 한국문화예술진흥원, (사)한국무용협회, 수원시, 성남시, 부천시		
행사일정			
구분 / 행사	프로그램	출연단체	지역
축하공연	살풀이	부천지부 무용협회	부천시
	장고춤	과천지부 무용협회	과천시
	태평무	고양지부 무용협회	고양시
	흥춤	부천지부 무용협회	부천시
예선대회	시간속으로	조대식무용단	안양시
	추억의 한 페이지	김동곤 발레단	수원시
	이야 이야 고야	성주무용단	부천시
	광야	성남무용단	성남시

(2) 참가작품 소개

① 조대식무용단 〈시간속으로〉: 한국 창작무용 / 안무 조대식

〈시간속으로〉는 민족분단의 역사를 현실적으로 반영한 작품이다. 이 작품은 탈북을 한 북한 청년이 남한사회에서 겪는 현실적 고통과 방황을 심리적으로 묘사하고 있으며, 자유민주주의에 대한 소중한 가치를 조명한 작품이다.

② 김동곤 발레단 〈추억의 한 페이지〉: 창작 발레 / 안무 김동곤

〈추억의 한 페이지〉는 창작 발레작품이지만 탱고, 고전발레, 재즈댄

스 등의 다양한 춤이 크로스오버되었다. 추억에 대한 심상적인 이미지를 무용언어로 형상화시키고 있다. 작품 내용은 님에 대한 그리움을 정열의 탱고처럼 그려본 추억의 한 페이지를 이야기한다. 제1장은 젊은 연인들이 일몰의 해변에서 화려한 축제를 즐긴다. 제2장은 깊은 밤 정적 속에서 여인은 추억 속에서 사랑을 찾아 재즈와 탱고의 리듬으로 추억의 세레나데를 그려본다.

③ 성주무용단 〈이어 이어 고야〉: 한국 창작무용 / 안무 박효순

〈이어 이어 고야〉는 현대문명을 비판하는 내용을 담은 작품으로 현실 반영의 심상적 이미지를 표현하였다. 급변하는 현대사회에서 우리는 늘 목마름을 느낀다. 그러나 그 목마름이 채 가시기도 전에 또 다른 새로운 것이 억압한다.

④ 성남무용단 〈광야〉: 한국 창작무용 / 안무 김종해

〈광야〉는 평화와 고난의 과정을 거치면서 성숙되어 가는 인간의 삶을 광야의 흥망성쇠와 대비시켜 춤으로 표현하였다. 이 작품은 자연을 정복했다는 자만감을 갖고 있는 인간이 자연재해를 통해 고난을 겪으면서 겸허해지는 인간의 마음을 자연주의적 관점에서 그리고 있다.

(3) 대회 평가 및 작품 경향 분석

1997년 제6회 전국무용제 경기도 예선대회는 (사)한국무용협회 경기도지회 각 4개 지부에서 총 4개의 창작무용작품들이 참가하였다. 예선에 참가한 작품들의 장르 유형은 한국 창작무용 3작품, 창작 발레 1작품이다. 대상은 수원시지부 김동곤 발레단의 〈추억의 한 페이지〉가 수

상하여 그해 9월에 제6회 전국무용제 본선에 참가하여 은상을 수상하고 김동곤이 연기상을 받았다.

경연대회 경기도 예선에 참가한 4작품들의 작품 유형을 살펴보면, 조대식무용단의 〈시간속으로〉는 탈북 청년이 남한 사회에 적응하기 위해서 겪는 좌절과 방황을 그린 다분히 현실 반영적인 사회적 주제를 다룬 작품이다. 김동곤 발레단의 〈추억의 한 페이지〉는 창작 발레이지만 재즈, 탱고, 고전발레 등의 음악 속에서 젊은 시절 여름날의 해변의 아련한 추억을 아름다운 심상적 이미지로 표현하였다. 박효순 안무의 성주무용단의 〈이어 이어 고야〉는 현대문명 사회에서 인간 욕망의 목마름을 표현한 현실 비판적인 작품이다. 성남무용단의 〈광야〉는 자연주의적 관점에서 인간의 자만감으로 인해 자연파괴가 일어나고 결국 파괴된 자연이 불러오는 재앙을 통해서 인간이 겸허해진다는 내용을 담고 있다.

7) 제7회 전국무용제 경기도 예선대회[11]

(1) 개요

행사명	제7회 전국무용제 경기도 예선대회		
일 시	1998. 6. 26 - 6. 28		
장 소	군포시민회관 대공연장		
주 최	(사)한국예술문화단체총연합회 경기도지회		
주 관	(사)한국무용협회 경기도지부		
후 원	경기도, 경기문화재단, 한국문화예술진흥원, 안양시, 안산시, 수원시, 부천시		
행사일정			
구분 / 행사	프로그램	출연단체	지역
예선대회	간드레 불빛을 찾아서	김기백무용단	안양
	장주의 꿈	물수레무용단	안산
	바람의 넋	김광자무용단	수원
	미확인	성주무용단	부천

(2) 대회 평가 및 작품 경향 분석

1998년 제7회 전국무용제 경기도 예선대회는 (사)한국무용협회 경기도지회 4개 지부에서 총 4개의 창작무용작품들이 참가하였다. 예선에 참가한 작품들의 장르 유형은 한국 창작무용 4작품이다. 대상은 안양지부 김기백무용단의 〈간드레 불빛을 찾아서〉가 수상하여 그해 제4회 전국무용제에 참가하였다. 〈간드레 불빛을 찾아서〉는 제4회 전국무용제에서 은상을 수상하였다.

8) 제8회 전국무용제 경기도 예선대회[12]

(1) 개요

행사명	제8회 전국무용제 경기도 예선대회
일 시	1999. 6. 25 – 6. 30(총 5회 공연)
장 소	안양문예회관 대공연장
주 최	(사)한국무용협회 안양시지부
주 관	(사)한국무용협회 경기도지회
후 원	경기도, 경기문화재단, 한국문화예술진흥원, 인천방송국

행사일정			
구분 / 행사	프로그램	출연단체	지역
전야제	화관무	장상화	
	부채춤	허성재	
	빠 뜨 까트르	권경미	
	태평산조	오은령	
	오고무	정연희	
	진도북춤	김성나, 양대승 외	
예선대회	다시 만난 나의 허상	양대승무용단	군포시
	로댕의 연인	발레 미래	성남시
	미혹	물수레무용단	안산시
	노을은 꿈을 꾼다	오은령무용단	부천시

행사 \ 구분	프로그램	출연단체	지역
예선대회	소피의 세계	황규자 발레단	용인시
	데미안을 꿈꾸며	김성나무용단	안양시
	흑과 백	박복희 발레단	수원시
	제	전혜란무용단	과천시
	회향	강윤나무용단	고양시
	몽상록2	신명숙무용단	포천시

(2) 참가작품 소개

① 양대승무용단 〈다시 만난 나의 허상〉: 한국 창작무용 / 안무 양대승

〈다시 만난 나의 허상〉은 인간이 자신의 성찰에 대한 가식적인 위선과 허위의식에서 벗어나 내 상상력의 세계가 만들어낸 허상을 쫓는 쾌락의 심상미를 표현한 작품이다. 제1장 허상의 춤(누군가 나를 평가하는 일은 어렵지 않다), 제2장(가식적 사고와 위선적인 인간들이 넘치고 빠르게 변화해가는 정보사회에서 적응하기란 쉽지 않다), 제3장(미래는 환상이다)으로 구성되어 있다.

② 발레 미래 〈로댕의 연인〉: 창작 발레 / 안무 권경미

〈로댕의 연인〉은 프랑스 근대 조각가 로댕과 그의 조수이자 여인이었던 까미유 클로델의 사랑 이야기를 창작 발레로 해석한 작품이다. 스승 로댕을 사랑한 카미유 클로델은 로댕보다 직관적이고 천재적인 예술적 재능을 갖춘 조각가였다. 하지만 로댕은 질투심과 명성에 대한 집착으로 그녀를 버린다. 결국 그녀는 나머지 생애를 정신병원에서 살다 인생을 마감한다. 이 작품은 카미유 클로델의 기구한 삶을 통해 명예와 지위를 얻기 위해 진실한 사랑조차 외면하는 로댕으로 인해 파멸해가는 한 순수한 사랑의 영혼이 겪는 아픔을 주제로 한 작품이다.

③ 물수레무용단 〈미혹〉: 한국 창작무용 / 안무 백정희

〈미혹〉은 장자의 심미적 실재관으로서 물화(物化)의 동태적(動態的) 제물론(齊物論)에 대한 장자사상을 무용언어로 해석한 작품이다. 작품 내용은 "인간은 자연이요, 자연의 일부이며 자연의 섭리대로 사는 것이다."라는 주제를 제1장 뫼비우스의 띠(이면과 저면으로 인간은 자연의 일부이다), 제2장은 생사의 기로(삶과 죽음의 차이는 계절의 변화와 같다), 제3장 무제한 만유(인간다움은 하늘의 뜻으로 순응과 복종의 사랑이다), 제4장 무위의 자연(인간의 생과 삶은 자연이요 모든 것이 자연속으로 되돌아가는 것이다)으로 구성하였다.

④ 오은령무용단 〈노을은 꿈을 꾼다〉: 한국 창작무용 / 안무 오은령

〈노을은 꿈을 꾼다〉는 인생의 황혼기를 이야기하였다. 황혼에서 되돌아보는 세월에서 노쇠함과 퇴색이 아닌 사랑과 희로애락의 삶을 통해 내면의 아름다움과 혜안이 발견된다는 인간의 심상미를 표현하고 있다. "노을은 꿈을 꾼다. 지평이 혈서를 쓴다. 수평이 각혈을 한다. 하늘과 바다와 땅덩이가 죽음을 불사하고, 마지막 옷을 벗을 즈음 순간을 살더라도 목숨을 끝까지 함께 가자. 모진 돌에도 피가 돌고, 이슬방울에도 우주의 가슴이 무너진다. 사랑하는 까닭에, 사랑할 수밖에 없는 까닭에 구름 뒤에 숨은 달도 눈 못 뜨는 노을녘에는…"이라는 인생의 철학적인 질문을 시로 쓰고 다시 무용언어인 몸짓으로 해석한 작품이다.

⑤ 황규자 발레단 〈소피의 세계〉: 창작 발레 / 안무 황규자

〈소피의 세계〉는 1990년대 중후반 국내 대학가에서 인기를 얻었던 노르웨이 소설가 요슈타인 가아더의 소설 『소피의 세계』에서 모티브를

얻는 작품이다. 산업화로 인한 인간성의 상실, 도덕의 타락 등 현대사회의 인간의 표본을 소피라는 소녀가 거울 속에 비춰진 자신의 다양한 모습들과 대화를 통해서 인간성을 회복하는 철학적 자아 성찰 과정을 무용화한 작품이다. 안무자는 이와 같은 인식으로부터 우리가 새롭게 하는 것은 무용의 사회적 역할과 방향에 대해서 노력하고자 하는 것이 이 작품의 창작 배경이라고 설명하고 있다.

⑥ 김성나무용단 〈데미안을 꿈꾸며〉: 한국 창작무용 / 안무 김성나

〈데미안을 꿈꾸며〉는 심상미를 추구한다. 데미안과 같이 인생의 혜안을 갖춘 인간으로 새로운 삶의 진실과 사랑을 찾기 위해서 힘겨운 굴레를 벗어나는 내면적인 자아 성찰을 하고자 하였다. 안무가는 아름다운 추억과 사랑, 아름다운 인생을 꿈꾸며 서로의 마음을 정화시켜 주고 진정한 사랑의 의미를 전달하고자 하였다. 제1장은 사랑에서 오는 갈등과 새로운 미래에 대한 혼돈, 제2장은 갈림길에서의 몸짓들과 서로 어깨들을 부딪치며 거대한 조직 속에 매몰되어 가는 인간의 모습, 제3장은 진실과 사랑, 사랑의 아름다움과 사랑의 아픔을 교차하며 이들 양면의 세계에 선 인간 자신의 모습으로 구성되어 있다.

⑦ 박복희 발레단 〈흑과 백〉: 창작 발레 / 안무 박복희

〈흑과 백〉은 인간의 가장 근원적인 본성으로서의 선과 악에 대한 질문을 던지는 추상적 심상미를 추구하는 창작 발레이다. 내면의 본질과 내 본질을 들여다보는 자화상을 거울로, 선과 악의 갈등을 가면의 표상으로 상징하였다. 안무가는 제1장에서 인간의 이중적인 가면을 사용하여 추상적으로 표현하였고, 제2장에서 경쟁에서 승리하는 것만이 모

든 가치척도의 기준이 되는 부끄러운 우리들의 자화상을 전개하였다. 제3장에서는 고뇌와 사랑의 내면세계를 표현하였고, 제4장은 화해와 희망의 메시지를 전달하였다.

⑧ 전혜란무용단 〈제〉: 한국 창작무용 / 안무 전혜란

〈제〉는 달의 변화 이미지를 여인의 성숙 과정으로 묘사하여 생명과 풍요, 그리고 화합의 산육 풍요 신앙을 모티브로 형상화하였다. 한국은 보름의 세시풍속에서 고유 세시명절이 생겼고, 대보름에는 풍요와 화합, 희망을 기원하는 애니미즘적 심성이 포함되어 있다. 안무가는 달의 변화를 통해서 여인의 성숙 과정을 기다림, 만남, 약속, 다른 기다림의 교태의 사랑, 생명의 불씨, 순응과 운행, 교감과 결합으로 작품을 해석하고 있다.

⑨ 강윤나무용단 〈회향〉: 한국 창작무용 / 안무 강윤나

〈회향〉은 꽃의 생애를 소재로 대자연의 법칙을 통해 인생사를 표현하였다. 내용은 대자연의 봄이 씨앗을 잉태하고, 작은 새싹이 돋아난다. 새싹이 한 그루의 나무가 되고 그 나무가 다시 꽃을 피우고, 꽃이 피기까지의 과정을 인간의 생애 주기로 표현하였다. 안무자는 인간이 태어나고 성장하면서 겪는 인생의 황금기와 황혼기, 그리고 죽음을 꽃의 생애로 상징화하였다.

⑩ 신명숙무용단 〈몽상록 2〉: 한국 창작무용 / 안무 신명숙

〈몽상록 2〉는 망자의 영혼을 달래는 의식을 역설적으로 산 자의 영혼이 망자의 영혼을 기억하는 의식으로 전환을 시도하였다. 작품은 우

리 고유의 굿 의식의 토대 위에서 산자가 망자를 위하여 전달하고 싶은 영혼의 소리, 마음의 소리, 생명의 소리 등이 보이지 않는 울림으로 우리들의 마음을 달래준다는 것을 말하고 있다. 작품 내용은 혼들의 울부짖음, 젊은 날을 회상하면서 생과 사의 갈등에서 스스로 돌아보는 영혼들의 소리로서의 제 의식, 혼돈의 세계, 망자를 위한 영원한 보금자리로의 인도로 막을 내린다.

(3) 대회 평가 및 작품 경향 분석

1999년 제8회 전국무용제 경기도 예선대회는 (사)한국무용협회 경기도지회 안양시지부에서 개최되었고, 경기도 10개 시지부에서 총 10개의 창작무용작품들이 경연대회에 참가하였다. 예선에 참가한 작품들의 장르 유형은 한국 창작무용이 7작품, 창작 발레가 3작품이다. 과천시지부 전혜란무용단의 〈제〉가 대상을 수상하여 그해 제8회 전국무용제에 참가하였다.

경연대회 경기도 예선에 참가한 10작품들의 작품 유형을 살펴보면, 대부분 철학적인 인간의 본성과 내면을 다룬 작품들이 주류를 이루고 있다. 이러한 작품들은 주로 〈다시 만난 나의 허상〉, 〈흑과 백〉, 〈데미안을 꿈꾸며〉, 〈미혹〉, 〈노을은 꿈을 꾼다〉, 〈소피의 세계〉 작품들이다. 반면 〈로댕의 여인〉, 〈제〉, 〈회향〉, 〈몽상록 2〉 작품들은 소재가 갖는 보편적인 이해를 토대로 작품이 전달하고자 하는 메시지를 형상화하고 있어 메시지 표현이 비교적 명확해질 수 있다.

9) 제9회 전국무용제 경기도 예선대회[13]

(1) 개요

행사명	제9회 전국무용제 경기도 예선대회(제1회 기전무용대제전)
일 시	2000. 6. 25 – 6. 30(총 6회 공연)
장 소	안양문예회관 대극장
주 최	(사)한국무용협회 경기도지회, 안양시
주 관	기전무용제 운영위원회
후 원	경기도, 경기문화재단, 한국문화예술진흥원

행사일정

구분 / 행사	프로그램	출연단체	지역
개막 축하공연	태평무	강윤나	
	부채춤	장정희무용단	
	입춤	도듬무용단	
	검무	허성재무용단	
	산수화	오은령무용단	
	진도북춤	김진원무용단	
	사물놀이	고석진사물놀이패	
예선대회	혼성(魂聲)	김성나무용단	안양시
	꽃씨 하나 심은 마음으로	허성재무용단	하남시
	꽃굿	김광자무용단	수원시
	회향 2	고양무용단	고양시
	백정의 딸	오은령무용단	부천시
	엄마야 누나야 강변살자	김진원무용단	군포시
	굴레	성남무용단	성남시
	꽃등	이미숙무용단	의정부시
	구름은 비를 데리고	춤사랑무용단	안산시

(2) 참가작품 소개

① 김성나무용단 〈혼성(魂聲)〉: 한국 창작무용 / 안무 조대식

〈혼성(魂聲)〉은 급변하는 사회 속에서 뜻하지 않는 사고로 희생한 이들에 대한 이야기이다. 작품에서는 친구요 연인일 수도 있고, 혹은 가족

일 수도 있는 한 사람의 운명을 바꾸어버린 하나의 사건을 상기시킨다. 안무가는 "조금씩 닳아지는 독향 방향, 모조리 받아 손톱과 발톱 다 닳아서 그 기운 한 줌 바람으로 곁을 스쳐 갈 때 그 무게로 떨어지는 꽃잎이고 싶다."고 안무의 의도를 말하였다. 작품 내용은 영혼의 결혼식, 운명을 같이한 타인들, 보이지 않는 그림자, 울리지 않는 메아리로 구성되어 있다.

② 허성재무용단 〈꽃씨 하나 심은 마음으로〉: 한국 창작무용 / 안무 허성재

〈꽃씨 하나 심은 마음으로〉는 자연회귀 사상과 하남의 지역 전통문화인 위례 백제시대의 보살춤을 담고 있다. 작품은 인간의 문명으로 인해 훼손된 자연이 결국 인간에게 재앙이 되어 세상이 종말을 맞이할 것을 경고하고 있다. 그리고 새천년을 위한 인간의 반성과 자연환경 복원을 위한 노력이 있는 한 희망이 있다는 메시지를 담고 있다. 작품은 제1장 지구의 모습, 제2장 하남위례성 백제의 보살춤, 제3장 새천년의 삶, 제4장 갈등, 제5장 새천년을 위한 환경지킴이로 구성되어 있다.

③ 김광자무용단 〈꽃굿〉: 한국 창작무용 / 안무 김광자

〈꽃굿〉은 페미니즘적인 작품이다. 우리 사회에서 여성이 겪는 사회적 성차별과 희생을 우리 고유의 마을굿 형식을 빌어 한을 풀고 기원을 담고 있다. 제1장 꽃들의 침묵(밝게 피어나는 꽃을 형상화한 무대로 삶을 시작하는 희망과 소리 없는 침묵의 모습), 제2장 꽃들의 사랑(서로 마주보며 서로 아끼며 위하는 사랑의 춤), 제3장 꽃들의 산화와 넋두리(꽃들은 하나둘씩 찢어지면서 이리저리 방황한다)로 구성되어 있다.

④ 고약무용단 〈회향 2〉: 한국 창작무용 / 안무 강윤나

〈회향 2〉는 현대인의 파괴적인 문명에 대한 자아 성찰을 담은 문명

비판적인 작품이다. 21세기 속도의 경쟁 속에서 우리가 잃어버린 인간의 따뜻한 사랑으로 회귀하자는 희망을 이야기하고 있다. 작품은 제1장 성스러운 탄생, 제2장 활발한 성장, 제3장 자아 성찰, 제4장 대물림(거듭나기)으로 구성되어 있다.

⑤ 오은령무용단 〈백정의 딸〉: 한국 창작무용 / 안무 오은령

〈백정의 딸〉은 신분제의 모순에 대한 한국적 페미니즘적 자각으로 한국의 근대성을 비판한다. 조선시대 최하층 천민 계급의 백정의 가정에서 태어난 딸이 자신의 신분을 모른 채 살다 어느 날 마을 잔치에서 백정이라는 천한 직업으로 치욕적인 멸시를 받은 어머니가 항거하면서 죽자, 어머니의 죽음을 통해서 자신의 현실을 깨닫고 신분 타파를 위해서 자신의 삶을 개척한다는 무용극이다.

⑥ 김진원무용단 〈엄마야 누나야 강변살자〉: 한국 창작무용 / 안무 김진원

〈엄마야 누나야 강변살자〉는 시적 심상미가 갖는 자연주의적 모성 회귀를 통해서 인간의 편리성과 경제적 이익을 위해서 무분별하게 파괴된 자연환경을 되살리자는 자연보호의 캠페인을 담고 있다.

⑦ 성남무용단 〈굴레〉: 한국 창작무용 / 안무 이선아

〈굴레〉는 일제시대 종군 위안부의 문제를 이야기하였다. 종군 위안부는 개인의 비극적인 삶인 동시에 한국의 시대적 아픔이기도 하다. 15세의 나이에 종군 위안부로 끌려갔다가 살아 돌아온 여인이 귀향하여 겪는 멸시와 냉대를 통해서 종군 위안부에 대한 역사인식의 문제를 지적한다. 작품은 여인의 옛 기억 속에서 사라져간 동료들을 잊지 말고

기억해주길 바라는 여인의 마음을 담고 있다.

⑧ 이미숙무용단 〈꽃등〉: 한국 창작무용 / 안무 이미숙

〈꽃등〉은 망령(亡靈)을 구제하는 천도제 의식이 갖는 의미와 형식적 미학을 한국무용에 접목시킨 작품이다. 어린아이의 죽음 앞에 부모의 마음은 원망과 푸념, 그리고 응어리진 한맺힘을 갖고 있다. 부모는 자식을 떠나보내며 자식을 극락으로 인도하려고 천도제를 한다. 자식에 대한 사무친 정과 한을 풀고 천도 의식 후 꽃등으로 자식이 아름답게 새로운 생명으로 태어나라고 기원한다는 내용이다.

⑨ 춤사랑무용단 〈구름은 비를 데리고〉: 한국 창작무용 / 안무 김인숙

〈구름은 비를 데리고〉는 노장사상의 자연 회귀적인 시적 심상미를 표현한 작품이다. "바람은 물을 데리고 자꾸만 어디로 가고자 하는가. 새는 벌레를 데리고 자꾸만 어디로 가고자 하는가. 구름은 또 비를 데리고 자꾸만 어디로 가고자 하는가. 나는 삶을 데리고 자꾸만 어디로 가고 있는가. 달팽이는 저의 집을 데리고 자꾸만 어디로 가고자 하는가.(중략) 아, 나는 나를 데리고 자꾸만 어디로 가고 있는가."

(3) 참가작품의 주제 및 작품 경향 분석

2000년 제9회 전국무용제 경기도 예선대회는 (사)한국무용협회 경기도지회 9개 지부에서 총 9개의 창작무용작품들이 참가하였다. 특히 경기도 무용인들의 축제로서 제1회 기전무용대제전이 함께 개최되어 무용 관객 개발의 차원에서 무용을 대중화시키고 경기 무용인의 화합과 지역무용 활성화를 도모하였다.

예선에 참가한 작품들의 장르 유형은 9개의 작품 모두 한국 창작무용이다. 안양시지부 김성나무용단의 조대식 안무 〈혼성(魂聲)〉이 대상을 수상하여 그해 제9회 전국무용제에 참가하였다.

경기도 예선대회에 참가한 9개 작품들의 작품 유형을 살펴보면 다음과 같다. 전통문화원형을 소재로 한 작품들이 눈에 띄었다. 이미숙무용단의 〈꽃등〉은 천도제 의식을 무용화시켜서 아름다운 무용예술로 승화시켰고, 성남무용단의 〈굴레〉는 종군 위안부의 역사적인 문제에 대한 공감대를 형성할 수 있는 공연이었다. 페미니즘의 관점에서 김광자무용단의 〈꽃굿〉과 오은령무용단의 〈백정의 딸〉은 여성의 사회적 불평등과 이로 인한 한맺힘을 한국적 민족의 굿으로 승화시켰다. 춤사랑무용단의 〈구름은 비를 데리고〉는 동양의 노장사상에 모티브를 얻어 자연주의적 삶으로의 회귀를 다루었다. 허성재무용단의 〈꽃씨 하나 심은 마음으로〉는 하남의 지역 전통문화원형을 소재로 하여 지역문화의 미래 비전을 제시하였고, 고양무용단의 〈회향 2〉는 현대문명을 비판하면서 철학적 자아 성찰을 다루었다. 김진원무용단의 〈엄마야 누나야 강변살자〉는 시적 심상미로 자연주의적 관점에서 모성 회귀 본능을 표현하였다.

10) 제10회 전국무용제 경기도 예선대회[14]

(1) 개요

행사명	제10회 전국무용제 경기도 예선대회(제2회 기전무용대제전)
일 시	2001. 7. 1 – 7. 4(오후 7시 30분)
장 소	부천시민회관 대극장
주 최	(사)한국예술문화단체총연합회 경기도지회
주 관	(사)한국무용협회 경기도지회
후 원	경기도, 경기문화재단, 부천시, 한국문화예술진흥원, 부천예총, 부천무용지부, 무용협회 경기도 각 시군지부

행사일정			
구분 / 행사	프로그램	출연단체	지역
전야제	삼고무	윤희준무용단	구리시
	엔젤에게	밀물무용단	한양대학교
	대고 와절구 놀이	이미숙무용단	의정부시
	아박무	오혜순무용단	수원대학교
	부채춤	장정희무용단	수원시
	장고춤	김성나무용단	안양시
	진도북춤	전혜란무용단	과천시
	태평성대	오은령무용단	부천시
	이성산성의 백제보살춤 中	허성재무용단	하남시
	비련	한금련, 권영관	
예선대회	해원의 강	이미숙무용단	의정부시
	만개(滿開)	안양무용단	안양시
	오신교(伍十橋)	양대승무용단	군포시
	꿈~노을	오은령무용단	부천시
	향(香)	신나리무용단	수원시
	하늘열림 소리	유정재무용단	안산시

(2) 참가작품 소개

① 이미숙무용단 〈해원의 강〉: 한국 창작무용 / 안무 이미숙

〈해원의 강〉은 원통함을 푼다는 해원과 억겁의 한을 푼다는 한국의 민족적 정서로서 한맺힘을 푸는 과정을 무용으로 형상화하였다. 이 작품은 소녀가 어른이 되는 과정에서 겪는 파괴된 순결의 고통이 해원이 되고, 다시 인간을 풍요롭게 한다는 종교적 색채가 강한 인간의 본실에 대한 내면적 성찰을 담고 있다.

② 안양무용단 〈만개(滿開)〉: 한국 창작무용 / 안무 이근복 · 김성나

〈만개〉는 의미 그대로 꽃이 만개하여 마치 겨울에 함박눈 내리듯 봄

바람 날리는 봄의 풍광을 시적인 심상 이미지로 묘사하여 무용 언어로 형상화시켰다. 제1장 동경(꽃망울), 제2장 나들이(개화), 제3장 기다림-절정(만개), 제4장 꽃잎이 흩날릴 때(無香)로 구성되어 있다.

③ 양대승무용단 〈오십교(伍十橋)〉: 한국 창작무용 / 안무 양대승

〈오십교(伍十橋)〉는 남북 분단 50년의 한과 아픔을 북한의 어머니와 남한의 아들이 이산가족으로 상봉하는 상황으로 그리고 있다. 작품은 제1장(북녘의 어머니와 남쪽의 아들의 헤어짐), 제2장(분단의 골이 깊어가고 너무도 멀어진 이산가족의 기다림의 한), 제3장(민족의 한을 노래하여 통일의 기원으로 화해와 만남의 장), 제4장(하나 된 한반도에 무궁화꽃이 춤추고 어머니와 아들이 하나 된 조국으로)로 구성되어 있다.

④ 오은령무용단 〈꿈~노을〉: 한국 창작무용 / 안무 오은령

〈꿈~노을〉은 여성의 몸과 삶에 대한 미적 의미를 동양적 세계관으로 형상화한 작품이다. 여성을 하늘과 땅의 합일로, 씨앗을 품은 생(生)으로, 생명의 태동, 아이의 어머니로서 생명의 존귀함을 가진 환희(歡喜), 여인과 어머니로서 인내하며 삶의 질곡을 경험하는 애환(哀歡), 삶에 대한 영원성이 없는 인간으로서 한계는 죽음으로 생애에 대한 허무(虛無), 여인으로서 살아온 세월, 인겁으로 자아를 깨닫고, 우주의 섭리를 깨닫고, 승화(昇華)하는 과정으로 구성되어 있다.

⑤ 신나리무용단 〈향(香)〉: 한국 창작무용 / 안무 신나리

〈향(香)〉은 자아 성찰의 과정을 향(香)이라는 관념적인 언어로 표현하였다. 4가지 색으로 적향, 청향, 묵향, 백향으로 표현하고 있다. 제1장 적

향(赤香)은 탄생과 탯줄, 원초적인 본능의 사랑 등을 상징적으로 표현하였고, 제2장 청향(青香)은 현실 속에서 인간의 삶, 성장 과정을 차갑고 강인한 모습으로 표현하였고, 제3장 묵향(墨香)은 인간의 성숙된 모습, 고뇌하는 모습, 자아를 찾아가는 모습을 표현하였고, 제4장 백향(白香)은 죽음의 길, 생의 뒤안길에서 남겨지는 여백의 삶을 하늘 맞이 환희의 느낌으로 표현하고 있다.

⑥ 유정재현대무용단 〈하늘열림 소리〉: 현대무용 / 안무 유정재

〈하늘열림 소리〉는 동양적 세계관을 담고 있다. 무와 유, 음과 양, 하늘과 땅, 그리고 인간과 자연, 우주와 인간의 탄생을 동양철학의 사상으로 천지인(天·地·人)의 관계 형성을 통해서 창조와 파괴, 그리고 다시 파괴에서 창조로 돌아가는 자연주의적 세계관까지 담고 있다. 태초의 무에서 혼돈의 우주로서의 카오스, 하늘과 땅의 생성, 그 땅 위에 씨를 뿌리는 인간의 문명, 자연의 섭리를 거스르는 인간의 오만과 탐욕으로 인한 파괴, 파괴에서 다시 씨앗을 뿌리는 인간으로 회귀한다는 내용이다.

(3) 참가작품의 주제 및 작품 경향 분석

2001년 제10회 전국무용제 경기도 예선대회와 제2회 기전무용대제전이 함께 개최되었고, 예선대회에는 (사)한국무용협회 경기도지회 6개 지부에서 총 6개의 창작무용작품들이 참가하였다.

예선대회에 참가한 작품들의 장르 유형은 한국 창작무용 5개 작품, 현대무용 1개 작품이다. 부천시지부 오은령무용단의 〈꿈~노을〉이 대상을 수상하여 그해 제10회 전국무용제에 참가하여 은상을 수상하였다. 안무자이자 연기자로 참여한 오은령이 연기상을 수상하였고, 연출과 부

대미술을 맡은 김기백이 무대미술상을 수상하였다.

경기도 예선대회에 참가한 6개 작품들의 작품 유형을 살펴보면 다음과 같다. 이미숙무용단의 〈해원의 강〉은 한국의 민족적 정서로서 해원의 한맺힘을 풀고 있다. 이 작품은 인간의 본질을 여성적 시각에서 표현하였다. 대상을 수상한 오은령무용단의 〈꿈~노을〉은 동양적 세계관에서 여성의 몸이 갖는 동양사상적 의미를 무용언어로 독특하게 표현하였다. 안양무용단의 〈만개〉는 화려한 봄꽃이 만개하여 흩날리는 순간적인 아름다움을 회화적 심상미로 표현한 작품이다. 신나리무용단의 〈향(香)〉은 동양적 세계관에서 관념적인 인간의 자아 성찰을 색과 소리, 그리고 무용적 몸짓으로 표현한 작품이다. 양대승무용단의 〈오십교(伍十橋)〉는 분단 50년 이산가족의 아픔을 되새겨보는 현실 반영적인 무용작품으로 통일을 염원하는 희망의 메시지를 전달하고 있다. 유정재현대무용단 〈하늘열림 소리〉는 동양적 세계관의 천지인사상으로 상생과 상극의 관점에서 천지창조와 자연 회귀를 다룬 작품이다.

11) 제11회 전국무용제 경기도 예선대회[15]

(1) 개요

행사명	제11회 전국무용제 경기도 예선대회(제3회 기전무용대제전)
일 시	2002. 7. 4 – 7. 7(총 5회 공연)
장 소	군포시민회관
주 최	(사)한국예술문화단체총연합회 경기도지회
주 관	(사)한국무용협회 경기도지회
후 원	경기도, 문화관광부, 한국문화예술진흥원, 경기문화재단, (사)한국무용협회

행사일정			
구분 / 행사	프로그램	출연단체	지역
개막 축하공연	1×1=?	서울발레시어터	과천시
	오고무	의정부시무용단	의정부시
예선대회	덫	성남무용단	성남시
	하늘이여 땅이여	장정희무용단	수원시
	맥	송주현 무용단	용인시
	그들만의 세상	안양무용단	안양시
	$\sqrt{\frac{1}{2}}\times 1=0$	이승신 무용단	시흥시
	생	의정부시무용단	의정부시
	재빛하늘	양대승무용단	군포시
	비문	부천무용지부무용단	부천시

(2) 참가작품 소개

① 성남무용단 〈덫〉: 한국 창작무용 / 안무 이선아

〈덫〉은 성남무용단의 2001년 작품 〈굴레〉를 업그레이드한 작품이다. 일제시대 종군 위안부의 문제는 개인의 비극적인 역사인 동시에 한국의 시대적 아픔이기도 하다. 이 작품은 잊어서는 안 될 우리의 아픈 역사인 종군 위안부 문제를 15세에 위안부로 끌려가 살아 돌아온 여인이 귀향하며 겪는 멸시와 냉대를 통해서 그 여인의 옛 기억 속에서 사라져간 동료들을 잊지 말고 기억해주길 바라는 역사인식의 문제를 다루고 있다. 제1장 귀향 그리고 회상, 제2장 짓밟힌 꽃, 제3장 끝나지 않는 전쟁으로 구성되어 있다.

② 장정희무용단 〈하늘이여 땅이여〉: 한국 창작무용 / 안무 정은경

〈하늘이여 땅이여〉는 망자의 한을 달래는 굿 의식을 무용으로 형상화하였다. 작품 내용은 예기치 못한 억울한 죽음을 당하게 된 영혼, 이승

의 억울한 한을 풀지 못해 저승으로 떠나지 못하고 이승에 정처 없이 떠돌아다니는 영혼들, 그런 영혼들을 한데 모아 영혼들의 한을 달래주고 그 한을 풀어주어 극락왕생하게 영혼을 떠나보내는 굿 의식으로 표현하고 있다.

③ 송주현현대무용단 〈맥(脈)〉: 현대무용 / 안무 송주현

〈맥(脈)〉은 우리 민족의 정기를 관념적인 맥으로 의미화하고 있다. 수많은 외침 속에서도 멸하지 않고 묵묵히 살아온 우리의 민족성과 혼을 현대무용으로 표현하였다. 작품은 관념적인 의미를 몸짓으로 형상화하고 있다. 안무가는 작품 의도를 "머리에서 가슴으로 가슴에서 심장으로 면면히 이어져오는 흐름, 온몸 구석구석 살아 숨 쉬는 혼, 핏줄로 돌아 나오는 혼"이라고 하였다.

④ 안양무용단 〈그들만의 세상〉: 한국 창작무용 / 안무 김기백 · 김성나

〈그들만의 세상〉은 감옥이라는 공간 속에서 사는 죄인들의 일상을 담은 작품이다. 노란색 죄수복의 사형수와 강도, 단순 폭력범 등 다양한 죄수들의 이야기와 일상의 모습에서 그들의 자기 정화와 자유의 가치를 다루었다. 이 작품은 제1장 사형수의 참담함과 불안감, 제2장 작은 공간에서의 일상, 제3장 엄마야 누나야로 구성되어 있다.

⑤ 이승신현대무용단 〈$\sqrt{\ }\frac{1}{2}\times 1=0$〉: 현대무용 / 안무 이승신

〈$\sqrt{\ }\frac{1}{2}\times 1=0$〉은 자아가 인식하는 현실과 무의식의 허상에 대한 심상적 이미지를 무용으로 표현하였다. 안무가는 시시각각 변해가는 세상 속에 각기 다른 삶 속에서 찾고자 하는 많은 것들을 이야기하고 있다.

우리는 꿈을 꾼다. 현실과 허상을 넘나들며 그 무엇인가를 찾아 헤맨다. 때론 내 안의 감춰진 나를 찾아 뚜렷하게 그것이 무엇인지도 모른 채 우리들은 또 꿈을 꾼다.

⑥ 의정부시무용단 〈생〉: 한국 창작무용 / 안무 박문용

〈생(生)〉은 복합 가무악극 스타일의 작품으로 타악 합주, 전통무예, 비단검무 등의 복합적인 전통예술 장르들이 결합되었다. 작품 내용은 동양적 세계관으로서 아랑과 여랑의 천지창조의 신화적 내용을 다루고 있다.

⑦ 양대승무용단 〈잿빛하늘〉: 한국 창작무용 / 안무 양대승

〈잿빛하늘〉은 문명 비판적인 작품이다. 안무자는 현대사회의 각종 자연재해와 종교 갈등, 이념 갈등 등이 결국 전쟁을 발생시키지만 평화를 바라는 마음의 씨앗이 있는 한 희망이 있다는 메시지를 전하고자 하였다. 작품 구성 및 내용은 다음과 같다. "인간의 운명은 성장과 쇠퇴를 거듭해가면서 시련을 변화시켜 간다. 전쟁의 폐허 속에서도 다시금 도시 물결이 출렁이도록 하는 것은 척박한 토양에서 하나의 씨앗이 자라는 것에 비유될 수 있겠다. 평화는 다시 피어난다."

⑧ 부천무용지부무용단 〈비문(碑文)〉: 한국 창작무용 / 안무 오은령

〈비문(碑文)〉은 조선시대의 임진왜란에서 적장을 껴안고 진주 남강에 몸을 던진 논개의 절개를 이야기하고 있다. 작품은 논개의 애국심과 넋을 기리는 심상적 이미지로 무용을 표현하였다. 작품 내용은 제1장 임진왜란, 제2장 거룩한 분노, 제3장 강낭콩 꽃보다도 더 푸른 그 물결 위에, 제4장 촉석루의 넋으로 구성되었다.

(3) 참가작품의 주제 및 작품 경향 분석

2002년 제11회 전국무용제 경기도 예선대회와 제3회 기전무용대제전이 함께 개최되었다. 예선대회에는 (사)한국무용협회 경기도지회 8개 지부에서 총 8개의 창작무용작품들이 참가하였다.

예선대회에 참가한 작품들은 한국 창작무용이 6개 작품, 현대무용이 2개 작품이다. 군포시지부 양대승무용단의 〈잿빛하늘〉이 대상을 수상하여 그해 제11회 전국무용제에 참가하여 은상을 수상하였다.

경기도 예선대회에 참가한 8개 작품들의 작품 유형을 살펴보면 다음과 같다. 현대 인간사회의 종교와 이념 갈등, 자연 파괴의 현대문명을 비판한 양대승무용단의 〈잿빛하늘〉은 평화를 바라는 희망의 메시지를 이야기하였다. 역사적인 사건을 모티브로 하는 2개의 작품은 〈덫〉과 〈비문〉이다. 성남무용단의 〈덫〉은 종군 위안부 문제가 과거의 역사가 아니라 현재 그리고 미래까지 우리가 기억하고 일본의 사과를 요구해야 할 숙제라는 공감대를 형성하였다. 부천무용지부무용단의 〈비문(碑文)〉은 임진왜란에서 적군 수장과 진주 남강에 몸을 던진 논개의 애국심과 절개를 기리고 있다. 의정부시무용단의 〈생〉은 동양적 세계관을 바탕으로 천지창조의 신화적 내용을 아랑과 여랑의 이야기로 엮었다. 작품은 전통적 가무악극적 요소를 결합하였다. 굿 의식을 무용언어로 표현한 장정희무용단의 〈하늘이여 땅이여〉는 한국적 민족정서인 '한'을 맺고 푸는 춤사위로 승화시켰다. 이와 비슷한 맥락에서 한민족의 정서와 민족적 정기의 관념적 내용을 다룬 송주현현대무용단의 〈맥(脈)〉은 우리의 민족성과 혼을 추상적으로 표현하였다. 이승신현대무용단의 〈$\sqrt{\frac{1}{2}}\times 1=0$〉은 자아가 인식하는 현실과 무의식적 허상을 심상적 이미지로 표현하였다. 안양무용단의 〈그들만의 세상〉은 감옥에 수감 중인 죄인들의 이야기를 통해서 속죄와 자유에 대한 심상적 이미지를 표현하였다.

12) 제12회 전국무용제 경기도 예선대회[16]

(1) 개요

행사명	제12회 전국무용제 경기도 예선대회(제4회 기전무용대제전)
일 시	2003. 7. 3 - 7. 6(오후 6시)
장 소	용인문예회관 대극장
주 최	(사)한국예술문화단체총연합회 경기도지회
주 관	(사)한국무용협회 경기도지회
후 원	경기도, 문화관광부, 경기문화재단, 한국문화예술진흥원, 참가 시군

행사일정

구분 / 행사	프로그램	출연단체	지역
전야제	산조	구서영(경기도립무용단 수석)	
	잔영	김성환(경기도 무용지회 감사)	
	태평무	전미애(남양주시 지부장)	
	저 청산에	이경은(오은령무용단 단원)	
	죽향무	조윤미(시흥시현대무용단 단원)	
예선대회	몽가(夢家)	안양무용단	안양시
	배웅	이승신무용단	시흥시
	다리	전미애무용단	남양주시
	청랑	이미숙무용단	의정부시
	꿈	장정희무용단	수원시
	겨울무지개	양대승무용단	군포시
	넋두리 II	송주현무용단	용인시
	현절사	이순림무용단	성남시
	나비의 잠	오은령무용단	부천시

(2) 참가작품 소개

① 안양무용단 〈땅, 어둠의 땅: 몽가(夢家)〉: 한국 창작무용단 / 안무 김성나

〈땅, 어둠의 땅: 몽가〉는 다양한 죄를 짓고 사방이 높은 담으로 둘러

싸인 단절된 공간에서의 인생들의 작은 세상을 보여주고 있다. 여러 죄인들의 모습들 그리고 작은 방 안에서의 생활들을 춤으로 표현하였다. "억울하게 누명을 쓴 죄인. 고향이 그립고 어머니가 그립고 친구들이 그립고. 과연 사형은 필요한 것인가 아니면 사회의 질서를 위해서인가… 정말 억울한 죽음이 있다면 새가 되어 훨훨 날아가 자유로울 수 있다면…." 이상의 작품 내용을 통해 안무가는 감옥 속 죄인들의 일그러진 한 단면적 삶을 무대 위에 올리고, 그 삶을 조명하며 자기 정화의 기회로 삼고자 하였다.

② 이승신무용단 〈배웅〉: 현대무용 / 안무 이승신

〈배웅〉은 한국의 전통 장례의식을 은유적으로 형상화한 작품이다. 관객의 이해를 돕고자 선소리꾼의 구음과 창, 그리고 무용언어가 결합되어 망자가 남긴 현세의 회한을 풀어주고 사후세계로 인도한다는 내용을 담고 있다. 다음은 이 작품의 내용이다. "아이구 아이구 아버지여 어허덜구여. 북망산천 검은 구름, 나의 심중 쌓여 있고. 줄기줄기 오는 비는 우리 아바 눈물인 듯, 필장 안에 피는 꽃은 우리 아바 면목인 듯, 아버지요, 아버지요. 만단설화 다 못 하고 이 자리를 물러서니. 지하천년 찾아가서 극락세계 찾아가서 고요히 잠드소서."

③ 전미애무용단 〈다리〉: 한국 창작무용 / 안무 전미애

〈다리〉는 사람의 과거와 현재, 미래를 동시에 이어주는 상징적 구조물로 '다리'를 설정하였다. 전쟁으로 인해 폐허가 된 도시의 사람들이 다리를 근거지로 두고 살아가며 젊은 남녀의 사랑, 여러 군상들의 고달픈 삶들을 보여준다. 무당이 다리를 두고 죽은 자들의 넋을 위로하고 극락세계로 인도하는 무당의 망혼의식 등은 이 작품의 하이라이트이다.

④ 이미숙무용단 〈청랑(晴朗)〉: 한국 창작무용 / 안무 이미숙

21세기는 첨단 정보통신 산업사회로 인간의 무한경쟁과 자연 파괴, 물신 욕망, 개인주의 등으로 인간이 점점 소외되어 가고 있다. 〈청랑(晴朗)〉은 이 혼돈된 세상에서 인간의 참된 가치를 찾아 연대하여 희망을 깨닫는 순간을 청명한 하늘의 청랑으로 상징화하고 있다. 작품 구성은 다음과 같다. 전쟁으로 폐허가 된 도시에서 살아남은 자들 간의 싸움으로 인해 무법천지로 변한 세상에서 인간들은 하나의 희망이 있음을 깨닫고 질서를 회복한다. 불의 제단에 무질서와 혼돈을 불사르며 새로운 세계에 대한 희망에 환희의 노래를 부르며 대미를 장식한다.

⑤ 장정희무용단 〈꿈〉: 한국 창작무용 / 안무 장정희

〈꿈〉은 이승에서 삶을 다하지 못하고 억울하게 죽은 영혼들의 넋을 달래고 극락왕생을 빌며 매듭을 한 가닥 한 가닥 풀어나가는 것을 춤으로 표현하였다. 작품은 예기치 못해 억울한 죽음을 당하게 된 영혼, 이승의 억울한 한을 풀지 못해 저승으로 떠나지 못하고 이승에 정처 없이 떠돌아다니는 영혼들을 불러 모아 영혼들의 한을 달래주고 풀어주어 영혼을 극락왕생하도록 떠나보낸다는 내용이다.

⑥ 군포무용단 〈겨울무지개〉: 한국 창작무용 / 안무 김은령

〈겨울무지개〉는 모성과 효를 그린 작품이다. 이별한 모녀가 세상 풍파 속에서 부모와 자식 간의 인연의 고리를 놓지 않고 다시 만날 것이라는 희망을 겨울무지개로 상징화한 작품이다. 제1장은 탄생과 평화, 제2장은 환란의 춤, 제3장은 모녀의 춤(상봉과 이별의 춤), 제4장은 상생과 희망의 춤으로 구성되어 있다.

⑦ 송주현무용단 〈넋두리 II〉: 현대무용 / 안무 송주현

〈넋두리 II〉는 암울했던 시대 우리 민족의 통곡과 몸부림을 표현한 작품이다. 이 작품은 밟히면 밟힐수록 더 오열하고, 더 꿋꿋하게 자라는 보리와 같이 끈질긴 한민족의 생명력과 한을 승화시킨 민족성을 보여주고 있다. 작품 내용은 다음과 같다. “고요한 대지에 차가운 바닷 바람을 몰고 오는 폭풍전야처럼 그 바람 속에 예리한 칼을 품고 다가와 민족의 정기에 쇠말뚝을 박고, 무식한 뒤꿈치로 이 땅을 짓밟는다. 산산이 부서져 내리는 이름을 갖지 못한 혼. 가슴속 깊이 간직한 채 통곡하는 가슴을 보여다오… 들어라 우렁찬 민족혼의 목소리를. 그 혼의 소리에 다시 일어나는 하얀 뼈들의 끊임없는 몸부림을….”

⑧ 이순림무용단 〈현절사〉: 한국 창작무용 / 안무 이순림

〈현절사〉는 경기도 유형문화재 제4호 남한산성 현절사의 삼학사의 전설을 무대화한 작품이다. 이 작품은 병자호란 당시 결사항전을 외치던 대신들인 오달제, 윤집, 홍익한이 끝까지 선비정신으로 충절을 지켜 청나라 군대에 죽임을 당한 비극을 다루고 있지만 이것을 통해서 진정한 나라사랑의 의미를 전달하고자 하였다.

⑨ 오은령무용단 〈나비의 잠〉: 한국 창작무용 / 안무 오은령

〈나비의 잠〉은 시인 김성자의 시를 모티브로 하고 있다. 번데기 속에서 아름다운 날개를 준비하고 그 날개를 펼쳐 나는 나비의 모습에서 비록 우리의 현실은 힘들지만 힘차게 비상하는 나비처럼 희망찬 내일을 만들어가자는 것을 내용으로 하고 있다. 작품은 제1장 까만 빛, 제2장 아름다운 신념, 제3장 희망과의 접속, 제4장 비상으로 구성되어 있다.

(3) 참가작품의 주제 및 작품 경향 분석

2003년 제12회 전국무용제 경기도 예선대회와 제4회 기전무용대제전이 함께 개최되었다. 예선대회에는 (사)한국무용협회 경기도지회 9개 지부에서 총 9개의 무용작품들이 참가하였다.

예선대회에 참가한 작품들의 장르 유형은 한국 창작무용 9개 작품, 현대무용 2개 작품이다. 안양시지부 안양무용단의 〈땅, 어둠의 땅: 몽가(夢家)〉가 대상을 수상하여 그해 제12회 전국무용제에 참가하였다.

경기도 예선대회에 참가한 9개 작품들의 작품 유형을 살펴보면 다음과 같다. 이미숙무용단 〈청랑(晴朗)〉은 현대문명이 빚은 자연 파괴와 인간성 상실, 인간이 참된 가치를 깨닫는 순간 바로 청명한 하늘을 보는 것이라는 철학적 심상미를 표현하고 있다. 안양무용단의 〈땅, 어둠의 땅: 몽가(夢家)〉는 감옥에 수감 중인 죄인들의 이야기를 통해서 속죄와 자유에 대한 심상적 이미지를 표현하였다. 민족적 정서를 다룬 작품인 이승신무용단의 현대무용작품 〈배웅〉은 한국의 전통 장례의식을 상징적인 무용언어로 형상화하였다. 군포무용단의 〈겨울무지개〉는 한국적 정서로서의 모성과 효를 겨울무지개로 시상화하였다. 송주현무용단의 〈넋두리 II〉는 민족혼의 생명력을 형상화한 작품이다. 지역 전통문화 콘텐츠를 무용의 소재로 활용한 이순림무용단의 〈현절사〉는 성남시 남한산성 현절사의 삼학사에 서린 선비정신을 기리는 작품이다. 시적 심상미를 다룬 오은령무용단의 〈나비의 집〉은 고단한 현실에서 희망찬 내일을 꿈꾸는 것을 나비에 비유하여 표현한 무용작품이다. 관념적 심상미를 다룬 전미애무용단의 〈다리〉는 시공간을 이어주는 역할로서 망자의 과거와 현재, 그리고 사후의 세계와 영혼의식을 다룬 한국적 샤머니즘을 담았다.

13) 제13회 전국무용제 경기도 예선대회[17]

(1) 개요

행사명	제13회 전국무용제 경기도 예선대회(제5회 기전무용대제전)
일 시	2004. 5. 29 - 6. 9
장 소	평촌문화의거리 야외무대, 군포문예회관 소극장, 의정부예술의전당 소극장
주 최	(사)한국예술문화단체총연합회 경기도지회
주 관	(사)한국무용협회 경기도지회
후 원	경기도, 경기문화재단, 안양시, 군포시, 부천시, 의정부시, 용인시, 시흥시, 남양주시, 광명시, 문화관광부, 한국문화예술진흥원, 한국무용협회, 안양예총

행사일정

구분 행사	프로그램	출연단체	지역
전야제 & 경기 무용 페스티벌	살풀이	윤희준	
	진쇠춤	윤희준, 이현숙, 임수진	
	태평소 시나위 장고춤	안춘자	
	입춤, 무엇이 우리를 사로잡는가?	한윤희무용단	
	북의 대합주	김기백무용단	
	산책	김진원무용단	
	길 위에서	유정순현대무용단	
	태평무	전미애무용단	
	잔영	김성환	
	즉흥무	박성민	
	한영숙류 태평무	김성나	
	나는 때로 … 되고 싶다	이승신	
	여인의 향기	구서영	
	연	조대식, 홍연지	
	이매방류 승무	양대승	
	검무	강윤나무용단	
	청산별곡	이미숙무용단	
	한영숙류 승무	조미정, 안홍경	
	장고춤	박경순	
	부채춤	성남무용단	

행사 \ 구분	프로그램	출연단체	지역
예선대회	조신의 꿈	안양무용단	안양시
	연 · 몽 · 공	조대식무용단	광명시
	세상 밖의 외눈박이	이승신무용단	시흥시
	넋두리 III	송주현무용단	용인시
	연	전미애무용단	남양주시
	푸른 영혼	오은령무용단	부천시
	그때 휘파람새가 울었다	군포무용단	군포시
	돌에 핀 꽃	이미숙무용단	의정부시

(2) 참가작품 소개

① 안양무용단 〈조신의 꿈〉: 한국 창작무용 / 안무 김성나

〈조신의 꿈〉은 조신이라는 한 스님이 속세에서 인간 욕망의 허상을 깨닫고 다시 수도자로 회귀하는 과정을 한국적 춤사위로 표현한 작품이다. 승려 조신은 절을 구하기 위해서 길을 떠나며 겪는 성욕과 물욕에서 혼돈과 어지러움을 느낀다. 여인에 대한 사랑과 갈등, 인간 군상들과 싸우는 악몽에 시달리다가 자연의 풍경 소리와 불경 소리를 듣고 깨어난다. 그는 속세의 욕망에 대한 허상을 깨닫고 다시 수도자의 삶으로 회귀한다는 내용이다.

② 조대식무용단 〈연 · 몽 · 공〉: 한국 창작무용 / 안무 조대식

〈연 · 몽 · 공〉은 인연을 소재로 연인의 만남과 사랑, 그리고 이별과 평화를 그리고 있다. 작품 내용은 숙명적인 인연을 '연'으로, 사랑이 달콤한 순간과 헤어짐을 '꿈'으로, 헤어짐 다음에 혼자 남아 겪는 공허감과 그 뒤에 오는 마음의 평화를 '공'으로 하여 이를 무용언어로 형상화하였다. 제1장 '연'(만나야 할 사람은 언제나 만나게 되는 운명), 제2장 '몽'(그대를 향하

내 사랑은 몸짓으로 빚어내는 이야기), 제3장 '공'(저문 들녘에 서서 가슴에 묻어둔 아픔을 날려 보낸다)으로 구성되어 있다.

③ 이승신무용단 〈세상 밖의 외눈박이〉: 현대무용 / 안무 이승신

〈세상 밖의 외눈박이〉는 우리 사회의 불합리한 부분을 '외눈박이'로 상징화하여 관객에게 신선한 환기를 주었다. 작품 내용은 다음과 같다. "세상 속 이야기들을 의인화하여 누군가 세상 속을 들여다보듯 조심스레 다가선다. 사회, 학교, 가정, 다양한 사회집단들 안에서 소외되면 어떻게 되나 늘 긴장 속에서 하루하루를 지내는 인간 군상들, 누가 누굴 욕하고 도마 위에 올려놓는가? 다 똑같은 외눈박이들인걸…."

④ 송주현 무용단 〈넋두리 Ⅲ〉: 현대무용 / 안무 송주현

〈넋두리 Ⅲ〉은 암울했던 시대 우리 민족의 통곡과 몸부림을 표현한 무용이다. 밟히면 밟힐수록 더 오열하고, 더 꿋꿋하게 자라는 보리와 같은 끈질긴 한민족의 생명력과 한을 승화시킨 민족성을 보여주고 있다. 작품 내용은 다음과 같다. "고요한 대지에 차가운 바닷바람을 몰고 오는 폭풍전야처럼 그 바람 속에 예리한 칼을 품고 다가와 민족의 정기에 쇠말뚝을 박고, 무식한 뒤꿈치로 이 땅을 짓밟는다. 산산이 부서져 내리는 이름을 갖지 못한 혼. 가슴속 깊이 간직한 채 통곡하는 가슴을 보여다오… 들어라 우렁찬 민족혼의 목소리를. 그 혼의 소리에 다시 일어나는 하얀 뼈들의 끊임없는 몸부림을…."

⑤ 전미애무용단 〈연〉: 한국 창작무용 / 안무 전미애

〈연〉은 다양한 인연의 수사학적 현상들을 무용언어로 형상화한 작

품이다. 수없이 많은 사람들과 순간적인 스침 또는 만남이 인연이 되어 삶에 영원한 동반자가 된다. 사랑하다 헤어지고, 서로 헤어진 인연끼리 다시 만나 인연을 만들고, 그 인연으로 무수히 많은 또 다른 인연이 되기도 한다. 그러한 삶의 인연들을 그리고 있다. 이 작품은 인연의 모습들, 인연의 아름다움, 인연의 덩어리, 인연의 슬픔, 인연의 혼돈, 간략한 부분의 언어로 장면 장면을 구성하고 있다.

⑥ 오은령무용단 〈푸른 영혼〉: 한국 창작무용 / 안무 오은령

〈푸른 영혼〉은 김기림의 시 「바다와 나비」를 모티브로 하고 있다. 일제시대와 오늘날의 젊은이들이 꿈과 이상에 대한 신념과 의지를 대조적으로 보여줌으로써 이 시대 젊은이들의 자각을 통해서 희망을 갖고자 하였다. 제1장 꿈의 표상은 기대와 희망으로 부푼 젊은이들의 모습으로, 제2장 냉혹한 현실은 바다와 나비라는 현실과 꿈의 상징적 이미지를 통한 충돌로, 제3장 푸른 영혼은 현실 속에서 꿈을 이루어가는 이 시대의 젊은이들의 모습을 진보적이고 역동적인 희망으로 표현하였다.

⑦ 군포무용단 〈그때 휘파람새가 울었다〉: 한국 창작무용 / 안무 김은령

〈그때 휘파람새가 울었다〉는 부모와 남편을 잃은 어느 자매가 서로 의지하며 살아가야 하는데 언니의 욕심과 질투로 인해 점점 파멸해가는 과정을 다루고 있다. 인간의 마음속 이중성과 욕망의 파멸 과정은 다양한 무대미술의 오브제들을 활용하여 상징화하고 있다. 작품은 제1장 하늘에 피는 꽃, 제2장 흩뿌릴 제 욕망으로, 제3장 그때 휘파람새가 울었다로 구성되어 있다.

⑧ 이미숙무용단 〈돌에 핀 꽃〉: 한국 창작무용 / 안무 이미숙

〈돌에 핀 꽃〉은 백제의 가요 「정읍사」를 모티브로 하고 있다. 오늘날 너무도 쉽게 해체되는 가족과 부부애에 귀감이 되는 정읍사의 설화를 무용언어로 해석하였다. 작품은 여인이 행상을 나간 남편의 무사안녕을 기원하여 달에 소원을 비는 동안 느끼는 불안과 기대, 그리고 여인의 소박한 사랑의 온고지정을 담고 있다.

(3) 참가작품의 주제 및 작품 경향 분석

2004년 제13회 전국무용제 경기도 예선대회와 제5회 기전무용대제전이 함께 개최되었고, 예선대회에는 (사)한국무용협회 경기도지회 8개 지부에서 총 8개의 작품들이 참가하였다.

예선대회에 참가한 작품들의 장르 유형은 한국 창작무용이 6개 작품, 현대무용이 2개 작품이다. 부천시지부 오은령무용단의 〈푸른 영혼〉이 대상을 수상하여 그해 제13회 전국무용제에 참가하여 연기상(이동준)을 수상하였다.

경기도 예선대회에 참가한 8개 작품들의 작품 유형을 살펴보면 다음과 같다. 2004년 참가작품들은 주로 철학적 자아 성찰의 주제를 다루고 있다. 안양무용단의 〈조신의 꿈〉은 승려를 통해서 속세의 인연과 욕망의 허상을 표현한 종교적 색채가 강한 작품이었고, 이승신무용단의 〈세상 밖의 외눈박이〉는 인간이 속한 가정에서부터 학교, 직장 등 다양한 집단 속에서 일어나는 인간소외와 갈등을 외눈박이로 상징화하여 표현하였다. 또한 오은령무용단의 〈푸른 영혼〉은 김기림 시인의 「바다와 나비」라는 시적 심상미를 통해 일제시대 젊은이와 현대의 젊은이의 삶을 대조적으로 보여줌으로써 시대적 희망에 대한 의미를 되새겨보았고, 군포무용단의 〈그때 휘파람새가 울었다〉는 자매라는 혈연관계에서 발생하는 인간의 이중성과 욕망으로 파괴된 가족애를 다루었다. 전통문화원형을 활용한 이미숙무용단의 〈돌에 핀 꽃〉은 백제의 가요 「정읍사」의 시상적 모티브를 무용언어로 형상화하였고, 송주현무용단의 〈넋두리 III〉은 외세침략으로 고통받아 온 한민족의 뿌리 깊은 문화적 정서 '한'의 의미를 현대적 무용어법으로 표현하였다. 조대식무용단의 〈연·몽·공〉과 전미애무용단의 〈연〉은 인간의 인연과 사랑의 보편적 정서를 다루었다.

14) 제14회 전국무용제 경기도 예선대회[18]

(1) 개요

행사명	제14회 전국무용제 경기도 예선대회(2005 기전무용대제전)
일 시	2005. 6. 16 - 7. 1(총 5회 공연)
장 소	경기도문화예술회관 소공연장, 평촌문화의거리 야외무대, 안양문화예술회관 대극장, 김포시민회관 다목적홀
주 최	(사)한국예술문화단체총연합회 경기도지회
주 관	(사)한국무용협회 경기도지부
후 원	경기도, 문화관광부, 한국문화예술진흥원

행사일정

구분 / 행사	프로그램	출연단체	지역
기전 명무전 춤 야외 페스티벌 제1회 남성무용가전	태평무	강윤나	
	승무	전미애	
	즉흥무	윤희준	
	장고춤	김성나	
	진주교방굿거리	이미숙	
	승무	양대승	
	벽하	오은령무용단	
예선대회	남아있는 내일	조대식 광명무용단	광명시
	하나 되는 땅	이미숙무용단	의정부시
	그 하늘은 벌어노	안양무용단	안양시

구분 행사	프로그램	출연단체	지역
예선대회	여자들의 수다	부천무용단	부천시
	따로 또 같이	용인 송주현무용단	용인시
	허물어진 둥지	양대승무용단	군포시
	세상 밖의 외눈박이	이승신무용단	시흥시

(2) 참가작품 소개

① 광명무용단 〈남아있는 내일〉: 한국 창작무용 / 안무 조대식

〈남아있는 내일〉은 마음과 마음으로 맺어진 인연의 소중함을 메시지로 담고 있다. 이 작품은 보고 싶은 얼굴의 심상적 이미지들을 통해 마음속 나무처럼 사랑과 그리움을 통해서 나무에 새싹이 돋는 존재가 되고 싶다는 바람을 관객에게 전달하고자 하였다. 작품 구성은 제1장 회상, 제2장 그리움, 제3장 돌아가는 길, 제4장 회항으로 각 장의 심상적 이미지들이 무용언어로 표현되었다.

② 이미숙무용단 〈하나 되는 땅〉: 한국 창작무용 / 안무 이미숙

〈하나 되는 땅〉은 한민족의 통일을 염원하는 희망적 메시지를 담고 있다. 일제 침략과 해방, 한국전쟁과 분단이라는 현대사의 굴곡 속에서 고통을 겪은 남북한의 민초들, 특히 이산가족의 아픔은 점점 세월에 잊히고 있다. 이산가족들이 겪은 인고의 세월을 벗어나 이산가족 상봉으로 이어져 통일의 염원으로 하나 되는 땅이 될 수 있다는 것을 무용언어로 표현하였다. 작품은 제1장 세월의 흔적과 이산의 아픔, 제2장 어머니, 나의 어머니, 제3장 50년의 기다림, 제4장 우리는! 우리는 하나였소!, 제5장 하나 되는 땅으로 구성되어 있다.

③ 안양무용단 〈그 하늘은 멀어도〉: 한국 창작무용 / 안무 김성나

〈그 하늘은 멀어도〉는 욕망의 노예가 되어버린 시대에 대한 비판을 담은 작품이다. 인간의 만남과 인연, 헤어짐과 회상에 대해 서로 구속하지 않고 욕망을 갖지 않으면 늘 평정심으로 마음의 평화를 느낄 수 있다는 주제를 전달하고 있다. 안무가는 지고지순의 의미와 영원불멸 같은 뜨거운 사랑의 이야기를 통한 자기반성과 한국 정서의 아름다운 서정성이 흐르는 따뜻하고 인간적인 무용작품을 만들고자 하였다.

④ 부천무용단 〈여자들의 수다〉: 한국 창작무용 / 안무 김혜은

〈여자들의 수다〉는 여자들의 이야기를 유쾌한 춤의 언어를 통해 재미있게 전달하고자 하였다. 이 작품은 페미니즘의 시각에서 21세기 양성평등의 시대를 말하고 있다. 여성이 사회 속에서 느끼는 불평등과 불만, 강요된 사회적 여성스러움에 대한 거부, 스스로 홀로서기를 위해 겪는 갈등과 고통 등을 말하고 있다. 작품 내용은 제1장 여자들의 일생 이야기, 제2장 여자들의 속마음, 제3장 여자들의 과거, 제4장 새로운 희망을 위한 홀로서기로 구성되어 있다.

⑤ 용인 송주현무용단 〈따로 또 같이〉: 현대무용 / 안무 송주현

〈따로 또 같이〉는 다양한 색상의 구두가 조화를 이루는 것처럼 작품명의 어감을 잘 살리고 있다. 사람들의 얼굴이 모두 다른 것처럼 우리의 개성도 서로 다르지만 서로 다른 것들이 서로 부딪치고 어우러지면서 세상은 돌아간다. 작품 내용은 너와 나, 그리고 여러 우리들이 내가 좋아하는 형형색색의 구두를 사거나, 아니면 맨발로 뛰놀며 '따로 또 같이' 어울린다.

⑥ 양대승무용단 〈허물어진 둥지〉:한국 창작무용 / 안무 김은령

〈허물어진 둥지〉는 삶의 원초적 모태로서 둥지, 삶의 위로가 될 수 있는 둥지를 상징화한 작품이다. 안무가는 작품에 대해 "인간은 태어날 때부터 자신만의 둥지를 갖고 태어난다. 일상은 반복되지만, 내가 노력하지 않고 쉽게 가야 할 갈림길에서 자신의 욕망과 허영심으로 미로를 만들고, 쓰러지고, 되돌릴 수 없는 삶의 지경에 이른다. 우리들에게 예전으로 되돌아갈 수 있을 내 둥지를 찾을 수 있을 것 같은 희망의 불씨를 전달하고자 하였다"고 밝히고 있다. 작품은 제1장 대지의 그늘, 제2장 흔적, 제3장 운명의 회전문, 제4장 상생과 희망으로 구성되어 있다.

⑦ 이승신무용단 〈세상 밖의 외눈박이〉: 현대무용 / 안무 이승신

〈세상 밖의 외눈박이〉는 외눈박이로 태어나 비관하며 사는 물고기가 자신과 똑같은 처지의 외눈박이 물고기를 만나 사랑하며 서로 의지하며 살다가 세월이 흘러 짝이 죽자 같이 죽은 비극적인 우화를 모티브로 한 작품이다. 외눈박이 물고기 우화를 통해서 인간 소외와 소외된 사람들의 사랑과 아름다운 희생을 작품에 담고 있다. 이 작품은 무대미술의 오브제들과 조명과 음악의 반전, 독무와 듀엣, 군무를 통해서 작품이 전달하는 메시지를 효과적으로 전달하려고 하였다.

(3) 참가작품의 주제 및 작품 경향 분석

2005년 제14회 전국무용제 경기도 예선대회와 제6회 기전무용대제전이 함께 개최되었다. 예선대회에는 (사)한국무용협회 경기도지회 7개 지부에서 총 7개의 무용작품들이 참가하였다.

예선대회에 참가한 작품들의 장르 유형은 한국 창작무용이 5개 작

품, 현대무용이 2개 작품이다. 광명시지부 조대식 광명무용단의 〈남아있는 내일〉이 대상을 수상하여 그해 제14회 전국무용제에 참가하여 은상과 연기상(조대식)을 수상하였다.

2005년 참가작품들은 주로 인간의 본질과 정서에 대한 주제 유형으로 인연과 사랑, 희생을 다루고 있다. 광명무용단의 〈남아있는 내일〉은 인간의 사랑과 그리움에 대한 심상적 이미지들을 무용화한 작품이며, 안양무용단의 〈그 하늘은 멀어도〉는 욕망의 노예가 되어버린 현대사회를 비판하면서 사랑으로 극복하자는 메시지를 담고 있다. 이승신무용단의 〈세상 밖의 외눈박이〉는 외눈박이 물고기의 희생적 사랑을 인간에 비유한 작품이다. 철학적 자아 성찰을 다룬 양대승무용단의 〈허물어진 둥지〉는 삶의 모태이자 위로로서의 둥지가 인간의 헛된 욕망에 의해서 파괴되어 다시 모태본능의 소중함을 되찾는 희망을 담은 작품이다. 페미니즘 작품으로서 여성의 사회적 불평등과 여성으로서의 삶을 무용언어로 재미있게 표현하였고, 용인 송주현무용단의 〈따로 또 같이〉는 일상적인 에피소드를 희화한 작품이다. 이 작품은 다양한 색상의 구두처럼 따로 또 같이 각자의 개성을 존중하고 함께 어울리며 살자는 건강한 메시지를 담고 있다.

15) 제15회 전국무용제 경기도 예선대회[19]

(1) 개요

행사명	제15회 전국무용제 경기도 예선대회
일 시	2006. 8. 5－8. 10
장 소	안양문예회관 대극장
주 최	(사)한국예술문화단체총연합회 경기도지회
주 관	(사)한국무용협회 경기도지회
후 원	경기도, 경기도의회, 한국문화예술위원회, 안양시

<table>
<tr><th colspan="4">행사일정</th></tr>
<tr><th>구분
행사</th><th>프로그램</th><th>출연단체</th><th>비고</th></tr>
<tr><td rowspan="10">개폐막 공연
야외춤
페스티벌
제2회
남성무용가전
시상식</td><td>태평소 시나위, 혼성</td><td>안춘자, 김성나, 조대식</td><td rowspan="2">개막식 공연</td></tr>
<tr><td>즉흥무, 진쇠춤</td><td>전미애, 오은희</td></tr>
<tr><td>학춤, 도살풀이</td><td>한범택, 한수문</td><td rowspan="3">제1회
남성무용가전</td></tr>
<tr><td>해적, 검무</td><td>정경표, 조대식</td></tr>
<tr><td>무소유, 한량무</td><td>서영민, 안재홍</td></tr>
<tr><td>장고춤</td><td>김성나무용단</td><td rowspan="5">시상식과
폐막식</td></tr>
<tr><td>벽화</td><td>오은령무용단</td></tr>
<tr><td>벨리댄스</td><td>이우경</td></tr>
<tr><td>홍화</td><td>의정부무용단</td></tr>
<tr><td>진도북춤</td><td>송주현무용단</td></tr>
<tr><td rowspan="7">예선대회</td><td>존재는 눈물을 흘리고</td><td>송주현무용단</td><td>용인시</td></tr>
<tr><td>우화의 강</td><td>광명무용단</td><td>광명시</td></tr>
<tr><td>삶 그리고… 그림자</td><td>한동엽무용단</td><td>포천시</td></tr>
<tr><td>천상의 노래</td><td>이미숙무용단</td><td>의정부시</td></tr>
<tr><td>낙화</td><td>안양무용단</td><td>안양시</td></tr>
<tr><td>청춘예찬</td><td>이승신무용단</td><td>시흥시</td></tr>
<tr><td>낙원을 꿈꾸다</td><td>오은령무용단</td><td>부천시</td></tr>
</table>

(2) 참가작품 소개

① 송주현무용단 〈존재는 눈물을 흘리고〉: 현대무용 / 안무 송주현

〈존재는 눈물을 흘리고〉는 시적 감성의 정서로 심상미를 무용언어로 표현하고 있다. 존재론에 대한 철학적 성찰보다는 감성적 성찰을 통해 상실된 순수한 감성을 찾기 위한 몸부림을 담았다. 작품은 "아무도 내 눈에서 흐르는 눈물을 멈추게 하지 못하고, 나 또한 다른 사람의 눈물을 멈추게 하지 못한다. 그저 흐르는 눈물을 닦아줄 뿐…. 누구든 삶의 무게가 나를 짓누를 때, 감성보다 이성이 나를 억누를 때, 우리는 일탈을 꿈꾼다. 내 삶의 주인은 어디론가 사라져버리고 낯선 사람이 그 자리를

지키고 있다. 오늘 또 다른 나를, 잃어버린 감성을 찾고 싶다"를 은유적으로 보여주고 있다.

② 광명무용단 〈우화의 강〉: 한국 창작무용 / 안무 김송희

〈우화의 강〉은 시인 마종기의 「우화의 강」에서 영감을 받은 작품이다. 안무가는 대자연에 개인의 상처를 털어내고, 운명이 아닌 인연에 대한 미련을 버리고 다시 자신의 행복을 꿈꾸는 다짐을 시적 독백으로 전달하고 있다. 이 작품은 심상미의 시적 리얼리즘을 무용언어로 형상화하였다.

③ 한동엽무용단 〈삶 그리고… 그림자〉: 한국 창작무용 / 안무 한동엽

〈삶 그리고… 그림자〉는 빛으로 생겨나는 내 그림자를 내 내면 속의 또 다른 자아로 인식하여 내 삶을 성찰하려는 내면화된 의식의 흐름을 따르고 있다. 내 내면 속의 또 다른 자아를 발견하기 위해 어린 시절의 내 모습을 회상하고, 내 삶을 살아오면서 또 다른 자아의 상실과 기다림으로 사진 속 나의 존재를 느끼고, 사라지고, 다시 나와 나의 또 다른 자아가 온전히 하나가 되는 순간을 태양을 향해 비상하여 자신의 몸이 타서 사라지는 순간에 비유하여 보여주고 있다.

④ 이미숙무용단 〈천상의 노래〉: 한국 창작무용 / 안무 이미숙

〈천상의 노래〉는 의정부시에서 말년을 보내다 사망한 시인 천상병의 유명한 시 「귀천」을 작품의 모티브로 하고 있다. 천상병은 천재 문학도를 꿈꾸다가 동백림 사건으로 억울하게 옥고를 치르고 고문 후유증으로 평생 고통 속에서 살면서도 누구보다 순수하고 해맑은 영혼으로 살다

간 시인이다. 이 작품은 천상병 시인의 삶을 무용적 언어로 형상화하였다. 작품은 제1장 프롤로그, 제2장 혼돈(동백림사건), 제3장 날개 잃은 새, 제4장 만남, 제5장 행복, 제6장 귀천으로 구성되었다.

⑤ 안양무용단 〈낙화〉: 한국 창작무용 / 안무 공동안무

〈낙화〉는 인간의 생애를 은유적으로 표현하고 있다. 실존적 인식론으로 꽃이라는 존재를 철학적으로 탐구한 작품이다. "그대 한 떨기 꽃으로 피어나 화려하게 피는구려. 그대 한 떨기 꽃으로 피어나 피다 말지라도 꽃으로 남고 싶어. 그대 한 떨기 꽃으로 피어나 모진 풍파에도 견디어 피었구료. 그대 한 떨기 꽃으로 피어나 내 의지와는 상관없이 지는구료. 그대 한 떨기 꽃으로 피어나 사람들의 시선에서 점점 멀어지는구료. 그대 한 떨기 꽃으로 피어나 화려함도 이제는 다 옛말이구료. 그대 한 떨기 꽃으로 피어나 지는구료."

⑥ 이승신무용단 〈청춘예찬〉: 현대무용 / 안무 이승신

〈청춘예찬〉은 단지 인생의 젊은 시절을 상징하는 것이 아니라 마음의 청춘을 상징한다. 청춘은 인생의 깊은 샘물에서 나오는 풍부한 상상력과 영감, 불타는 열정, 신선한 정신, 유약함을 물리치는 용기, 안일함을 뿌리치는 모험심이다. 바로 이 작품은 청춘을 상징한 다양한 마음의 상태를 춤의 언어로 상징적으로 표현하고 있다.

⑦ 오은령무용단 〈낙원을 꿈꾸다〉: 한국 창작무용 / 안무 오은령

〈낙원을 꿈꾸다〉는 실존철학의 관점에서 낙원이 영원불멸의 이상적인 것이 아니라 현실적인 생존의 의지라는 것을 관객에게 전달하고자

하였다. 안무가는 낙원을 막연한 낭만주의적 환상이 아니라 현실의 불안, 미래에 대한 초조함과 망설임 속에서 불안한 열정이 현실 속에서 낙원의 표상을 만들고, 이 표상의 힘으로 우리는 지금과는 다른 대척점으로서의 현실을 꿈꾸는 것이라고 말하고 있다. 작품은 제1장 죽음과 상처를 동반한 낙원, 제2장 불안 · 절망 · 안타까움 그리고 불안한 열정의 스펙트럼, 제3장 현실 속 꿈이 나의 낙원을 완성, 제4장 현실이 또 다른 현실을 꿈꾸게 하는 것, 낙원을 꿈꾸며로 구성되어 있다.

(3) 참가작품의 주제 및 작품 경향 분석

2006년 제15회 전국무용제 경기도 예선대회와 제1회 경기도 남성무용제전과 함께 개최되었다. 예선대회에는 (사)한국무용협회 경기도지회 7개 지부에서 총 7개의 창작무용작품들이 참가하였다.

예선대회에 참가한 작품들의 장르 유형은 한국 창작무용 5개 작품, 현대무용 2개 작품이다. 의정부시지부 이미숙무용단의 〈천상의 노래〉가 대상을 수상하여 그해 제15회 전국무용제에 참가하였다.

경기도 예선대회에 참가한 7개 작품들의 작품 유형을 살펴보면 다음과 같다. 2006년 참가작품들은 주로 철학적 자아 성찰로 실존주의 문제로 인간의 본질을 다룬 작품들과 시적 심상미를 다룬 작품들이 주류를 이루고 있다.

철학적 자아 성찰을 주제로 다룬 작품으로 송주현무용단의 〈존재는 눈물을 흘리고〉는 시적 심상미에 대한 실존주의적 자아 성찰을 다룬 작품이고, 한동엽무용단의 〈삶 그리고… 그림자〉는 내면 속의 또 다른 자아를 그림자에 비유하여 빛과 어둠을 통해서 두 이미지의 대비를 하여 실존주의적인 자아의 존재의미를 무용언어로 상징화시킨 작품이다. 오은령무용단의 〈낙원을 꿈꾸다〉는 실존주의관점에서 낙원은 낭만주의적 이상이 아닌 현실적인 나의 삶 속에 희로애락이 존재한다는 것을 무용언어로 표현하였다. 시적 심상미를 추구한 작품으로는 광명무용단의 〈우화의 강〉으로 시인 마종기의 「우화의 강」을 모티브로 하여 대자연 속에서 상처를 위로받고 희망을 얻을 수 있다는 시적인 심상적 이미지들을 무용언어로 표현하였고, 안양무용단의 〈낙화〉는 인간의 생애를 꽃에 비유하여 표현한 작품이고, 이승신무용단의 〈청춘예찬〉은 청춘을 표현하는 다양한 말들을 청춘의 감성적 의미를 담아 무용언어로 표현하였다. 의정부시 이미숙무용단의 〈천상의 노래〉는 의정부시에서 살다가 작고한 천재 시인 천상병 시인의 삶을 무용극으로 형상화한 작품이다.

16) 제16회 전국무용제 경기도 예선대회[20]

(1) 개요

행사명	제16회 전국무용제 경기도 예선대회
일 시	2007. 5. 27 – 5. 31(총 6회 공연)
장 소	안성시민회관, 의정부예술의전당
주 최	(사)한국예술문화단체 총연합회 경기도지회, 의정부시
주 관	(사)한국무용협회 경기도지부, 안성무용지부
후 원	경기도, 안성시, 의정부시, 안성예총

행사일정			
구분 / 행사	프로그램	출연단체	지역
개막 축하 공연	탭댄스, 검무	염복리무용단	안성시
	사랑가	손상욱, 양주영	김포시
	벨리댄스	이우경	
	교방무	강윤선무용단	고양시
	학춤	한범택	광주시
	어느 무희에게	유정순무용단	평택시

구분 / 행사	프로그램	출연단체	지역
예선대회	바로서기	성남무용단	성남시
	비몽(悲夢)	손상욱 춤무용단	김포시
	벽	린무용단	수원시
	강강 영원의 노래…	염복리무용단	안성시
	얼음별	강윤선무용단	고양시
	슬픔이여 흐르는 눈물꽃 되어	양대승무용단	군포시
	흰 꽃잎이 마음에 묻힐 때	이미숙무용단	의정부시
	망각놀음	조대식무용단	광명시
	못다 핀 꽃 한 송이	한동엽무용단	포천시
	진달래꽃 나비 되어	안양무용단	안양시
	혼(婚)	오은령무용단	부천시
	여섯 개의 문	이승신무용단	시흥시
	참을 수 없는 내 존재의 가벼움…	송주현무용단	용인시

(2) 참가작품 소개

① 성남무용단 〈바로서기〉: 한국 창작무용 / 안무 이재은

〈바로서기〉는 관념적 세계관을 다룬 작품이다. 인간의 가장 본질적인 탐욕, 물욕, 냉소, 이기심, 애정결핍, 폭식증, 동성애 등을 모두 인간이 가진 장애로 보고 그것에서 벗어나 올바른 나로서 '바로서기'하고 싶어 하는 마음을 이야기하고 있다.

② 손상욱 춤무용단 〈비몽(悲夢)〉: 한국 창작무용 / 안무 손상욱

〈비몽〉은 인간의 내면적인 심상미를 다룬 작품이다. 안무가는 작품에서 "자유에 대한 세상에는 세 가지 부류의 사람이 있다. 꿈꾸는 사람과 꿈꾸지 않는 사람, 그리고 꿈을 꿀 수 없는 사람. 자유와 구속은 백지 한 장을 경계로 한다. 자유를 구속이라 말한다 해도 굳이 해명하고 싶지

않다. 진정한 자유란 자신의 꿈과 믿음 속에서만 존재하는 것일지도 모르기 때문이다. 자유와 구속 그리고 꿈… 그것이 비몽의 시작일지니….” 라고 안무의 의도를 말하고 있다.

③ 린무용단 〈벽〉: 한국 창작무용 / 안무 김혜린

〈벽〉은 인간의 의지에 대한 관념적 성찰을 다룬 작품이다. 안무가는 인간 내면 속의 벽과 문을 무용언어로 표상화하였다. “사람들 사이에는 보이지 않는 무엇인가가 있다. 그것은 너와 나의 투명 벽. 그 벽을 우리는 오래 기억한다. 닫혀있는 문. 열고 싶지만 열리지 않는 문. 열었지만 끝내 하나는 열지 못하는 문. 둘이 되려 하니 또 다른 하나가 운다. 우리 안에 2개의 문이 있다. 보이지 않는 벽. 닫혀있는 문.”

④ 염복리무용단 〈강강 영원의 노래…〉: 한국 창작무용 / 안무 염복리

〈강강 영원의 노래…〉는 민속놀이 ‘강강술래’가 갖는 형이상적 의미를 무용언어로 형상화하였다. 강강술래의 기능적 놀이의 성격보다 그것이 담고 있는 삶과 죽음의 윤회, 이 땅에 맺힌 한의 정서, 영원성을 담고자 하였다. 작품 내용은 제1장 운명의 땅, 제2장 세상 저편 아이들, 제3장 영원의 노래로 구성되었다.

⑤ 강윤선무용단 〈얼음별〉: 한국 창작무용 / 안무 강윤선

〈얼음별〉은 중국 당나라의 시인 두보의 무제의 절구 2수를 시적 감성으로 무용화한 작품이다. 안무가는 두보의 시가 갖는 아름다운 봄날의 정경과 그리운 고향에 돌아가지 못하는 신세를 형형색색의 무대의상과 무용의 조형적 상징으로 표상화하였다. “강물이 푸르니 새가 더욱 희

어 보이고. 그날, 그 시절 우리도 눈부시게 푸르른 고향에서 어울려 있었거늘. 그날, 그 시절 그리움의 내음을 다시 품을 수 있다면…, 산이 푸르니 꽃이 더 타는 듯 붉네. 올 봄이 또 다시 지나가고…"

⑥ 양대승무용단 〈슬픔이여 흐르는 눈물꽃 되어〉: 한국 창작무용 / 안무 김은희

〈슬픔이여 흐르는 눈물꽃 되어〉는 심상적 세계관을 무용으로 형상화하였다. 제1장('능소花 서신'으로 400년 전에 부친 편지. 하고 싶은 말끝이 없어 여백을 돌려 글을 채운다), 제2장(사랑 붉고 큰 꽃송이로 피어난 사랑. 과거, 바람이 불어 봄꽃이 피고 진 다음 날 우리는 만났다), 제3장(숙명적인 운명의 혼란 속에서 고통의 눈물을 흘리며 좌절한다), 제4장(흐르는 눈물꽃 되어 영원히 끝나지 않는 사랑. 당신이 떠나지 않았음을 안다. 붉고 큰 능소화 꽃이 되어 당신을 기다릴 것이다)으로 구성되어 있다.

⑦ 이미숙무용단 〈흰 꽃잎이 마음에 묻힐 때〉: 한국 창작무용 / 안무 이미숙

〈흰 꽃잎이 마음에 묻힐 때〉는 약소국 한민족을 연인으로 상징화하였다. 역사의 소용돌이 속에서 슬픔을 한으로 승화시키고, 그리움으로 영원불멸의 사랑을 꿈꾼다는 내용을 담고 있다. 특히 시적 감성과 심상적 이미지들을 잘 조화시켜서 총 4장으로 구성하였다. 제1장은 혼을 달래며, 제2장은 그리움… 꿈길에서, 제3장은 어둠의 그림자, 제4장은 죽음의 길로 구성하였다.

⑧ 조대식무용단 〈망각놀음〉: 한국 창작무용 / 안무 조대식

〈망각놀음〉은 일상적 생각들을 에세이-에피소드식으로 구성하고 있다. 작품 내용은 프롤로그에서 내가 꿈꾸는 이상과 현실 간에는 괴리감은 있지만 자유를 향한 바람의 내음을 가슴에 담고, 냉랭한 도시에 사

는 나의 냉소적 시선, 세상에 대한 자유와 현실의 망각으로서 춤을 추는 나의 변명, 하늘 아래 나의 모든 가식의 가면을 벗고 숙명을 수용, 에필로그에서 그렇게 나는 나를 버리고 또 다른 나로 거듭난다는 내용으로 구성되어 있다.

⑨ 한동엽무용단 〈못다 핀 꽃 한 송이〉: 한국 창작무용 / 안무 한동엽

〈못다 핀 꽃 한 송이〉는 시적 심상의 이미지들을 무용언어로 형상화하였다. 제1장 그리움에 사무쳐(돌아본 발자국이 가슴에 사무쳐… 되돌릴 수 없는 길에서 몸부림쳐 봅니다), 제2장 사랑했기에(그리움에 사무쳐 난 당신을 그리려 합니다), 제3장 회오리(검은 바람 흔들림이 나의 곁을 스치니 난 당신의 그림자를 따라 달려갑니다), 제4장 회상(그 자리엔 당신 아닌 거문고만이 나를 반기네요. 거문고의 울림 한 가락 한 가락에 기억만이 남았네요), 제5장 못다 핀 한 송이의 꽃을 피우기 위해(못다 핀 한 송이 꽃으로 피어 당신 곁에 남으렵니다. 한 송이의 꽃을 피우기 위해, 꽃이 피면 져버릴까 가슴 아파 울며 돌아보지만…)의 전체 5장으로 구성되어 있다.

⑩ 안양무용단 〈진달래꽃 나비 되어〉: 한국 창작무용 / 안무 김성나

〈진달래꽃 나비 되어〉는 일제강점기 일본군 위안부로 끌려갔던 이 땅 소녀들의 비애를 심상적 리얼리즘의 몸짓으로 표현하였다. "열세 살 풋내기, 꽃 붉은 첫 이슬 내린 자리 아직 마르지 않은 이른 새벽부터 아리랑 산하 진달래 골짜기마다 지까다비 쌍심지 돋우고 샅샅이 들쑤시고 뒤졌다네. 우물가에 꽃댕기 빨래터에 박달 방망이 놓아둔 채 고방간 구석구석에서 영문도 모른 채 짐승처럼 끌려가 정신대 사냥 노리개로 붉게 울더니. 진달래 때 아우성치는 꽃눈물 짓이겨 갈기갈기 찢겨질 때마다 꽃피가 낭자한 모진 목숨 혀 깨물고 죽지 못했네. 아리랑 조선 쥐뜯긴

진달래 가슴."

⑪ 오은령무용단 〈혼(婚)〉: 한국 창작무용 / 안무 오은령

〈혼(婚)〉은 사랑에 대한 시적 심상미를 표현한 작품으로 제1장 사랑, 제2장 삶과 죽음에 우리가 있으니…, 제3장 혼(婚)으로 구성되어 있다. "사랑하는 내 님아. 당신이 있어 나는 행복합니다. 우리 둘 서로 사랑하기에 지금 이 순간 영원하기를. 삶과 죽음에 우리가 있으니… 당신이 없는 내가 사는 이 세상 눈물이 마르지 않습니다. 나는 당신의 영혼을 느낄 수 있습니다. 우리 두 사람 영원할 수 없어도 영혼은 영원히 함께할 수 있을 것입니다."

⑫ 이승신무용단 〈여섯 개의 문〉: 현대무용 / 안무 이승신

〈여섯 개의 문〉은 인간의 삶에서 매 순간 삶의 방식을 선택해야 하는 갈등을 담아내고 있다. 안무가는 작품의 의도를 다음과 같이 전하고 있다. "우리는 모두 각가지의 생각과 생활들을 하고 있다. 너나없이 다른 색깔과 얼굴을 갖고 다른 삶을 살아간다. 헤아릴 수 없는 선택을 하며, 반복되는 것들의 일상일지라도 매번 다른 생각과 선택을 한다. 때론 선택에 대한 아쉬움과 회유들, 그 속에서 우리는 살아가고 있다. 다만 선택의 의미를 각자의 가슴속에 묻어둔 채. 그렇게… 우린, 나는 또 어제와 다른 색깔과 생각 속에서 선택을 반복하고 있다."

⑬ 송주현무용단 〈참을 수 없는 내 존재의 가벼움…〉: 현대무용 / 안무 송주현

〈참을 수 없는 내 존재의 가벼움…〉은 인간 존재에 대한 철학적 사색을 담아내었다. 안무가는 작품에서 다음과 같이 말하고 있다. "세상의

모든 무거운 짐들은 우리의 양어깨를 짓누르고, 세상의 모든 삶의 무게는 우리의 온몸을 짓누른다. 무거운 짐을 양어깨에 메고, 삶의 무게는 온몸으로 지탱하며 꼬불꼬불 비탈진 길을 터벅터벅 힘겹게 올라간다. 가다가 힘들면 한숨 한 번 쉬고, 가다가 힘들면 뒤 한 번 돌아보고, 가다가 힘들면 주저앉아 보기도 하고, 가다가 힘들면 소리 내어 울어보기도 한다. 참을 수 없는 내 존재의 가벼움이려니…."

(3) **참가작품의 주제 및 작품 경향 분석**

2007년 제16회 전국무용제 경기도 예선대회는 (사)한국무용협회 경기도지회 13개 지부에서 총 13개의 창작무용작품들이 참가하였다.

예선대회에 참가한 작품들의 장르 유형은 한국 창작무용이 11개 작품, 현대무용이 2개 작품이다. 의정부시지부 이미숙무용단의 〈흰 꽃잎이 마음에 묻힐 때: 족두리〉가 대상을 수상하여 그해 제16회 전국무용제에 참가하여 은상을 수상하였다.

경기도 예선대회에 참가한 13개 작품들의 작품 유형을 살펴보면 다음과 같다. 2007년 참가작품들은 주로 철학적 자아 성찰과 시적 심상미, 그리고 인간의 보편적인 정서에 대한 작품들이 주류를 이룬다. 철학적 자아 성찰의 의미를 담은 작품들을 살펴보면, 성남무용단은 〈바로서기〉에서 오늘날 인간의 탐욕으로 생긴 사회적 병폐를 장애로 보고 장애에서 벗어나 바로서기의 자아 성찰을 이야기하였고, 린무용단의 〈벽〉은 인간 내면에 존재하는 벽과 문을 상징적인 무용언어로 표상화하여 실존적인 인간의 본질에 대해서 탐구하였다. 조대식무용단의 〈망각놀음〉은 춤에 대한 안무가의 실존주의적 접근을 다룬 작품이고, 이승신무용단의 〈여섯 개의 문〉은 개인의 일상생활에서 자아를 발견하는 과정을 무용언어로 표현하였다. 송주현무용단의 〈참을 수 없는 내 존재의 가벼움…〉은 숙명적인 삶의 무게감에 대한 무거운 철학적 성찰이 아닌 인생사 새옹지마라는 식으로 가볍게 생각하자는 메시지를 담고 있다.

시적 심상미를 다룬 작품들을 살펴보면, 강윤선무용단은 〈얼음별〉에서 당나라 시인 두보의 절구를 무용적 언어로 형상화하였고, 한동엽무용단의 〈못다 핀 꽃 한 송이〉는 시적 심상의 이미지들을 무용언어로 표현하였다. 오은령무용단의 〈혼(婚)〉은 인간의 보편적인 감성으로 사랑에 대한 시적 심상미를 춤으로 표현한 작품이다. 관념적 심상미를 다룬 손상욱 춤무용단의 〈비몽(悲夢)〉은 인간의 내면적 심상미를 다룬 작품이고, 이미숙무용단의 〈흰 꽃잎이 마음에 묻힐 때: 족두리〉는 민족적 정서를 다룬 작품으로 동아시아의 약소국 한민족의 여인을 목련꽃으로 상징화시켜서 한을 승화시킨 작품이다.

안양무용단의 〈진달래꽃 나비 되어〉는 종군 위안부의 역사적 비극을 다룬 사건에 대한 공감대를 형성하는 작품이고, 염복리무용단의 〈강강 영원의 노래…〉는 강강술래의 민족문화원형에 대한 무용적 의미 해석을 담고 있다. 양대승무용단의 〈슬픔이여 흐르는 눈물꽃 되어〉는 인간의 보편적인 사랑에 대한 심상적 이미지들을 형상화하였다.

17) 제17회 전국무용제 경기도 예선대회[21]

(1) 개요

행사명	제17회 전국무용제 경기도 예선대회
일 시	2008. 6. 10 – 6. 15(총 6회 공연)
장 소	고양어울림 대극장, 안양문예회관 대극장
주 최	(사)한국예술문화단체총연합회 경기도지회
주 관	(사)한국무용협회 경기도지회
후 원	경기도, (사)한국무용협회, 경기도의회, 고양시, 안양시, 경기도 각 시군

행사일정			
구분 / 행사	프로그램	출연단체	지역
제2회 경기·호남 춤 교류전	부채춤, 장고춤, 장검무	목포시립무용단	
	단… 끝도 시작도 없는	한윤희무용단	
	경고무	강윤선무용단	
	시나위입춤	안춘자	
	교방입춤	김근희	
	승무	오은희	
예선대회	그곳…(못 가는 고향)	강윤선무용단	고양시
	공공의 장소, 사적인 생각	최규일무용단	부천시
	당신은 눈물을 흘려본 적 있는가	이미숙무용단	의정부시
	바람속에 나려질제…	한동엽무용단	포천시
	자유(自由)	이승신무용단	시흥시
	여명의 넋	린무용단	수원시
	얼굴 없는 그들!	이영순무용단	성남시
	비몽 II: 자유의 외침	손상욱무용단	김포시
	진달래꽃	안양무용단	안양시
	바람과 등불	송주현무용단	용인시
	가득 찬 빈손	김은희무용단	군포시
	산만낙(山萬落) 명월이 천산만락(天山萬落)에 아니 비췬 듸 없다	조대식무용단	광명시

(2) 참가작품 소개

① 강윤선무용단 〈그곳…(못 가는 고향)〉: 한국 창작무용 / 안무 강윤선

〈그곳…(못 가는 고향)〉은 시적 심상 이미지를 무용언어로 형상화하였다. 작품 내용은 제1장(낯설지만 익숙한 몸짓과 시선들), 제2장(모든 것이 환상처럼 사라질 것만 같은 불안감), 제3장(눈뜨니 사무치게 그리워지는 내 안의 나), 제4장(우리의 몸짓으로 그리움은 곧 빛이 되나니)으로 구성되어 있다.

② 최규일무용단 〈공공의 장소, 사적인 생각〉: 현대무용 / 안무 최규일

〈공공의 장소, 사적인 생각〉은 공공장소인 대기실에 있는 어떤 사람의 생각과 느낌을 의식의 흐름이라는 관념적 심상 이미지를 무용언어로 형상화하였다. 작품 내용은 제1막(개개인의 개성 표현과 소리와 어우러지는 의자춤), 제2막(공공장소에서 벌어지는 개인 생활의 모습), 제3막(한 사람의 외부적인 성적을 소리로 표현하는 외침), 제4막(개개인의 생명력을 표현하지만 그것이 모순된 생명력을 말하는 것은 아니다)으로 구성되어 있다.

③ 이미숙무용단 〈당신은 눈물을 흘려본 적 있는가〉: 한국 창작무용 / 안무 이미숙

〈당신은 눈물을 흘려본 적 있는가〉는 눈물에 대한 의미론적 고찰에 대한 것을 재미있는 상황극으로 엮었다. 여러 가지 슬픈 감정들과 상황들에서 눈물이 갖는 의미들을 여러 에피소드로 엮어 '이별하는 순간에 흘리는 눈물', '사랑의 그리움과 원망으로 흘리는 눈물', '삶에 지쳐 흘리는 눈물', '슬픈 멜로 영화를 보며 흘리는 눈물', '소리 없이 마음으로 흘리는 눈물'로 구성하였다. 관객은 무대 위에서 제시되는 눈물을 흘리는 상황을 보고 그 상황에서 흘리는 눈물의 의미를 생각하면서 스스로에게 묻는다. "당신은 눈물을 흘려본 적 있는가?"

④ 한동엽무용단 〈바람속에 나려질제…〉: 한국 창작무용 / 안무 한동엽

〈바람속에 나려질제…〉는 시인 서정주의 「꽃」에서 작품의 모티브를 가져왔다. 이 작품은 바람과 꽃으로 남녀 간의 애틋한 사랑과 그리움을 춤으로 풀어냈다. 꽃처럼 가녀린 여인의 고귀하고 단아한 자태와 남성의 강인한 춤사위를 접목시켜 그리움의 이미지를 바람과 꽃으로 형상화하여 성숙한 이미지를 부각시켰다. 작품 내용은 제1막 염원, 제2막 한 송이 꽃

이 되어, 제3막 바람에 휘-휘, 제4막 영원한 꽃이 되어로 구성되어 있다.

⑤ 이승신무용단 〈자유(自由, freedom)〉: 현대무용 / 안무 이승신

〈자유(自由, freedom)〉는 인간의 자유에 대한 의지를 표현하였다. 안무자는 자유에 대해 다음과 같이 전하고 있다. "이 시대에 우리의 아이들에게 자유란 존재하는가. 우리들은 생각해보아야 할 것이다. 아이들은 영원히 자유로워야 한다. 그 어떤 것으로부터 구속되어서는 안 된다. 어른들의 이기심과 힘의 우월로 짐승처럼 아이들에게 다가가서 무참히 짓밟았다. 어른들은 반성하고 자각하며 영원히 자유를 누릴 수 있도록 든든한 울타리가 되어야 할 것이다." 작품은 '평화', '어둠의 그림자', '자유', '엄마야 누나야', '애비의 슬픔', '영원히 Freedom'으로 구성되어 있다.

⑥ 린무용단 〈여명의 넋〉: 한국 창작무용 / 안무

〈여명의 넋〉은 위안부를 주제로 한 작품이다. 이 작품은 아직까지도 억울함을 호소하는 할머니들과 자신들의 잘못을 인정 못 하는 일본인들에게 위안부 할머니들의 고통과 혼을 달래는 의식을 통해 숙연함과 사죄하는 마음으로 영혼을 추모하고자 하였다. 제1장(어린 여자아이들의 웃음소리가 사라지고 철조망이 쳐졌다), 제2장(모든 것을 짓 밟아라 병사들이여. 군인들에 의해 나의 몸은 찢어지는 고통을 느껴야 했고, 내 마음은 죽어간다), 제3장(혼을 불러라 내가 그녀들을 대신해 뜻을 전하리), 제4장(억울하게 죽은 젊고 아름다운 혼들이여, 이제 편안하게 잠드소서. 당신들은 당당한 독립투사입니다)으로 구성되어 있다.

⑦ 이영순무용단 〈얼굴 없는 그들!〉: 한국 창작무용 / 안무 이영순

〈얼굴 없는 그들!〉은 현실 비판적인 작품으로 사이버 세대의 디지털

소통 방식으로 인해 발생하는 인간 소외와 정신병리 현상들을 보여주고자 하였다. 소위 '악플러'라는 사람들에 의해서 어떻게 인터넷 공간의 사람들에게 상처를 주는지 이를 무용언어와 디지털 미디어 소리를 결합하여 보여주고 있다.

⑧ 손상욱무용단 〈비몽Ⅱ–자유의 외침〉: 한국 창작무용 / 안무 손상욱

〈비몽Ⅱ: 자유의 외침〉은 전작 〈비몽(悲夢)〉의 외형적인 안무에서 발전시켜 내면의 상징성과 안무의 입체감을 더욱 심도 있게 표출하였다. 안무가는 불교의 윤회사상에 바탕을 두고 자유와 구속의 차이를 설명하고자 했으며 또 그것을 통하여 유교의 인(忍)을 깨우치게 하고자 하였다.

⑨ 안양무용단 〈진달래꽃〉: 한국 창작무용 / 안무 김성나

〈진달래꽃〉은 일제강점기 일본군 위안부로 끌려갔었던 이 땅 소녀들의 비애를 표현하였다. "열세 살 풋내기, 꽃 붉은 첫 이슬 내린 자리 아직 마르지 않은 이른 새벽부터 아리랑 산하 진달래 골짜기마다 지까다비 쌍심지 돋우고 샅샅이 들쑤시고 뒤졌다네. 우물가에 꽃댕기 빨래터에 박달 방망이 놓아둔 채 고방간 구석구석에서 영문도 모른 채 짐승처럼 끌려가 정신대 사냥 노리개로 붉게 울더니. 진달래 아우성치는 꽃눈물 짓이겨 갈기갈기 찢겨질 때마다 꽃피가 낭자한 모진 목숨 혀 깨물고 죽지 못했네. 아리랑 조선 쥐뜯긴 진달래 가슴."

⑩ 송주현무용단 〈바람과 등불〉: 현대무용 / 안무 송주현

〈바람과 등불〉은 인생사 '새옹지마'라는 속담을 아주 유쾌하게 해석한 작품이다. 사람은 누구나 수많은 시행착오와 아픔을 겪으면서 삶이

지혜를 배운다. 아울러 함께 나누고 함께 위로가 되고 함께 인생의 길을 가는 친구가 있다면 더욱 좋고, 앞으로 가는 인생이 어떻게 될지 그것은 아무도 모른다. 다만 힘들면 쉬고, 쉬었다가 다시 가는 것이다.

⑪ 김은희무용단 〈가득 찬 빈손〉: 한국 창작무용 / 안무 김은희

〈가득 찬 빈손〉은 인생에 대한 자아 성찰을 이야기하고 있다. 인생은 빈손으로 와서 빈손으로 가는 것이라는 단순한 진리를 알고 있으면서도 우리는 욕심과 욕망에 눈이 멀어 최고로 또는 더 많이 갖기 위해서 끊임없이 욕망한다. 그러나 욕심을 내면 낼수록 외톨이가 되고 용서와 배려를 모르는 한 어느 누구도 나에게 손을 내밀지 않는다. 결국 세상은 모두 내 뜻대로 되지 않는다고 내려놓았을 때, 비로소 세상이 내 것이 된다. 가득 찬 빈손처럼….

⑫ 조대식무용단 〈산만낙(山萬落) 명월이 천산만락(天山萬落)에 아니 비췬 듸 없다〉: 한국 창작무용 / 안무 조대식

〈산만낙(山萬落) 명월이 천산만락(天山萬落)에 아니 비췬 듸 없다〉는 송강 정철의 '관동팔경'의 여정을 모티브로 하고 있다. 작품 내용은 대자연의 정취와 마음이 갖는 시적 정서와 풍부한 영감 어린 무용적 몸짓들, 그리고 존재에 대한 근원을 깨닫는 자아 성찰까지 담고 있다.

(3) 참가작품의 주제 및 작품 경향 분석

2008년 제17회 전국무용제 경기도 예선대회는 제2회 경기 · 호남 춤 교류전과 함께 개최되었다. (사)한국무용협회 경기도지회 12개 지부에서 총 12개의 창작무용작품들이 참가하였다.

예선대회에 참가한 작품들의 장르 유형은 한국 창작무용이 9개 작품, 현대무용이 3개 작품이다. 포천시지부 한동엽무용단의 〈바람속에 나려질제…〉가 대상을 수상하여 그해 제17회 전국무용제에 참가하여 문화체육관광부 장관상, 안무가상(한동엽), 연기상(최태헌)을 수상하였다.

경기도 예선대회에 참가한 12개 작품들의 작품 유형을 살펴보면 다음과 같다. 2008년 참가작품들은 주로 시적 심상미와 관념적 심상미, 철학적 자아 성찰, 인간의 보편적 감성과 정서를 다룬 작품들이 주류를 이룬다.

철학적 자아 성찰의 의미를 담은 작품들을 살펴보면, 김은희무용단의 〈가득 찬 빈손〉은 인생에 대한 자아 성찰을 다루고 있고, 송주현무용단의 〈바람과 등불〉은 '인생사 새옹지마'의 속담을 유쾌하게 무용언어로 표현하였다.

시적 심상미를 다룬 작품들로는 강윤선무용단의 〈그곳…(못 가는 고향)〉이 고향에 대한 그리움을 표현하였고, 한동엽무용단의 〈바람속에 나려질제…〉는 미당 서정주의 시 「꽃」의 이미지들을 한국적 춤사위로 해석한 작품이다. 조대식무용단의 〈산만낙(山萬落) 명월이 천산만락(天山萬落)에 아니 비췬 듸 없다〉는 송강 정철의 '관동팔경'에 관한 가사의 시적 심상미를 표현하였다.

관념적 심상미를 다룬 최규일무용단의 〈공공의 장소, 사적인 생각〉은 대기실에 있는 사람들의 다양한 생각들에서 나오는 일상적 에피소드를 다룬 작품이고, 이영순무용단의 〈얼굴 없는 그들!〉은 디지털 시대의 소통 방식이 낳은 악플러의 병폐로 현대사회의 디지털 문명을 비판한 작품이다. 손상욱무용단의 〈비몽Ⅱ: 자유의 외침〉은 동양적 세계관과 민족적 정서를 다룬 작품이다. 마지막으로 린무용단의 〈여명의 넋〉과 안양무용단의 〈진달래꽃〉은 종군 위안부의 역사적 비극을 다룬 작품이다.

18) 제18회 전국무용제 경기도 예선대회[22]

(1) 개요

행사명	제18회 전국무용제 경기도 예선대회
일 시	2009. 6. 16 - 6. 19(총 5회 공연)
장 소	화성시 유엔아이 아트홀
주 최	(사)한국예술문화단체총연합회 경기도지회
주 관	(사)한국무용협회 경기도지회
후 원	경기도, (사)한국무용협회, 경기도의회, 한국문화예술위원회, 경기도 각 시군

행사일정			
구분 / 행사	프로그램	출연단체	지역
개막공연	장고춤	김성나	
	한량무	한범택	
	태평무	오혜순무용단	
	진도북춤	백은희무용단	
	입춤	안춘자	
	청춘별곡	조대식무용단	
	신칼대신무	김정아무용단	
	타악 퍼포먼스: 보는 소리, 듣는 춤	남성무용동호회 놈's	
예선대회	화원	오은령무용단	부천시
	가까이 그리고 멀리에서	조대식무용단	광명시
	사이에서…	강윤선무용단	고양시
	터 · 벌림	박성아무용단	성남시
	돌고, 돈다…	장정희무용단	수원시
	붉은 꽃: 순백의 영혼	안양무용단	안양시
	心… 세석평전(細石平田)을 그리며	김은희무용단	군포시
	재밌는 이야기	이승신무용단	시흥시
	평검지애	한동엽무용단	포천시

(2) 참가작품 소개

① 오은령무용단 〈화원〉: 한국 창작무용 / 안무 오은령

〈화원〉은 조선시대 풍속화가 신윤복의 풍속화들에서 작품의 모티브를 얻었다. 왕명으로 그림을 그리며 생을 마감해야 했던 화공들의 예술적 투혼과 삶, 그리고 시대의 인간사와 자연을 남은 그림들을 조명하였다. 무대장치와 조명, 의상, 무대미술 효과를 통해서 한편의 풍속화를 보는 듯한 느낌을 연출하였다. 작품 내용은 제1장 풍속도, 제2장 쓰개를 쓴 여인, 제3장 화공의 혼란, 제4장 붓 끝에 너울너울 춤추고로 구성되어 있다.

② 조대식무용단 〈가까이 그리고 멀리에서〉: 한국 창작무용 / 안무 조대식

〈가까이 그리고 멀리에서〉는 꿈이라는 무의식 속에서 내 자신이 초월적인 존재로 보이는 환영의 이미지를 표현하였다. 안무가는 "꿈속에서 난 여러 모습으로 존재한다. 꿈속에서 난 즐기고 있는 듯, 웃고 있는 듯, 두려움에 떠는 듯, 들리지 않으나 듣고 있는 듯, 보이지 않으나 보고 있는 듯, 알 수 없으나 알고 있는 듯, 꿈속에서 난 촉감도 형태도 없는 불멸의 존재로 시작도 끝도 없는 초월적 존재로 꿈속에서 난 가까이에도 그리고 멀리에도 있다."라고 작품 의도를 전하고 있다. 작품 내용은 제1장 스치듯 지나가, 제2장 늪 그 속에서, 제3장 그대 꿈을 꾼 거야로 구성되어 있다.

③ 강윤선무용단 〈사이에서〉: 한국 창작무용 / 안무 강윤선

〈사이에서〉는 무속인의 숙명과 일상적 삶의 경계선에 있는 그들의

자아관을 조명하였다. 안무가는 “무속인은 신과 인간, 이승과 저승, 현실과 비현실 사이에서 삶의 조언자이면서 동시에 평범한 인간이고 싶은 숙명을 갖고 있다. 그들은 신과 소통할 수 있는 선택받은 자이지만 인간으로서의 삶에서 버림받은 운명을 가진 자이기도 하다. 스스로가 선택할 수 없고, 거부할 수도 없는 삶을 살아가야 하는 그들의 눈물에 주목했다.”고 밝히고 있다.

④ 박성아무용단 〈터 · 벌림〉: 한국 창작무용 / 안무 박성아

〈터 · 벌림〉은 옛 시골 장터에서 걸립을 하던 각설이패들의 〈장타령〉을 소재로 한 흥이 넘치는 판굿이다. 안무가는 “옛 장타령, 찌그러진 밥그릇 하나 들고 구성지게 부르던 장타령의 각설이들은 지금은 어디에서 어떤 모습으로 살아가고 있을까? 마음으로 삶을 노래하던 각설이패들, 엄격한 규율과 그들만의 삶의 법칙으로 한세상을 풍미했던 각설이들, 그들의 모습이 한층 더 그리워지는 요즘이다. 지금은 볼 수 없는 그들이지만 그 노래는 살아서 오늘을 숨 쉬고 있다. 이번 작품을 통해 그들의 혼을 다시 한 번 되짚어보고자 한다”고 밝히고 있다.

⑤ 장정희무용단 〈돌고, 돈다…〉: 한국 창작무용 / 안무 장정희

〈돌고, 돈다…〉는 무대공간에서 이루어지는 모든 것을 살펴보는 관찰자인 관객의 시선을 작품 속에 담고 있다. 무대 위의 공간에서 펼쳐지는 공연을 위해서 무대 스태프들은 팽팽한 긴장감 속에서 무대감독의 지시에 따르고 있다. 조명과 음향, 그리고 무용수들의 몸짓들이 돌고 돌며 흔들리는 회전목마에 상징적으로 비유된다.

⑥ 안양무용단 〈붉은 꽃: 순백의 영혼〉: 한국 창작무용 / 안무 김성나

〈붉은 꽃: 순백의 영혼〉은 일제강점기 정신대로 끌려간 꽃다운 우리 여인들의 슬픈 일생을 그린 작품이다. 안무가는 "아직도 우리의 여인들은 진실 규명을 외치며 그날의 아픔, 그날의 꽃다움을 가슴에 아픔으로 간직한 채 역사 앞에 사죄받기를 원한다. 그러나 그들의 소리는 끝없는 메아리로 들릴 뿐 아직도 그들의 가슴속에 전쟁은 끝나지 않았다. 다 같이 우리의 일처럼 그날의 아픔을 잊지 말고 한목소리로 외쳐야 할 것이다."라고 강한 메시지를 전년도에 이어서 관객에게 전달하였다.

⑦ 김은희무용단 〈心… 세석평전(細石平田)을 그리며〉: 한국 창작무용 / 안무 김은희

〈心… 세석평전(細石平田)을 그리며〉는 지리산 천왕봉 한 치 앞에 있는 30만 평의 넓은 철쭉꽃밭 '세석평전'을 거닐며 느낀 작가의 역사인식과 심상미를 표현하였다. 세석평전에서 있었던 한국동란의 이념적 갈등이 낳은 빨치산 비극을 상징적인 몸짓으로 형상화하고, 아픔을 치유하며 지리산이 품은 하늘과 바람, 숲과 나무, 철쭉꽃을 통해서 마음의 안식과 희망을 전달하고자 하였다. 작품 내용은 제1장 하늘 아래 첫 밭, 제2장 땅에 흐르는 붉은 꽃잎, 제3장 고사목(枯死木)에서 구상목(舊常木)으로, 제4장 붉은 태양을 꿈꾸며로 구성되었다.

⑧ 이승신무용단 〈재밌는 이야기〉: 현대무용 / 안무 이승신

〈재밌는 이야기〉는 현시대를 살아가는 5명의 배우들의 일상생활 에피소드를 무용언어로 엮은 작품이다. 이 작품에서 5명의 배우들은 한정된 틀 안에서 그들이 하고 싶은 이야기가 점점 자신의 욕망을 채우는 욕심이 주된 일상적 에피소드들로 변해간다. 안무가는 5명의 배우들의 이

야기와 몸짓을 통해 그들이 원하는 삶을 표현하고, 그렇게 살고자 하는 모습을 보여주고 싶어 했다.

⑨ 한동엽무용단 〈평검지애〉: 한국 창작무용 / 안무 한동엽

〈평검지애〉는 이육사의 시 「절정」이 갖는 시적 정감과 심상을 '검무'의 무용언어로 표현한 작품이다. 안무가는 고귀한 자태에서 뿜어져 나오는 여인의 도도함, 남성의 본능적 춤사위에서 매체인 검의 무형적 형상화를 통해 무엇을 할 수 있을 것인가에 대해서 진지한 성찰을 담으려고 하였다.

(3) 참가작품의 주제 및 작품 경향 분석

2009년 제18회 전국무용제 경기도 예선대회는 (사)한국무용협회 경기도지회 9개 지부에서 총 9개의 창작무용작품들이 참가하였다. 이번 대회에 참가한 작품들의 장르 유형은 한국 창작무용이 8개 작품, 현대무용이 1개의 작품이다. 군포시지부 김은희무용단의 〈心… 세석평전(細石平田)을 그리며〉가 대상을 수상하여 그해 제18회 전국무용제에 참가하였다.

경기도 예선대회에 참가한 9개 작품들의 작품 유형을 살펴보면 다음과 같다. 2009년 참가작품들은 주로 민족문화원형과 역사적 사건을 모티브로 한 작품들과 철학적 자아 성찰을 다룬 작품들이 주류를 이룬다.

민족문화원형을 작품의 소재와 주제로 활용한 작품들을 살펴보면, 오은령무용단은 〈화원〉에서 조선시대 풍속화가 신윤복의 풍속화를 소재로 하였고, 강윤선무용단의 〈사이에서〉는 무속인의 신내림을 소재로 활용하였고, 박성아무용단의 〈터 · 벌림〉은 옛 시골 장터의 걸립패 각설

이들의 각설이타령을 소재로 하여 한국적 흥의 정서를 표현하였다. 한동엽무용단의 〈평검지애〉는 시인 이육사의 「절정」의 시적 심상과 검무 춤사위의 여성성과 남성성의 몸짓을 표현하였다.

역사적 사건에 대한 공감대를 형성하는 작품들은 안양무용단이 〈붉은 꽃: 순백의 영혼〉에서 종군 위안부 문제를 다루었고, 김은희무용단이 〈心… 세석평전(細石平田)을 그리며〉에서 지리산의 천왕봉 철쭉공원 세석평전에 얽힌 한국전쟁의 아픔에 대한 회고와 역사적 치유를 바라는 희망의 메시지를 담아 표현하였다.

일상적 에피소드를 재미있게 엮은 장정희무용단의 〈돌고, 돈다…〉는 무용가가 공연을 준비하며 무대 스태프와 소통하는 방식을 에피소드로 구성하였고, 이승신무용단의 〈재밌는 이야기〉는 5명의 배우들이 자신의 이야기를 에피소드식으로 참여하여 자신의 욕망들을 표현하고 있다.

관념적 · 심상적 이미지를 표현한 조대식무용단의 〈가까이 그리고 멀리에서〉는 꿈이라는 무의식 속에서 자신의 초월적인 존재의 환영의 이미지들을 무용으로 표현하였다.

19) 第19회 전국무용제 경기도 예선대회[23]

(1) 개요

행사명	제19회 전국무용제 경기도 예선대회
일 시	2010. 6. 11 – 6. 13(총 3회 공연)
장 소	안양예술공원 [illegible]
주 최	(사)한국예술문화단체총연합회 경기도지회
주 관	(사)한국무용협회 경기도지회
후 원	경기도, (사)한국무용협회, 경기도의회, 한국문화예술위원회, (사)안양예총, 경기도 각 시군

행사일정			
구분 / 행사	프로그램	출연단체	지역
개막공연	개막공연		
예선대회	母心: 어머니의 마음으로	안양무용단	안양시
	하늘의 꽃이 되어…	이미숙무용단	의정부시
	달그림자	오은령무용단	부천시
	아! 잊으랴…	장정희무용단	수원시
	리셋(reset)	이승신무용단	시흥시
	연(緣)	이영순무용단	성남시
	화란의 風	한동엽무용단	포천시
	서른 개의 초	김은희 希무용단	군포시
	사이에서… II(두 번째 이야기)	강윤선무용단	고양시
	꼭두야 놀자	조대식무용단	광명시
	귀촉도	김포시무용단 춤짓	김포시

(2) 참가작품 소개

① 안양무용단 〈母心: 어머니의 마음으로〉: 한국 창작무용 / 안무 김성나

〈母心: 어머니의 마음으로〉는 2010년 3월에 발생한 천안함 사건으로 희생된 장병을 추모하는 무용으로 자식을 군대에 보낸 어머니의 마음을 표현하였다. 안무가는 "아직도 죽음이 믿어지지 않는 어머니…, 그리고 살아있을 것만 같은 아들들…. 아, 진달래 개나리 만발할 때 그대들은 미처 피어보지도 못하고 지는구나. 그대들의 넋은 5천만 겨레의 가슴 속에 영원히 자리 잡아 영원히 피어나리라. 천안함 희생 장병들이여, 비록 하늘에서라도 못다 이룬 꿈 이루기를 바라며 어머니의 마음으로 그대들을 보낸다"라고 안무의 의도를 말하고 있다.

② 이미숙무용단 〈하늘의 꽃이 되어〉: 한국 창작무용 / 안무 이미숙

〈하늘의 꽃이 되어〉는 천안함 침몰사건으로 인해 사망한 46명의 꽃다운 청춘들을 추모하는 작품으로 그들의 가족과 함께 그들의 넋을 위로하고 혼을 달래주려는 의도로 제작되었다. “하늘의 꽃이 되어 … 뒤돌아보니 지난 세월 한낮의 꿈 같구나. 빈손으로 가는 길에 지은 것은 악연뿐이라. 정만 두고 가는 님은 언제 다시 만날 건가. 어제까지 울 너머로 세상 얘기하던 님이 자고 나니, 허망하게 베옷 입고 꽃신 신고 명정 공포 앞세워 저승길이 웬 말이오. 이제 가면 언제 오나 북망산 머나먼 길, 하늘의 꽃이 되어 … 이승을 노래하네.”

③ 오은령무용단 〈달그림자〉: 한국 창작무용 / 안무 오은령

옛 여인들은 달의 기운에 그들의 염원을 빌었다. 〈달그림자〉는 그린 여인들의 모습을 달그림자에 빗대어 춤으로 표현하였다. 작품 내용은 다음과 같다. “흩어지는 눈물만큼 다시 살아낼 수 있을까, 그대 곁에 머물 수 없는 별이라면 저 달 뒤에 숨어 그림자만이라도 그대 따라 거닐고 싶은데…, 그대가 남긴 발자국 달그림자 되어 그 길만 따라갈 텐데….”

④ 장정희무용단 〈아! 잊으랴〉: 한국 창작무용 / 안무 장정희

〈아! 잊으랴〉는 한국전쟁 60주년을 맞이하여 전쟁의 참혹함을 보여주고 있다. 이 작품은 두 아들을 둔 어머니를 통해 우리의 슬픈 역사를 상기하고 있다. 작품은 제1장 행복(평화로운 일상 속에서 어머니와 두 아들의 행복한 모습), 제2장 전쟁(한국전쟁으로 인해 두 형제는 남과 북으로 갈라지고 전쟁에서 마주침), 제3장 죽음(형이 동생을 구하려다 죽게 되고 전쟁은 많은 사람들의 희생을 낳음), 제4장(아들을 잃은 어머니와 동생의 슬픔), 제5장 평안(어머니가 자식의 죽음을

받아들이고 죽은 영혼들을 위로)으로 구성되어 있다.

⑤ 이승신무용단 〈리셋(reset)〉: 현대무용 / 안무 이승신

〈리셋〉은 닿을 듯 말 듯 아련한 어릴 적 추억의 세계를 아름다운 몸짓으로 담아 추억의 나와 만나는 시간을 표현한 작품이다. 이 작품은 다시 돌아가고픈 어린 시절과 다시는 기억조차 하기 싫은 추억이 한 공간에서 서로 교감한다.

⑥ 한동엽무용단 〈화란의 풍(風)〉: 한국 창작무용 / 안무 한동엽

〈화란의 풍〉은 시인 조지훈의 시 「승무」의 시적 감성으로 태권도 동작에 전통무용의 춤사위를 접목한 작품이다. 강하면서도 외유내강적인 한국의 춤사위로 곡선을 추구하는 것을 바탕으로 태권도의 템포와 스텝을 완화하고 끊기는 동작을 감아 넘어가는 느낌으로 융화해 부드러움을 접목시켰다.

⑦ 김은희 希무용단 〈서른 개의 초〉: 한국 창작무용 / 안무 김은희

〈서른 개의 초〉는 30살 나이의 안무자의 자아 성찰과 고백을 담은 작품이다. 30살의 나이가 주는 과거의 삶에 대한 후회와 추억, 현실에서 긍정적인 자아와 부정적인 자아의 충돌, 애매모호한 나이가 되어버린 자아의 발견, 미래에 대한 희망과 불안감 등이 무용언어로 표현되어 있다.

⑧ 강윤선무용단 〈사이에서… II(두 번째 이야기)〉: 한국 창작무용 / 안무 강윤선

〈사이에서… II(두 번째 이야기)〉는 숙명과 일상적 삶의 경계선에 있는 무속인들의 인식을 무용으로 조명하였다. 안무가는 "신과 인간, 이승과

저승, 현실과 비현실 사이에서 삶의 조언자이면서 동시에 평범한 인간이고 싶은 그들이 짊어져야 할 무거운 숙명이다. 그들은 신과 소통할 수 있는 선택받은 자이지만 인간으로서의 삶에서 버림받은 운명을 가진 자이기도 하다. 스스로가 선택할 수 없고, 거부할 수도 없는 삶을 살아가야 하는 그들의 눈물에 주목했다."고 밝히고 있다.

⑨ 조대식무용단 〈꼭두야 놀자〉: 한국 창작무용 / 안무 조대식

〈꼭두야 놀자〉는 망자의 저승길 친구가 되어주는 꼭두와의 만남을 무용으로 그리고 있다. 안무가는 "안내하기, 호위하기, 시중들기 그리고 즐겁게 하기 등 정성을 다했던 꼭두의 마음처럼 무대에 올라 꼭두가 되어보고자 했다. 한판의 신명나는 춤으로 정신없이 시간을 보내다보면 두려움도 잊게 되고 아직 털어내지 못한 묵은 생각들도 다 잊겠지. 시종 웃다보면 얼씨구나 희망의 꿈으로 가득하리라"라고 안무의 의도를 말하고 있다.

⑩ 김포시무용단 춤짓 〈귀촉도〉: 한국 창작무용 / 안무 손상욱

〈귀촉도〉는 김포시의 지역설화 '애기봉 전설'을 모티브로 지역문화 콘텐츠를 공연예술화한 작품이다. 이 작품은 김포의 애기봉 전설을 서정주의 시 「귀촉도」에 연결하여 애기의 희생적 사랑과 평안감사가 조국을 위해 희생한 충심을 귀촉도라는 새로 상징화해서 그 뜻을 전달하고자 하였다. 특히 은은하고 구성진 전통가락과 강하고 세련된 스타일의 창작음악을 적절히 배치하여 안무와 음악에 있어서 현대적 감성과 전통적 감성이 교감할 수 있도록 하였다.

⑪ 이영순무용단 〈연(緣)〉: 한국 창작무용 / 안무 이영순

〈연(緣)〉은 인간의 사랑과 인연을 주제로 하여 인연으로 사랑이 시작되고 가장 아름다운 사랑의 순간을 지나 이별하는 연인들의 가슴속에 남은 사랑의 고통과 아쉬움, 그리고 다시 새로운 인연으로 이어지는 인연의 연결 고리를 현대적 무용어법으로 해석하였다.

(3) 참가작품의 주제 및 작품 경향 분석

2010년 제19회 전국무용제 경기도 예선대회는 (사)한국무용협회 경기도지회 11개 지부에서 총 11개의 창작무용작품들이 참가하였다. 이 대회에 참가한 작품들의 장르 유형은 한국 창작무용이 10개 작품, 현대무용이 1개 작품이다. 성남시지부 이영순무용단의 〈연(緣)〉이 대상을 수상하여 그해 제19회 전국무용제에 참가하였다.

경기도 예선대회에 참가한 11개 작품들의 작품 유형을 살펴보면 다음과 같다. 2010년 참가작품들은 주로 시대적 현실을 반영한 작품들과 민족문화원형과 정서를 다룬 작품들, 인간의 보편적인 정서와 감성을 다룬 작품들이 주류를 이룬다. 특히 2010년 4월 발생한 천안함 침몰사건의 희생 군장병을 추모하는 작품으로 안양무용단의 〈母心: 어머니의 마음으로〉는 어머니의 마음으로 자식을 먼저 보낸 슬픔을 무용언어로 승화시켰고, 장정희무용단의 〈아! 잊으랴〉는 한국전쟁을 겪은 가족의 비극적인 상처와 통일에 대한 염원을 무용언어로 표현하였다. 민족적 정서와 문화원형을 소재와 주제로 한 작품들을 살펴보면, 오은령무용단의 〈달그림자〉는 동양사상과 음양오행설에서 달이 갖는 한국 여성의 민족적 정서와 심상적 이미지들을 무용언어로 표현한 작품이고, 한동엽무용단의 〈화란의 풍(風)〉은 조지훈 시 「승무」의 시적 심상미와 우

리 민족문화원형으로 태권도의 동작들을 무용적으로 해석하였다. 강윤선무용단의 〈사이에서… II(두 번째 이야기)〉는 한국 샤머니즘을 무용의 소재로 활용하여 무속인의 숙명을 무용으로 표현하였다. 조대식무용단의 〈꼭두야 놀자〉는 한국 전통 장례문화에서 상여에 넣는 꼭두 인형을 무용 소재로 차용하였다. 지역 전통문화원형을 활용한 김포시무용단 춤짓의 〈귀촉도〉도 김포시 지역설화 '애기봉 전설'을 미당 서정주의 시 「귀촉도」의 시적 심상의 이미지들로 형상화한 작품이다.

인간의 보편적 정서와 감성을 주제로 한 작품을 살펴보면, 이승신무용단은 〈리셋(reset)〉에서 무용적 언어로 어린 시절에 대한 그리움과 추억들을 형상화하였고, 이영순무용단은 〈연(緣)〉에서 인연과 사랑의 순간을 무용언어로 표현하였다. 철학적 자아 성찰을 주제로 한 작품인 김은희 希무용단의 〈서른 개의 초〉는 30살을 맞이하는 어느 여성의 과거와 현재, 그리고 미래에 대한 불안과 희망을 자기 고백적 자기 성찰로 무용화하였다.

20) 제20회 전국무용제 경기도 예선대회[24]

(1) 개요

행사명	제20회 전국무용제 경기도 예선대회(2011 기전무용대제전)
일 시	2011. 6. 4－6. 12(총 4회 공연)
장 소	동두천 신시가지 차없는거리 야외무대, 동탄복합문화센터 야외공연장
주 최	(사)한국예술문화단체총연합회 경기도지회
주 관	(사)한국무용협회 경기도지회
후 원	경기도, 동두천시, 화성시, 화성예총, 동두천예총

행사일정			
구분 / 행사	프로그램	출연단체	지역
개막공연	태평산조	의정부시무용단	
	한량무	한범택, 조대식, 손상욱	
	진주교방굿거리춤	고양시 강윤선무용단	
	장고춤	김성나	
	쟁강춤	포천시립민속무용단	
	해금 연주	박성진	
	맥… 여명	포천시립민속예술단	
	동방의 빛 한국의 소리	의정부시무용단	
예선대회	하늘꽃… 사랑	이미숙무용단	의정부시
	白.血 꽃비 되어	한동엽무용단	포천시
	天地花	안양무용단	안양시
	글라듸올라서: 사랑의 기도	한빛무용단	고양시
	흔들리며 피는 꽃	장정희무용단	수원시
	畵(화): 말하다	춤하랑	성남시
	달빛 구름에	조대식무용단	광명시
	傳說	오은령무용단	부천시
	세상 속의 외눈박이	이승신무용단	시흥시
	문…	김은희 希무용단	군포시

(2) 참가작품 소개

① 이미숙무용단 〈하늘꽃… 사랑〉: 한국 창작무용 / 안무 이미숙

〈하늘꽃… 사랑〉은 시적 심상미를 표현하였다. 시인 김영달의 「당신과 나의 사랑은 하늘에서도 꽃이 핍니다」를 모티브로 하였다. 안무가는 "한 편의 시처럼 아름답고 순수한 사랑을 하얗게 세상에 꽃피우고 이러한 순수한 사랑으로 얼룩덜룩 더럽게 물들여진 세상을 무지개빛으로 물들여 알록달록 사랑의 꽃으로 다시 피어나게 한다. 봄기운이 완연한 6월의 초, 모두가 사랑의 빛깔로 피어나는 소통과 화합의 장이 되었으면 한

다"고 작품의 의도를 말하고 있다.

② 한동엽무용단 〈白.血 꽃비 되어〉: 한국 창작무용 / 안무 한동엽

〈白.血 꽃비 되어〉는 신라에 불교를 전파하기 위해서 순교하였던 이차돈의 종교적 희생을 모티브로 하였다. 불교를 대표적으로 상징하는 목탁과 다양한 승려의 춤사위 등을 통해서 불교적 세계관을 한국적 춤사위로 승화시키고자 하였다.

③ 안양무용단 〈天地花〉: 한국 창작무용 / 안무 김성나

〈天地花〉는 하늘과 땅의 기운에 의해 생명이 탄생된다는 동양적 세계관을 무용언어로 표현하였다. 안무가는 "하늘과 땅의 기운이 온 세상의 만물을 지배하고, 그 기운은 형형색색의 찬란한 꽃으로 탄생한다. 힘들고 가난한 세상에서 한 떨기 꽃을 바라보며 마음의 평안을 되찾을 수 있다면 하는 의미"에서 이 작품을 표현하고자 하였다.

④ 한빛무용단 〈글라디올라서: 사랑의 기도〉: 한국 창작무용 / 안무 김종진

〈글라디올라서: 사랑의 기도〉는 사랑에 대한 숭고한 염원을 표현하였다. 여름에 화려하게 피는 꽃이자 죽은 처녀의 무덤에 바치는 글라디올라서는 꽃말이 '사랑의 기도'로 이 작품의 모티브를 제공한다. "천상에 계신 이여 나의 기도를 들어주소서. 그 사람 사랑하니 그이를 내게 주소서. 이내 마음 진실하니 이내 사랑 믿으소서. 그이의 불행한 모든 허물을 목숨 다 바쳐 사랑하리. 도와주소서. 사랑으로 생긴 슬픔 내 것으로 받으리니. 사랑을 맹세한 내 입술로는 세상 누구도 허물지 못하리."

⑤ 장정희무용단 〈흔들리며 피는 꽃〉: 한국 창작무용 / 안무 장정희

〈흔들리며 피는 꽃〉은 무용가의 무대 위의 삶에 대한 희망적 의지를 표현한 작품이다. 이 작품은 시적 심상미를 무용언어로 표현하였다. 작품 내용은 "세상 그 어떤 꽃도 흔들림 없이 피는 꽃은 없다. 비, 바람, 햇살에 젖어 비로소 자신의 색의 꽃잎을 피웠나니. 젖지 않고 가는 삶이 어디 있으랴. 춤이 나에게 젖을 때까지 이 무대에 온 마음 다하여 꽃을 피워라. 설령 지게 되더라도 후회 없는 그런 피고 짐을 나는 선택하리라"라는 내용을 담고 있다.

⑥ 춤하랑 〈畵(화): 말하다〉: 한국 창작무용 / 안무 음지민

〈畵(화): 말하다〉는 오늘날 현대사회에서 가장 심각한 정신질환으로 대부분의 사람들이 겪는 '우울증'을 무용으로 표현하였다. 우울증에 대한 심리적이고 관념적인 심상의 이미지들을 무용언어로 형상화하였다. 작품 내용은 "무기력함 속에 손가락 하나도 움직이기 싫다. 끄적인다. 의미 없는 형상들…, 그 안에는 무엇이 있나! 무엇을 말하는가! 속이 터져 버릴 듯 퍼붓는다. 의미가 보인다. 이유가 있다. 내 속의 나를 찾는다. 입가에 미소가 번진다"와 같다.

⑦ 조대식무용단 〈달빛 구름에〉: 한국 창작무용 / 안무 조대식

〈달빛 구름에〉는 국운이 다한 조선 말기 쇄국과 개화의 혼돈 속에서 고종과 명성황후의 심리적 갈등을 무용언어로 형상화하였다. 안무가는 이 작품을 우리 역사 바로보기로서 어두운 역사 속에서도 빛났던 민족의 자긍심을 회복하는 데 의의를 두고자 했다. 작품 내용은 제1장 세상 밖 외눈박이, 제2장 환몽의 세계, 제3장 저문 들녘에 서서, 제4장 천상의

선율로 구성되어 있다.

⑧ 오은령무용단 〈전설(傳說)〉: 한국 창작무용 / 안무 오은령

〈전설(傳說)〉은 시인 송죽(松竹) 김철이의 「전설」에 모티브를 두고 있다. 한국의 지역 토속설화와 같은 작품 내용에 바우와 몽실의 아름다운 사랑과 죽음을 통해서 오늘날 진정한 사랑의 희생을 되새겨보고자 하였다. 100년 묵은 구렁이가 사는 동해 어느 마을에 매년 숫처녀를 제물로 바치게 되는데, 그 마을에 바우와 몽실이라는 사랑하는 연인이 있었다. 몽실이 제물로 선택되어 바우는 몽실을 구하기 위해서 구렁이와 싸우고 배 위에 백기를 달고 돌아온다고 하였다. 바우는 구렁이와 사투를 벌이고 이기고 돌아왔지만 구렁이의 피가 백기에 묻어 몽실이 멀리서 그것을 보고 바우가 죽은 것으로 착각하여 자결한다.

⑨ 이승신무용단 〈세상 속의 외눈박이〉: 현대무용 / 안무 이승신

〈세상 속의 외눈박이〉는 청춘의 불완전한 인생의 미래에 대한 불안감과 현실적인 욕망의 부조리를 외눈박이라는 물고기의 사랑에 비유하여 표현하였다. 외눈박이 물고기는 서로에게 의지하며 살다가 짝의 주검 앞에서 언제까지나 꿈쩍도 하지 않고 있다가 짝 옆에서 굶어 죽는다. 이러한 외눈박이의 생애를 통해 오늘날 현대인의 모순을 사랑이라는 숭고함으로 환기시켜 주고자 하였다.

⑩ 김은희 希무용단 〈문…〉: 한국 창작무용 / 안무 김은희

〈문〉은 삶의 선택의 기로에서 선택해야 하는 순간을 문으로 상징화하여 인간의 모든 생로병사와 희로애락을 표현하였다. 자아 성찰에 대

한 관념적인 내용에 무용언어와 소품을 활용하여 문의 상징적인 의미를 쉽게 전달하려고 하였다.

(3) 참가작품의 주제 및 작품 경향 분석

2011년 제20회 전국무용제 경기도 예선대회는 2010년 기전무용대제전과 함께 개최되었고, (사)한국무용협회 경기도지회 10개 지부에서 총 10개의 창작무용작품들이 참가하였다.

예선대회에 참가한 작품들의 장르 유형은 한국 창작무용이 8개 작품, 현대무용이 2개 작품이다. 시흥시지부 이승신무용단의 〈세상 속의 외눈박이〉가 대상을 수상하여, 그해 제20회 전국무용제에 참가하였다.

경기도 예선대회에 참가한 10개 작품들의 작품 유형을 살펴보면 다음과 같다. 2011년 참가작품들은 주로 시적 심상미를 주제로 한 작품들과 역사적인 사료를 소재로 활용한 무용작품들이 주류를 이룬다.

시적 심상미를 주제로 한 작품들을 살펴보면, 이미숙무용단의 〈하늘꽃… 사랑〉은 시인 김영달의 시 「당신과 나의 사랑은 하늘에서도 꽃이 핍니다」를 모티브로 한 작품이고, 한빛무용단의 〈글라디올라서: 사랑의 기도〉는 '사랑의 기도'라는 꽃말을 가진 글라디올라서 꽃이 갖는 시적 심상의 이미지들을 통해서 사랑에 대한 숭고한 염원을 표현하였다. 장정희무용단의 〈흔들리며 피는 꽃〉은 무용가로서 무대 위의 삶에 대한 희망적 의지를 꽃에 비유하여 시적 심상미를 표현한 작품이다.

역사적 사료를 무용 소재의 모티브로 활용한 작품들을 살펴보면, 조대식무용단의 〈달빛 구름에〉는 조선 말기 쇄국과 개화의 혼돈 속에서 고종과 명성황후의 심리적 갈등을 무용언어로 형상화시킨 작품이고, 한동엽무용단의 〈白.血 꽃비 되어〉는 신라에 불교를 전파하기 위해서 순교하였던 이차돈의 종교적 희생을 모티브로 한 작품이다. 오은령무용단의 〈傳說(전설)〉은 시인 송죽(松竹) 김철이의 시 「전설」의 시적 심상미와 한국 지역 토속설화를 결합시켜서 한국 전통문화원형과 민족적 정서로서 희생과 사랑의 소중함을 전달하였다.

안양무용단의 〈天地花(천지화)〉는 동양적 세계관에서 바라보는 하늘과 땅의 기운에 의한 생명 탄생의 자연현상을 심상적 영감에 의해서 무용언어로 표현한 작품이고, 현대문명을 비판하는 춤하랑무용단의 〈畵(화): 말하다〉는 현대인이 겪는 '우울증'을 무용언어로 표현한 작품이다.

철학적 자아 성찰을 주제로 한 작품으로 김은희 希무용단의 〈문〉은 삶의 숙명적 운명과 선택적 운명을 문으로 상징화시켜서 인간의 본질에 접근하였다. 인간의 보편적 정서와 감성으로서 사랑의 희생을 외눈박이로 표현한 이승신무용단의 〈세상 속의 외눈박이〉는 인생의 미래에 내한 불안감과 현실적인 욕망의 부조리를 외눈박이라는 물고기의 사랑에 비유하여 표현하였다.

21) 제21회 전국무용제 경기도 예선대회[25]

(1) 개요

행사명	제21회 전국무용제 경기도 예선대회(2012 기전무용대제전)
일 시	2012. 6. 7 – 6. 10(총 3회 공연)
장 소	안양예술공원 벽천광장
주 최	(사)한국예술문화단체총연합회 경기도지회
주 관	(사)한국무용협회 경기도지회
후 원	경기도, 경기도의회, 한국무용협회, 안양시, 경기도 각 시군

행사일정			
구분 / 행사	프로그램	출연단체	지역
개막 축하 공연	한국무용 공연	구서영	
	벨리댄스 공연	임선영	
	한국무용 공연	한범택	
	크로스오버 뮤직 공연	바이올리니스트 제니유	
예선대회	마지막 겨울(나 가거든)	안양무용단	안양시
	잃어버린 장미	이미숙무용단	의정부시
	웃음	성남무용단	성남시
	가시나무새	조대식무용단	광명시
	마음의 감기	이승신무용단	시흥시
	길에 서다…	김은희 希무용단	군포시
	포천의 빛	한동엽무용단	포천시
	사계(四季)	강윤선무용단	고양시
	휘이 휘이 훨~ 훨~	오은령무용단	부천시
	태양의 인간	밀물현대무용단	안산시

(2) 참가작품 소개

① 안양무용단 〈마지막 겨울(나 가거든)〉: 한국 창작무용 / 안무 김성나

〈마지막 겨울(나 가거든)〉은 쇠약해진 조선왕조 침략에 발톱을 숨기지 않는 일제의 야욕 앞에서 조선을 지켜내려는 철의 여인 명성황후를 이야기하고 있다. 그녀의 위대함은 조선을 침략하기 위해서는 조선의 국모를 시해할 수밖에 없었다는 일본 총리대신의 탄식 속에 함축되어 있다. 작품은 제1장 작은 꽃잎으로 한 줄기 바람, 제2장 두려움의 꽃, 제3장 맨발로 걸어 가시밭길을 넘어 침묵의 평화로 구성되어 있다.

② 이미숙무용단 〈잃어버린 장미〉: 한국 창작무용 / 안무 이미숙

〈잃어버린 장미〉는 장미에 대한 심상적 이미지를 무용언어로 표현한

작품이다. 안무가는 "아름답게 피어난 한 떨기 장미를 보며 줄기를 꺾었다. 숨통이 조였음에도 화사하게 달빛 아래 빛나는… 눈물로 생명수를 만들 듯 아름답게 별빛 아래 피어있는… 장미를 보며 나는 미소 짓는다."라고 안무의 의도를 말하고 있다.

③ 성남무용단 〈웃음〉: 한국 창작무용 / 안무 김종해

〈웃음〉은 욕망에 대한 허무감을 표현한 관념적인 작품이다. 욕망의 심상적 이미지들의 표현은 인간의 여러 행동양식으로 표출되고 있는데 이번 작품에서는 이를 무용화하였다. 작품 내용은 "왼눈이 오른눈을 가리고, 오른눈이 왼눈을 쫓으니 왼눈과 오른눈이 서로 만날 수가 없네. 네가 웃어 나도 웃기에 가슴속엔 허무만이 남고, 내가 내 마음을 다스릴 수 없어 가슴속에 허무만이 남고, 원하여 웃었건만 육체의 한계 속에 갇혀 여린 날개를 퍼덕이다가…"와 같다.

④ 조대식무용단 〈가시나무새〉: 한국 창작무용 / 안무 조대식

〈가시나무새〉는 매일 반복적인 삶을 사는 도시인들이 현실의 고통과 삶의 유한성과 허망함을 극복하는 영생의 길을 갈망하는 모습을 그린 작품이다. 결국 인생의 무상한 삶이 덧없음을 깨달아가는 과정을 보여주고자 하였다.

⑤ 이승신무용단 〈마음의 감기〉: 현대무용 / 안무 시우정

〈마음의 감기〉는 우울증에 대한 현대인의 모습들을 그린 작품이다. 작품에서 사회적인 환경과 돈, 명예, 가정, 친구들로 인한 마음의 상처들로 인해 인간은 병들어가고 있다. 사람은 매일 그 어둠에서 빠져나오려

발버둥을 치고 있다. 그들을 구할 수 있는 건 희망이란 한 줄기 빛이다. 그들은 죽을힘을 다해 그 빛을 잡으려 한다. 작품 내용은 제1장 상처받은 인간, 제2장 서로에게 상처 주고 상처받는 인간, 제3장 상처에서 벗어나려는 몸부림, 제4장 따뜻한 빛으로 위로받고 회복되는 인간으로 구성되어 있다.

⑥ 김은희 希무용단 〈길에 서다…〉: 한국 창작무용 / 안무 김은희

인생에 있어서 문은 필연적인 운명의 길이다. 삶에서 문은 운명을 결정하고 혹은 간직하는 곳이기 때문에 우리는 문을 사랑하고, 문을 열고 필히 들어간다. 그리고 또다시 나간다. 작품에 대한 안무의 의도는 "문을 통해 나의 마음을 움직임으로 표현, 나로부터의 사색에 이르는 인간의 본성과 상황을 풀어놓고 음악과 움직임의 변주를 통해 여인의 일생의 감정선들을 상징적인 문이라는 이미지로 투영시켜 보았다."와 같다.

⑦ 한동엽무용단 〈포천의 빛〉: 한국 창작무용 / 안무 한동엽

〈포천의 빛〉은 우심 안국훈 시인의 「혼자 피는 꽃은 없다」의 시에 모티브를 두고 있다. 작품 내용은 "죽은 나무에 꽃이 피었다. 죽으며 피운 꽃. 그 향기는 없기에, 얼마나 어리석은 일이더냐. 그래서 그대는 살아생전 장미꽃 한 송이 / 차마 피우지 못했구나. 참을 수 없는 그리움이다. 숨죽이며 필지언정, 꽃은 혼자 피지 않는다. 물만 보면 신나는 소녀처럼 물위에 떠 있어도 연꽃은 고고한 자태로 가슴을 편다."와 같다.

⑧ 강윤선무용단 〈사계(四季)〉: 한국 창작무용 / 안무 강윤선

〈사계〉는 인간에 대한 존재론적 성찰을 자연의 사계절로 은유적으

로 상징화시킨 작품이다. 안무가는 “삶의 근원은 무엇이며, 인간의 본질은 무엇인가? 탄생과 죽음으로 압축되는 인생의 혼란 속에서 질펵한 삶의 유희와 인생의 의미를 사계절을 통하여 반추해 본다”라고 안무의 의도를 말하고 있다.

⑨ 오은령무용단 〈휘이 휘이 훨~ 훨~〉: 한국 창작무용 / 안무 오은령

〈휘이 휘이 훨~ 훨~〉은 한국 전통춤에 대한 무용가의 춤인생을 그리고 있다. 안무가는 문화의 혼재 속에 우리춤을 고집하며, 춤으로 사는 우리들의 인생과 바람을 표현해보고자 하였다. 작품 내용은 “세상의 빛처럼, 타오르는 불꽃처럼…, 허공에 그려진 그림들이 다 타서 녹을 때까지, 구름처럼 피어올라 세상을 밝히는 불꽃, 말없이 타올라 세상의 빛으로 선다.”와 같다.

⑩ 밀물현대무용단 〈태양의 인간〉: 현대무용 / 안무 이해준

〈태평의 인간〉은 조각가 문신의 삶을 이야기하고 있다. 안무가는 작품에 대한 안무의 의도를 다음과 같이 전하였다. “문신은 이 시대 속에 살아있는 전설의 조각가로서 ‘생명의 리듬’을 작품 속에 창조하여 전 세계인들에게 ‘신처럼 창조하는 예술가’로 ‘예술의 노래’라고 불릴 만큼 인정을 받았으며, 세계 속에 한국예술을 알린 선구자이다. 이러한 문신의 생애와 업적을 다양한 무용기법으로 표현하여 그가 걸어온 예술의 혼을 현대적 시각으로 조명하여 재인식할 수 있는 새로운 계기를 마련하고자 한다.”라고 안무의 의도를 이야기하고 있다.

(3) 참가작품의 주제 및 작품 경향 분석

2012년 제21회 전국무용제 경기도 예선대회는 2012년 기전무용대제전과 함께 개최되었고, (사)한국무용협회 경기도지회 10개 지부에서 총 10개의 창작무용작품들이 참가하였다.

예선대회에 참가한 작품들의 장르 유형은 한국 창작무용이 8개 작품, 현대무용이 2개 작품이다. 안산시지부 이해준 밀물현대무용단의 〈태양의 인간〉이 대상을 수상하여 그해 제21회 전국무용제에 참가하여 은상과 음악상을 수상하였다.

경기도 예선대회에 참가한 10개 작품들의 작품 유형을 살펴보면 다음과 같다. 2012년도에는 주로 철학적 자아 성찰을 주제로 다룬 작품들이 주류를 이루고 있고, 현대문명 비판 및 현실 반영, 시적 심상미, 관념적 심상미를 다룬 작품 등이 공연되었다.

현대문명을 비판하고 철학적 자아 성찰을 주제로 다룬 작품을 살펴보면, 조대식무용단의 〈가시나무새〉는 현대인의 삶에 대한 매너리즘의 유한성과 허망함에서 벗어나 영생의 길을 갈망하는 욕망을 무용언어로 상징화시켰고, 이승신무용단의 〈마음의 감기〉는 현대인의 정신병리 현상인 우울증에 대한 다양한 증세를 무용언어로 표현하였다. 강윤선무용단의 〈사계(四季)〉는 인간에 대한 존재론적 성찰을 자연의 사계절로 은유적으로 상징화시켰다. 오은령무용단의 〈휘이 휘이 훨~ 훨~〉은 한국무용가로서 무대 위의 삶에 대한 자아 성찰을 무용언어로 표현하였다.

시적 심상미를 다룬 이미숙무용단의 〈잃어버린 장미〉는 장미에 대한 심상적 이미지를 무용언어로 표현하였고, 한동엽무용단의 〈포천의 빛〉은 우심 안국훈 시인의 「혼자 피는 꽃은 없다」에서 시상적 모티브를 얻은 작품이다. 밀물현대무용단의 〈태양의 인간〉은 한국의 서양화가이자 조각가인 문신의 삶과 예술적 혼을 다룬 작품이고, 안양무용단의 〈마지막 겨울(나 가거든)〉은 명성황후 시해사건을 심상적 이미지들로 구성한 작품이다. 관념적 심상미를 다룬 성남무용단의 〈웃음〉은 욕망에 대한 허무감을 표현한 심상적 이미지들을 무용언어로 형상화시킨 작품이다. 김은희 希무용단의 〈길에 서다…〉는 삶의 숙명적 운명과 선택적 운명을 문으로 상징화시켜서 인간의 본질에 접근하고 있다.

22) 제22회 전국무용제 경기도 예선대회[26]

(1) 개요

행사명	제22회 전국무용제 경기도 예선대회(2013 기전무용대제전)
일 시	2013. 6. 7－6. 9(총 3회 공연)
장 소	고양 라페스타 야외공연장
주 최	(사)한국예술문화단체총연합회 경기도지회
주 관	(사)한국무용협회 경기도지회
후 원	경기도, 경기도의회, 한국무용협회, 고양시의회, 고양예총, 한국문화예술위원회, 라페스타쇼핑몰 관리단, 고양시, 군포시, 광명시, 김포시, 부천시, 안양시, 의정부시, 용인시, 시흥시, 성남시, 포천시

행사일정			
구분 / 행사	프로그램	출연단체	지역
개막 축하 공연	Negative Motion	Negative Motion	
	소고춤(김평호류)	구서영	
	발레 〈해적〉 중	박기현, 김인경	
	초대가수 공연	김길중	
	마니(摩尼) Song	설향무용단	
예선대회	불편한 진실	오은령무용단	부천시
	비나리	단경무용단	용인시
	그 겨울의 푸른 노을	김은희무용단	군포시
	어느날 갑자기	이영순무용단	성남시
	가시나무새	손상욱무용단	김포시

구분 / 행사	프로그램	출연단체	지역
예선대회	그 여자의 이야기	이승신무용단	시흥시
	여인의 향기	안양무용단	안양시
	꽃두레 빈 무덤	이미숙무용단	의정부시
	별 하늘 그리고 바람…	강윤선무용단	고양시
	무악	한동엽무용단	포천시
	슬픈 유희	광명무용단	광명시

(2) 참가작품 소개

① 오은령무용단 〈불편한 진실〉: 한국 창작무용 / 안무 이록

〈불편한 진실〉은 현대사회의 불신에 대한 부조리한 자기합리화의 심리적 병리현상을 무용언어로 표현하였다. 안무가는 안무 의도를 다음과 같이 전하고 있다. "사회에 대한 불만을 표출해내고자 하는 인간의 욕망. 선과 악의 모습이 교묘하게 뒤엉켜있는 현시대에서 사회에 대한 반항심과 불신으로 인해 오히려 악을 추구하고 스스로가 신이 되어보고자 한다. 시작부터 틀린 답에서 헤매는 인간의 모습을 표현하려고 하였다."

② 단경무용단 〈비나리〉: 현대무용 / 안무 송주현

〈비나리〉는 무용가로서의 삶에 대한 자기 고백적인 작품으로 무용인생에 대한 넋두리이자 미래에 대한 비나리를 담은 작품이다. 안무가는 "춤을 추는 사람은 늘 외로운 작업을 한다. 혼자서 그 외로움을 화로 삭히고…, 어려운 과정 속에 나를 버리고 비우는 인고의 시간이 있어야 한다. 난 늘 무언가를 풀어내려고 한다. 그게 무엇이었든…, 내 안의 무거운 돌덩이를, 내 안의 맺힌 한을, 내 안 저 밑바닥에 깔려있는 내 아픔을 내려놓으려 한다"라고 안무의 의도를 말하고 있다.

③ 김은희무용단 〈그 겨울의 푸른 노을〉: 한국 창작무용 / 안무 김은희

〈그 겨울의 푸른 노을〉은 현대인의 피폐한 감정에 대한 문명 비판적인 내용으로 자연주의 회귀를 통해서 희망의 메시지를 담으려고 하였다. 특히 동쪽 하늘에서 뜨는 푸른 노을이라는 희망을 무용으로 표현하였다. 작품은 제1장은 일그러진 현대인의 군상들로 쉼 없이 살아가는 피폐해진 인간의 군상들을, 제2장은 길의 가장자리에 서서는 메마른 겨울 속의 군상들은 하얗게 언 대지 위에 묶여있는 풍경을, 제3장은 서쪽 하늘에 저무는 노을은 동쪽하늘에 피어나는 노을로 생명 태동의 소리임을, 제4장은 푸른 노을은 푸른 세상에 희망의 새싹을 틔우고 생명의 순환은 계속된다는 내용을 담고 있다.

④ 이영순무용단 〈어느날 갑자기〉: 한국 창작무용 / 안무 이영순

〈어느날 갑자기〉는 성폭행을 당한 딸을 가진 엄마가 겪는 현실적인 문제를 다루었다. 성폭력 피해자와 가족이 겪는 가슴 아픈 현실의 고통, 주위 사람들의 냉대와 멸시, 피의자에게 관대한 사회의 부조리, 치유와 관심 등의 문제에 사회적으로 연대하자는 희망적 메시지를 무용언어를 통해 표현하였다.

⑤ 손상욱무용단 〈가시나무새〉: 한국 창작무용 / 안무 김지은

〈가시나무새〉는 김요일 시인의 시들과 가시나무새의 전설, 그리고 김포시의 애기봉 전설을 연결하여 사랑과 기다림 그리고 고통과 슬픔을 표현하며, 아울러 사랑과 삶 그리고 모든 것을 초월한 근본적 가치에 대하여 탐색하고 고찰하였다. 안무가는 "죽고 싶지만 살 수밖에 없는 운명, 혹은 살고 싶지만 죽을 수밖에 없는 운명 등 우리가 처한 운명의 굴

레에서 과연 무엇을 희망하고 또 체념하고 기다리는가"라고 안무가의 의도를 말하고 있다.

⑥ 이승신무용단 〈그 여자의 이야기〉: 현대무용 / 안무 서은정

〈그 여자의 이야기〉는 현대인의 개인주의적 삶으로 인해 점점 인간 소외가 되어가는 현실에 대한 비판적인 내용이지만 마음의 상처를 치유할 수 있는 것은 오직 관심과 사랑이라는 희망적인 메시지를 담고 있다. 작품 내용은 "세상의 사람들이 모두 나를 외면한다. 어둠 속에서 나는 갈 곳을 잃고 울고 있다. 아무도 나를 돕는 이가 없다. 나는 어디로 가야 하나? 갈 곳을 잃고 헤매고 있다. 도포가 벗겨지며 어둠이 그치고 따뜻한 빛이 비춰진다. 마음속의 멈추었던 시간들이 깨지고 새로운 자유를 얻는다."와 같다.

⑦ 안양무용단 〈여인의 향기〉: 한국 창작무용 / 안무 박성민

〈여인의 향기〉는 여성의 시각과 감성으로 인생의 희로애락(喜怒哀樂)을 상징적인 몸짓과 마임적 언어로 표현한 작품이다. 안무가는 "인간이 느낄 수 있는 대표적인 감정 중에 희 · 로 · 애 · 락은 인생을 살아가면서 가장 많이 느끼고 접하면서 살아가는 감정들이다. 이런 감정들을 한국 여인의 삶을 통한 움직임들을 바탕으로 작품화하는 데 그 의도를 둔다."라고 말하고 있다.

⑧ 이미숙무용단 〈꽃두레 빈 무덤〉: 한국 창작무용 / 안무 이소희 · 박문용

〈꽃두레 빈 무덤〉은 의정부에 전해 내려오는 역사적인 인물 의순공주의 슬프고도 아름다운 비극적 사랑 이야기를 그린 작품이다. 이 작품

은 조선 효종의 양녀 의순공주가 여린 여자의 몸으로 족두리만 남기고 강물에 몸을 던져 나라와 사랑을 지킨 절개와 의지를 그리고 있다.

⑨ 강윤선무용단 〈별 하늘 그리고 바람…〉: 한국 창작무용 / 안무 강윤선

〈별 하늘 그리고 바람〉은 시적 심상미를 표현한 작품이다. 작품 내용은 "별과 하늘 그리고 바람…, 계절이 지나가는 하늘에는, 가을로 가득 차 있습니다. 나는 아무 걱정도 없이, 가을의 별들을 다 헤일 듯합니다. 가슴속에 하나 둘 새겨지는 별을 이제 다 못 헤는 것은 쉬이 아침이 오는 까닭이요, 아직 나의 청춘이 다하지 않은 까닭입니다. 별 하나에 추억과 별 하나에 쓸쓸함과 별 하나에 동경과 별 하나에 시와 별 하나에 사랑…"과 같다.

⑩ 한동엽무용단 〈무악(舞樂)〉: 한국 창작무용 / 안무 조민정

〈무악〉은 한국 전통춤의 세련미와 애잔하고 요염한 여성적 교태미가 두드러지는 동작들로 구성되어 맺고 푸는 기법과 발디딤이 독특하고 신명과 생명력이 돋보이는 작품이다.

제1장 〈홍취에 흩날리듯〉은 최승희의 쟁강춤 춤사위의 교태미를 표현하였고, 제2장 〈시(詩)가 머물다 간 그 자리〉에는 판소리 춘향가 중 옥에 갇힌 춘향이가 이도령에 대한 그리움을 표현한 대목을 무용언어로 표현하였다. 마지막 제3장 〈신명소리 울려 볼텨〉는 포천 오가리 가노농악의 신명과 생명력 넘치는 동작으로 구성되어 있다.

⑪ 광명무용단 〈슬픈 유희〉: 한국 창작무용 / 안무 조대식

〈슬픈 유희〉는 "인생이란 출생(Birth)과 죽음(Death) 사이에서 선택

(Choice)하는 것이라는 의미다"라는 프랑스 실존주의 철학가 장 폴 사르트르의 명언을 모티브로 창작한 작품이다. 〈슬픈 유희〉는 Prologue Birth(몸짓으로 털어내는 또 다른 망각의 내 모습), Introduce Death(모든 것을 버리기로 했다), Transition Episode 1(바람처럼 꿈처럼 익숙했던 곳을 떠나 설렘의 땅에 도달했다), Conclusion Choice(자유정신에 대한 그리움! 그러나 사랑이란 이름으로 둔갑하여 내 삶을 구속하는 현실)로 구성되어 있다.

(3) 참가작품의 주제 및 작품 경향 분석

2013년 제22회 전국무용제 경기도 예선대회는 2013년 기전무용대제전과 함께 개최되었고, (사)한국무용협회 경기도지회 11개 지부에서 총 11개의 창작무용작품들이 참가하였다. 이 대회에 참가한 작품들의 장르 유형은 한국 창작무용이 9개 작품, 현대무용이 2개 작품이다. 의정부시지부 이미숙무용단의 〈꽃두레 빈 무덤〉이 대상을 수상하여 그해 제22회 전국무용제에 참가하여 은상과 기술상(조명)을 수상하였다.

경기도 예선대회에 참가한 11개 작품들의 작품 유형을 살펴보면 다음과 같다. 2013년도에는 다양한 주제들과 소재들을 갖춘 작품들이 참가하였다. 인간의 보편적인 정서와 감성을 다룬 작품 유형으로 손상욱무용단의 〈가시나무새〉는 김요일 시인의 시들에 대한 시적 심상미와 김포시 애기봉 전설을 토대로 인간의 사랑을 다룬 작품이다. 안양무용단의 〈여인의 향기〉는 여성성과 여성의 시각과 감성으로 인생의 희로애락(喜怒哀樂)을 상징적인 무용 언어로 표현하였다. 강윤선무용단의 〈별, 하늘 그리고 바람…〉은 시적 심상미를 표현한 작품이고, 광명무용단의 〈슬픈 유희〉는 실존주의 철학가 장 폴 사르트르의 명언을 모티브로 창작된 무용으로 철학적 자아 성찰을 다루고 있다. 단경무용단의 〈비나리〉

는 무용가로서의 삶에 대한 자기 고백적인 자아 성찰을 다룬 작품이다.

현대문명과 현실적 모순을 비판한 유형의 작품들을 살펴보면, 오은령무용단의 〈불편한 진실〉은 현대사회의 불신에 대한 부조리한 자기합리화의 심리적 병리현상을 무용적 언어로 표현한 작품이다. 김은희무용단의 〈그 겨울의 푸른 노을〉은 현대인의 피폐한 감정에 대한 문명 비판적인 내용을 담고 있고, 자연주의로의 회귀를 전하는 작품이다. 이영순무용단의 〈어느날 갑자기〉는 성폭행을 당한 딸을 가진 엄마로서 겪는 현실적인 문제들을 다루고 있고, 이승신무용단의 〈그 여자의 이야기〉는 현대인의 개인주의적 삶의 인간소외를 극복할 수 있는 것은 상호 관심과 사랑이라는 메시지를 전달하고 있다.

이미숙무용단의 〈꽃두레 빈 무덤〉은 의정부 지역의 전통문화원형을 소재로 한 작품으로 의순공주의 슬프고도 아름다운 비극적인 사랑 이야기를 그린 작품이다. 한국 전통춤의 문화원형을 활용한 한동엽무용단의 〈무악(舞樂)〉은 한국 전통춤에 내재된 여성적 교태미를 한국 전통춤사위의 기법으로 표현한 작품이다.

23) 제23회 전국무용제 경기도 예선대회[27]

(1) 개요

행사명	제23회 전국무용제 경기도 예선대회(2014 기전무용대제전)
일 시	2014. 7. 18 – 7. 20(총 4회 공연)
장 소	구리장자못공원 야외무대
주 최	(사)한국예술문화단체총연합회 경기도지회
주 관	(사)한국무용협회 경기도지회
후 원	경기도, 경기도의회, 구리시, 한국무용협회, 한국문화예술위원회

행사일정			
구분 / 행사	프로그램	출연단체	지역
전야제	벨리댄스	광명시지부	
	사랑가	안양시지부	
	태평무	이영순무용단	성남시
예선대회	군(君)	이미숙무용단	의정부시
	기적	광명무용단	광명시
	窓… 톡(talk) & 터치(touch)	이선아무용단	성남시
	하늘에 내리는 눈물 흩날리는 꽃잎 되어…	강윤선무용단	고양시
	어메이징 그레이스	이승신무용단	시흥시
	염훤(繝諠)	부천무용단	부천시
	갑돌이와 갑순이(말하지 못하는 사람)	김은희 希무용단	군포시
	향기 머금은 화폭(畵幅) 속으로	한동엽무용단	포천시
	열, 비나리	김선정무용단	안양시

(2) 참가작품 소개

① 이미숙무용단 〈군(君)〉: 한국 창작무용 / 안무 이소희 · 박문용

〈군〉은 왕실의 적통 왕자로 태어나 왕이 되지 못하고 군(君)으로 살아가는 왕자들의 비운의 삶과 고통을 무용으로 형상화시켰다. 작품 내용은 하늘의 뜻으로 1인자의 운명을 타고났으나 이를 시기하는 권력과 암투 속에 결국 한없이 작아지고 나약해지는 처절한 왕자의 삶을 그렸다. 타고난 운명을 거슬러 결국 모든 것을 내려놓고 속세를 떠나 자유롭고 평화로운 한 인간으로 다시 태어난다.

② 광명무용단 〈기적〉: 한국 창작무용 / 안무 조대식

〈기적〉은 2014년 우리 사회에 충격을 안겨준 세월호의 침몰사고로 인해 희생된 단원고 학생들과 선생님들, 그 배 안에 탔던 모든 희생자들

을 추모하는 무용작품이다. 작품 내용은 다음과 같다. "… 미안합니다. 미안합니다. 잊지 않겠습니다. 안녕을 말하지 말아요. 아직도 내 심장은 뜨거운걸요. 한참을 바라보아도 참 좋았던 소중한 사람 살포시 남겨 놓고간 작은 나의 흔적들로 울지 마세요. 나의 사랑아 슬픈 영혼들 편히 쉬소서. … "(단야의 〈약속해줘요〉 中에서)

③ 이선아무용단 〈窓… 톡(talk) & 터치(touch)〉: 한국 창작무용 / 안무 이춘희 · 이선아

〈窓… 톡(talk) & 터치(touch)〉는 디지털 시대의 인간의 소통문화에 대한 문명 비판과 우리 시대 자화상에 대한 자아 성찰의 내용을 담고 있다. 손가락 터치만으로 모든 세상과 만나는 스마트폰 시대의 디지털 혁명, 수많은 정보의 홍수 속에서 편리하게 살지만 가족 간의 소통이 단절되고 외로워지고 우울해지는 사회적 병리현상을 낳고 있다. 에필로그(지금, 세상 사람들은?), 에피소드(손가락 터치로 말하는 세상의 중독된 사람들, 스마트폰이 없으면 상실감-초조-불안을 느끼는 사람들, 우리는 손가락이 아니라 서로 부딪히고 만지고 눈으로 말하는 사람들을 꿈꾼다) 등으로 구성되어 있다.

④ 강윤선무용단 〈하늘에 내리는 눈물 흩날리는 꽃잎 되어…〉: 한국 창작무용 / 안무 최수진

〈하늘에 내리는 눈물 흩날리는 꽃잎 되어…〉는 한민족의 정서적 공감대를 형성하는 '한'의 심상적 이미지를 동양사상의 선과 색, 한과 흥, 번뇌와 해탈의 관념적 의미들을 신명의 춤사위로 교감할 수 있는 무대로 구성한 작품이다. 작품 내용은 제1장(인간 내면 속으로 범람해 들어오는 번뇌의 물결), 제2장(인간을 어루만지듯 무대를 쓰다듬는 애절하고 아름다운 염원의 자락들), 제3장(천지를 진동하는 꽃의 향기여)으로 구성되어 있다.

⑤ 이승신무용단 〈어메이징 그레이스〉: 현대무용 / 안무 박미연 · 서윤정

〈어메이징 그레이스〉는 오늘날 스마트폰의 편리함에 지배당하며 살고 있는 인간성 상실의 시대를 비판하는 창작 현대무용작품이다. 가까운 미래에 인공지능의 슈퍼컴퓨터에 지배당하며 살고 있는 인간들은 점점 디지털 바이러스에 감염되어 인간성을 상실해간다. 그러나 그것에 저항하는 인간들과 슈퍼컴퓨터와의 전쟁에서 사람과 사람 간의 연대와 사랑을 통해서 따뜻한 빛이 커져서 디지털 바이러스를 정화시켜 희망의 나라로 향한다는 희망적인 메시지를 담고 있다.

⑥ 부천무용단 〈염훤(繝諠)〉: 한국 창작무용 / 안무 김유미 · 이룩

〈염훤(繝諠)〉은 세월호 침몰사고로 인해 희생된 영혼들을 추모하는 작품으로 영원히 그들의 안타까운 죽음을 잊지 않고 기억하고자 만든 작품이다. 작품 내용은 "국가의 형편이 쇠해가는 운수이니 평온하지 않은 그 마음, 거문고 줄 바꾸듯 마음 조여 그 모든 어려움과 고생 따위 견뎌낸 그 마음들을 하늘도 크게 느끼며 감동할 것이다."에 담긴 관념적인 내용을 무용의 언어로 형상화시켰다.

⑦ 김은희 希무용단 〈갑돌이와 갑순이(말하지 못하는 사랑)〉: 한국 창작무용 / 안무 김은희

〈갑돌이와 갑순이(말하지 못하는 사랑)〉의 사랑 이야기를 색다르게 해석한 작품이다. '서로 사랑하는 사이임에도 왜 갑순이는 갑돌이를 남겨두고 시집을 갔을까?'라는 의문에서 무용은 시작한다. 사랑의 타이밍이 맞지 않는 연인관계, 서로 눈치만 보다가 헤어지게 되는 연인관계가 바로 갑돌이와 갑순이의 사랑이다.

⑧ 한동엽무용단 〈향기 머금은 화폭(畵幅) 속으로〉: 한국 창작무용 / 안무 한동엽

〈향기 머금은 화폭(畵幅) 속으로〉는 한국 근대 전통춤을 새롭게 해석한 작품이다. 근대 춤의 선구자 최승희의 〈쟁강춤〉과 〈선비춤〉에 대한 새로운 해석, 박병천의 진도북춤을 재구성하였다. 제1장 〈홍(紅)의 울림〉은 손목에 쟁강 소리 나는 쇠팔찌를 걸고 부채를 이용한 최승희 안무의 쟁강춤의 춤사위를 새롭게 해석한 작품이고, 제2장 〈한(恨)이 머물다 간 그 자리〉는 극적인 요소가 가미된 옛 선비의 고고한 자태와 품위를 다룬 선비춤의 해석, 제3장 〈북의 향연〉은 박병천의 진도북춤을 재구성한 춤으로 구성되어 있다.

⑨ 김선정무용단 〈열두, 비나리〉: 한국 창작무용 / 안무 김현숙 · 김선정

〈열두, 비나리〉는 소원성취를 기원하는 고사덕담의 비나리 소리를 무용화한 작품이다. 자연 앞에 나약한 존재인 인간은 평안한 삶을 영위하기 위해서 덕담과 축원의 비나리를 무용작품으로 형상화하였다. 작품을 살펴보면, 제1장 〈향화〉는 천지의 탄생으로 신과 인간의 교감을 상징하는 향을 피우고, 제2장 〈갈망〉은 신에 대한 갈망을 통한 구원의 선택, 제3장 〈관계의 고리〉는 세상사의 상생과 상극을 보여주며, 제4장 〈비나리〉는 무사태평을 기원하는 덕담과 축원하는 화려한 군무로 피날레를 장식한다.

(3) 참가작품의 주제 및 작품 경향 분석

2014년 제23회 전국무용제 경기도 예선대회는 2014년 기전무용대제전과 함께 개최되었고, (사)한국무용협회 경기도지회 9개 지부에서 총 9개의 창작무용 작품들이 참가하였다. 이 대회에 참가한 작품들의 장르 유형은 한국 창작무용이 8개 작품, 현대무용이 1개 작품이다. 안양시지

부 김선정무용단의 〈열두, 비나리〉가 대상을 수상하여 그해 제23회 전국무용제에 참가하여 대상을 수상하였다.

경기도 예선대회에 참가한 9개 작품들의 작품 유형들 중에서 주류를 이루는 것은 민족적 정서와 문화원형을 주제와 소재로 활용한 작품들이 많았다. 먼저 이미숙무용단의 〈군〉은 역사적 문화원형을 소재로 왕자로 태어나 왕이 되지 못한 군으로서의 삶에 대한 비애를 역사적 사료를 바탕으로 무용언어로 다룬 작품이고, 강윤선무용단의 〈하늘에 내리는 눈물 흩날리는 꽃잎 되어…〉는 한민족의 정서적 공감대를 형성하는 '한'의 심상적 이미지를 동양사상에 입각하여 한국적 춤사위로 해석한 작품이다. 한동엽무용단의 〈향기 머금은 화폭(畵幅) 속으로〉는 안무가의 일관된 한국전통춤에 대한 의미론적 해석의 제4탄 시리즈로 최승희의 '쟁강춤', '선비춤', 박병천류의 '진도북춤'의 춤사위들을 재구성한 작품이다. 김선정무용단의 〈열두, 비나리〉는 고사덕담 비나리의 한국 전통문화원형을 소재로 하여 한국의 민족적 한과 흥의 정서적 교감대를 형성하는 작품이다.

2014년 4월에 발생한 세월호 침몰사고로 인해 희생된 영혼을 추모하는 작품으로 현실을 반영한 작품으로는 광명무용단의 〈기적〉과 부천무용단의 〈염훤(繝諠)〉이 있다.

현대문명과 현실적 모순을 비판하는 작품으로 이선아무용단의 〈窓… 톡(talk) & 터치(touch)〉는 스마트폰 세대의 소통문화에 대한 비인간적인 교감의 병폐들을 무용언어로 표현하였고, 이승신무용단의 〈어메이징 그레이스〉는 오늘날 디지털 문명에 대한 비판으로 가까운 미래 인공지능 슈퍼컴퓨터에게 지배당하며 사는 인간의 암울한 미래상을 담은 작품이다.

인간의 보편적인 정서와 감성을 다룬 작품 유형들을 살펴보면, 김은희 希무용단의 〈갑돌이와 갑순이(말하지 못하는 사랑)〉는 한국 전통문화원형 갑돌이와 갑순이의 이야기를 소재로 패러디한 작품으로 '갑돌이는 갑순이가 시집가는데도 왜 사랑을 고백하지 못했을까?' 하는 점에서 재미있는 무용적 접근을 시도한 작품이다.

24) 제24회 전국무용제 경기도 예선대회[28]

(1) 개요

행사명	제24회 전국무용제 경기도 예선대회(2015 기전무용대제전)
일시	2015. 5. 14 - 5. 17(총 4회 공연)
장소	경기도 양평군 군민회관
주최	(사)한국예술문화단체총연합회 경기도지회
주관	(사)한국무용협회 경기도지회
후원	경기도, 경기도의회, 양평군, (사)한국무용협회, 한국문화예술위원회, 양평예총, 고양시, 군포시, 광명시, 안양시, 의정부시, 시흥시, 성남시, 포천시, 구리시, 남양주시

행사일정			
구분 / 행사	프로그램	출연단체	지역
개막공연	호남살풀이, 진주교방굿거리	의정부디딤새무용단	의정부시
	아리랑, 쟁강춤	화성우리춤연구회	화성시
	도살풀이	인천한가온무용단	인천시(우정출연)
	부채춤, 진도북춤	남양주어머니무용단	남양주시
	입춤	양평국악협회 무용분과	양평군
예선대회	한량열전(閑良熱戰)	김성나무용단	안양시
	환멸의 꽃	이미숙무용단	의정부시
	빈집	광명무용단	광명시
	05 혼푸리 굿	두은숙무용단	남양주시
	No Response	임미경무용단	고양시
	그 길을 건니며	민애 댄스컴퍼니	구리시
	Genesis	엘루시아 무용단	성남시
	뭘 바?!	이승신무용단	시흥시
	풍류 위를 거닐도다	한동엽무용단	포천시
	신명	김은희 希무용단	군포시

(2) 참가작품 소개

① 김성나무용단 〈한량열전(閑良熱戰)〉: 한국 창작무용/ 안무 김성나

〈한량열전〉은 조선시대 풍류선비의 대명사로 유명한 서화담의 삶을 조명한 무용작품이다. 조선시대 과거에 급제하였으나 관직에 진출하지 않고 한국의 자연과 풍류를 즐겼던 서화담의 인생을 한국의 사계절로 의미화시켜서 한국 전통춤사위로 표현한 작품이다. 만물이 소생하는 봄, 모든 세상의 생물들이 만개하는 꽃들과 함께 바람을 표현한다. 한여름 더위를 피하기 위해 자연 속으로 나들이를 떠난다. 풍요로운 가을의 만추를 느끼며 자연을 동요한다. 인생의 저물어가는, 그리고 세월의 덧없음을 피할 수 없는 삶의 길을 정리한다.

② 이미숙무용단 〈환멸의 꽃〉: 한국 창작무용 / 안무 이순주

〈환멸의 꽃〉은 여성적 자아 성찰로 자신을 찾는 과정을 심상적인 무용언어로 표현한 작품이다. 흔들리는 여인의 과오가 다시 발화하여 마른 눈물을 흘리고 있다. 환멸은 결코 여인의 과오를 숨기지 않는다. 늑대일 수도 인간일 수도 없는 남자에게 배반당한 여인은 아기와 함께 눈물을 흘리고 있다. 스스로의 기억을 토해내며 자아를 찾아 자신을 괴롭히며 붉게 물든 꽃은 검게, 희게, 금빛으로 피었다. 자기를 반복하여 여인을 한 인간으로서 다시 태어나게 한다.

③ 광명무용단 〈빈집〉: 한국 창작무용 / 안무 이상수

〈빈집〉은 요절한 시인 기형도의 마지막 시 「빈집」의 시적 심상미를 무용 모티브로 활용하였다. 성공만을 인생의 목표이자 행복으로 생각하는 현대인의 모래성 같은 성공과 행복 신화의 허구성, 빈집이 갖는 삶

에 대한 강한 열망과 사랑이 상실된 시대의 절망을 무용언어로 표현하였다.

④ 두은숙무용단 〈05 혼푸리 굿〉: 한국 창작무용 / 안무 두은숙

〈05 혼푸리 굿〉은 삶의 숙명과 비극을 숭고한 혼푸리 굿으로 풀었다. 안무가는 작품 의도를 "삶이란 보이지 않는 것에서 보이는 흐름, 기운을 표현하는 말이다. 불행히도 운명 지어진 비극에 맞서는 숭고한 주체가 될 것인가. 끊임없이 속삭이는 거짓 욕망 안에서 무엇이 우선인지를 찾아야 한다. 차마 하지 못하는 말, 담을 수 없는 이름, 그들의 넋을 깨운다"라고 말하고 있다.

⑤ 임미경무용단 〈응답하지 않는(No Response)〉: 현대무용 / 안무 임미경

〈응답하지 않는(No Response)〉은 현대사회를 살아가는 인간들의 개인화와 이기주의, 그리고 욕심으로 인해 타인과 단절을 통해 겪는 고독과 소외감을 자기 고백적인 자아 성찰에 담고 있다. 작품은 서로 소통하지 못하는 단절된 마음을 무기력하게 보여주고 일방적인 자신의 생각만 수용하도록 강요하는 소통, 소통 방식의 문제에서 발생하는 오해와 편견으로 무관심과 외면으로 변질된 소통의 문화를 비판하고 있다.

⑥ 미애 댄스컴퍼니 〈그 강을 건너며〉: 한국 창작무용 / 안무 이민애

〈그 강을 건너며〉는 강을 건너는 행위 그 자체의 상징적 의미인 죽음 이후에 새로운 삶이 있을 것이라는 희망적인 메시지를 담고 있는 추상적인 심상미를 표현하였다. 작품은 제1장 사(死)(사람이 살면 몇백 년을 산다는 말인가, 한 번 왔다 가는 세상 이리 가니 서러워서 어쩔 수가), 제2장 도(道)(구슬프

'삶'이라는 시를 뒤로하고 건너가는 길이 외롭고 슬프기 그지없을 지 알았더니만은 지극히 가뿐하고 행복하길 그지없는가?), 제3장 개(開)('삶'이라는 시가 이 맛이로구나. 새로운 삶, 나를 기다리는 신선한 인생의 첫사랑을 이 삶이 나에게 안겨주는구나)로 구성되어 있다.

⑦ 엘루시아 무용단 〈Genesis〉: 한국 창작무용 / 안무 이재은

'기원(Genesis)'이라는 의미 그대로 세상의 기원에 대한 형이상적인 질문을 무용이 갖는 무한한 영감과 자유의 몸짓으로 표현한 작품이다. 작품 내용은 "혼돈과 공허함으로 덮여 있었을 이 세상, 빛, 하늘, 땅, 해, 별, 새, 물고기, 짐승, 사람, 그래서… 아름다운 지금"과 같다.

⑧ 이승신무용단 〈뭘 봐?!〉: 현대무용 / 안무 서은정

〈뭘 봐?!〉는 일상에서 느끼는 다양한 사람들의 시선에 대한 재미있는 해석들이 담긴 창작 현대무용작품이다. 안무가는 다양한 사람들의 시선에 집착하는 도중에 문득 깨달았다. 내가 상상하는 것만큼 세상 사람들은 나에 대해 그렇게 관심이 없다는 사실을…. 제각기 자기 생각만 하기에도 바쁘니 말이다. "아직도 남의 눈에 비친 내 모습을 걱정하고 집착하고 있나요?"라고 관객에게 묻고 있다.

⑨ 한동엽무용단 〈풍류 위를 거닐도다〉: 한국 창작무용 / 안무 한동엽

〈풍류 위를 거닐도다〉는 한국 전통춤들에 대한 춤사위의 해석으로 춤의 해설을 무용으로 보여주고 있다. 이 작품은 화 · 락 · 민(化 · 樂 · 敏)으로 구성되어 있는데, 화(化)는 한영숙류 태평무를 재구성하여 춤사위가 갖는 정중동의 미학을 말하고, 락(樂)은 봄의 기운처럼 돋아나는 요염

함과 신명이 넘치는 장고춤에 대한 해석, 민(敏)은 역동적이고 민첩한 비상하는 듯한 춤사위들에 대한 해석을 담고 있다.

⑩ 김은희 希무용단 〈신명〉: 한국 창작무용 / 안무 김은희

〈신명〉은 한국 전통춤이 갖는 축제의 신명성을 마당극 같은 열린 공간의 해학과 풍자, 그리고 무한의 자유로운 한국적 춤사위로 표현한 작품이다. 작품 내용은 "환한 동녘 하늘 언덕 너머 밑에서 나의 용기가 두 팔을 뻗을 때면 소생된 긴 숨결 소리 듣노라"와 같다. 타악의 소리를 통해 천지인 음양의 조화를 드러내어 역동적이고 생동감 넘치는 땅의 춤, 하늘의 소리를 담고 있다.

(3) 참가작품의 주제 및 작품 경향 분석

2015년 제24회 전국무용제 경기도 예선대회는 2015년 기전무용대제전과 함께 개최되었고, (사)한국무용협회 경기도지회 10개 지부에서 총 10개의 창작무용작품들이 참가하였다.

예선대회에 참가한 작품들의 장르 유형은 한국 창작무용이 8개 작품, 현대무용이 2개 작품이다. 구리시지부 민애 댄스컴퍼니의 〈그 강을 건너며〉가 대상을 수상하여 그해 제24회 전국무용제에 참가하여 연기상(이민애)과 무대예술상(음악)을 수상하였다.

경기도 예선대회에 참가한 10개 작품들의 작품 유형 중에서 주류를 이루는 것은 민족적 정서와 문화원형을 주제와 소재로 활용한 작품들이 많았다. 먼저 김성나무용단 〈한량열전(閑良熱戰)〉은 조선시대 풍류선비의 대명사로 유명한 서화담의 삶을 사계절의 변화에 따라서 그 시적 심상미를 무용으로 조명한 작품이고, 두은수무용단의 〈05 혼푸리 굿〉

은 한국인의 삶이 갖는 숙명과 비극을 숭고한 혼푸리 굿으로 풀어보는 작품이다. 한동엽무용단의 〈풍류 위를 거닐도다〉는 '한영숙류 태평무', '장고춤' 등에 대한 춤사위의 의미론적 해석을 담고 있는 작품이다. 김은희 希무용단의 〈신명〉은 전통춤이 갖는 축제의 신명성을 마당극 같은 열린 공간의 해학과 풍자, 그리고 무한의 자유로운 한국적 춤사위로 표현한 작품이다.

관념적 심상미를 담고 있는 작품으로 민애 댄스컴퍼니의 〈그 강을 건너며〉는 강을 건너는 행위 그 자체의 상징적 의미인 죽음 이후에 새로운 삶이 있을 것이라는 희망적인 메시지를 담고 있는 추상적인 심상미를 표현한 작품이다. 엘루시아 무용단의 〈Genesis〉는 세상의 기원에 대한 형이상적인 질문을 무용이 갖는 무한한 영감과 자유의 몸짓으로 표현한 작품이다. 일상적 에피소드를 소재로 한 이승신무용단의 〈뭘 봐?!〉는 우리가 일상에서 누군가 나를 바라보는 시선들에 신경 쓸 필요가 없다는 자신감을 유쾌한 몸짓들로 해석한 작품이다.

현대문명과 현실적 모순을 비판한 임미경무용단의 〈응답하지 않는(No Response)〉은 개인화된 현대사회의 욕망들이 만든 인간소외 문제를 다룬 철학적 자아 성찰의 작품이다. 이미숙무용단의 〈환멸의 꽃〉은 여성적 자아 성찰로 자신을 찾는 과정을 심상적인 무용적 언어로 표현한 작품이다.

광명무용단의 〈빈집〉은 요절한 시인 기형도의 마지막 시 「빈집」의 시적 심상미를 무용의 모티브로 활용한 창작 현대무용으로 현대인의 허무한 욕망에 대해서 비판한 작품이다.

3. 전국무용제 경기도 예선대회의 시대별 작품 경향

무용창작에서 작품의 예술적 완성도는 무엇보다도 시대를 반영하는 작품성과 안무가의 작가정신을 담은 의미와 무용의 현실적 표현양식이 조화를 이루어 실제적으로 관객과 교감할 수 있어야 한다. 따라서 안무가의 작품 의도와 작품 내용이 무용언어로 무대 위에서 제대로 표현되고, 그것이 관객에게 제대로 전달되는가에 따라 작품의 성패는 갈린다고 할 수 있다.

대한민국 무용의 창작 산실로 지역 무용예술의 균등한 발전을 위해서 창설된 전국무용제는 참가 대상을 지방의 무용단체들로 한정하고 있다는 점이 특징이다. 대부분의 지방 무용단체는 한국무용단체들이 가장 많고, 현대무용단체들이 20% 정도이고, 2000년대 들어 점점 발레단체들의 참가가 10% 내외에 머무르고 있다. 따라서 전국무용제에 참여하는 무용 장르의 경우 대부분 한국 창작무용의 참여 비율이 가장 높다. 특히 경기도 예선대회에 참여하는 경기도 각 지역 무용협회 지부 참가단체의 경우 거의 85%가 한국무용단체이고, 10% 정도가 현대무용단체, 5% 정도가 발레단체였다.

1992년 전국무용제가 시작된 이래 2015년까지 총 24회의 전국무용제 경기도 예선대회에 참여한 무용단체들의 무용 장르 현황은 안무가와 무용단체 구성 인원의 전공 무용 장르에 따라 참가 무용단체의 무용 장르 성격을 규정하였다. 한국무용을 전공한 무용가가 발레나 현대무용의 표현양식을 표현한다고 하더라도 주된 표현양식이 전공 장르에 바탕을 두고 있어 이를 통상적으로 한국무용으로 본다.

역대 전국무용제 경기도 예선대회 참가 무용작품 장르 유형을 살펴보면, 한국 창작무용작품이 152개로 87% 비율을 차지하고, 창작 현대무용작품이 18개로 10% 비율을 차지한다. 마지막으로 창작 발레작품은 5개로 매우 적은 3% 비율을 차지하고 있다. 서울을 제외하고 지방의 경우 한국무용단체들이 많은데, 이러한 원인은 지방의 경우 현대무용이나 발레를 전공할 수 있는 예술고등학교와 대학교들이 많지 않고, 경기도의 경우 타 지방에 비해 무용 전공 교육기관이 많으나 서울 지역의 접근성으로 인해 대부분의 현대무용과 발레를 전공한 무용수들이 서울의 무용단체들에서 활동하고 있기 때문이다. 또한 현대무용과 발레의 경우 전공자들이 나이가 들면 장르의 성격상 실기의 기능적인 면과 체형 등의 변화로 이를 지속하는 데 어려움이 있어 이들이 무용 활동을 그만두는 경우가 많기 때문이다.

1992년 창설된 전국무용제는 초창기부터 제8회까지 발레단체들이 참여하였고, 그 이후부터는 전혀 참여하지 않았다. 이러한 원인은 창작 발레의 표현양식에 있어서 한국무용이나 현대무용에 비해 무대미술과 의상 등의 제작여건이 충족되지 못하고, 지방 무용단체들이 참여하는 전국무용제가 갖는 성격이 한국무용에 너무 지나치게 편중되어 있어 창작 발레공연이 설 무대가 사라지고 있기 때문이다. 이것은 현대무용도 마찬가지로 초창기 제1회부터 10회까지는 현대무용단체가 전혀 없다가 유일하게 시흥시지부 무용협회 이승신무용단이 매년 예선대회에 참여해왔고, 그나마 2000년대 후반부터 2-3개 단체로 늘어났지만 그 수에서는 한국 창작무용 장르와 비교가 되지 않았다.

전국무용제 경기도 예선대회 역대 참가작품 경향에 대한 논의는 앞서 한계점으로 논의된 것처럼 직접 공연관람이 없이 공연 팸플릿의 2차 자료로 참가 단체의 인적구성, 안무와 연출 의도, 작품 내용만을 갖고 그

표 11 역대 전국무용제 경기도 예선대회 참가 무용작품 장르 유형

횟수	한국무용	현대무용	발레	연도별 총계	비고
제1회	2		1	3	
제2회	4			4	
제3회	3		1	4	
제4회	4			4	
제5회	4			4	
제6회	3		1	4	
제7회	4			4	
제8회	7		3	10	
제9회	9			9	
제10회	6			6	
제11회	7	1		8	
제12회	8	1		9	
제13회	7	1		8	
제14회	6	1		7	
제15회	6	1		7	
제16회	12	1		13	
제17회	10	2		12	
제18회	8	1		9	
제19회	10	1		11	
제20회	9	1		10	
제21회	8	2		10	
제22회	10	1		11	
제23회	8	1		9	
제24회	7	3		10	
총계	**162**	**18**	**6**	**186**	

안에서 작품 주제와 소재만으로 작품 경향을 평가하다보니 실제 무대 위에서 재현되는 작품의 표현과 다를 수 있다는 한계점을 지적한다. 무용의 표현방식은 논버벌 무용언어로 상징적이며 때로는 추상적으로 표현되기 때문에 안무가들은 안무 작업에서 혼란을 겪을 수 있다. 따라서

연구의 범위에 있어 계량적이며 통사론적인 관점에서 전국무용제 경기도 예선대회의 작품 경향들을 분석하였다.

작품 경향에 대한 분석은 주제와 소재의 측면에서 살펴보았다. 무용작품에서 안무가의 의도와 작품 내용에는 주로 작품의 소재와 주제, 그리고 안무가 또는 연출가가 어떻게 형상화하는가에 대한 방법론이 제시되어 있다. 소재와 주제는 기본적으로 문자 텍스트로 이해 가능하며, 형상화에 대한 방법론은 직접 공연관람을 통해서 확인하고 이해해야 한다.

무용작품의 소재와 주제를 유형화해서 구분하는 방법론은 주로 기존의 무용 장르들이 갖는 특성과 주제 지향점에서 찾을 수 있다. 한국무용의 본질은 과거와 현대를 아우르는 한국의 문화원형에 대한 한국적 춤사위의 표현이며, 현대무용은 시대적 현실 반영의 자유로운 신체 표현이다. 발레는 발레만이 갖는 독특한 무용기법 안에서 작품의 주제를 표현하는 경우가 많다. 이 세 가지 무용 장르의 표현기법에 대한 차이가 무용 장르의 특징을 규정짓고, 주제 지향점을 갖게 한다고 볼 수 있다.

이러한 관점에서 볼 때 무용작품의 소재와 주제를 유형화하면, 전국무용제 경기도 예선대회에 참여한 참가 단체의 작품 내용과 안무 의도를 파악하면 작품의 소재와 주제적인 측면에서 한국문화원형의 소재, 문학적 소재, 현실 반영적인 소재, 철학적인 소재로 구분할 수 있다.

한국문화원형의 소재는 민족적 정서로서 '한'과 '흥', 지역적 민속설화와 사건에 대한 지역 전통문화원형의 해석 또는 한국신화의 해석, 역사적 사건에 대한 역사인식 등을 소재로 다룬다. 이 소재는 주로 한민족의 역사적 인식과 민족적 정서에 대한 한국적 춤사위로의 표현이고, 주로 한국 창작무용작품들에서 찾을 수 있다.

문학적 소재의 무용은 주로 마음속에 그려지는 이미지로서의 심상을 표현하는 성격이 강하다. 따라서 문학적 소재로서 시(詩), 소설(小說) 등이 무용의 소재로 활용되는 것이다. 시를 소재로 하는 경우는 심상의 이미지들이 형상화되어 표현되고 소설 형식의 서사성을 갖는 문학 등은 무용적 언어로 서사가 표현되기도 한다.

현실 반영적인 소재는 시대성이 반영된 소재로서 현실 사회에서 일어나는 모든 것이 작품의 소재가 되며, 주로 현실 고발적인 사건, 일상의 에피소드, 현실의 부조리 등을 내용으로 하고 있다. 이 소재의 주제는 현대 물질문명의 비판, 현대사회의 병폐, 인간소외, 자연 파괴에 대한 경고 등을 다루고 있다.

철학적인 소재는 무용의 주제적인 측면과 상충되기도 하는데, 주로 인간의 본질에 대한 다양한 해석들, 동양사상에 대한 안무자의 해석 등을 다루고 있다. 이 소재의 주제는 주로 철학적 자아 성찰을 다루고 있다.

이러한 무용작품의 소재적 측면에서 시대별로 구분하여 전국무용제 경기도 예선대회에 참여한 무용작품들의 소재가 갖는 주제에 대한 경향을 살펴보도록 하겠다.

1) 전국무용제 경기도 예선대회 1992년-2000년 작품 경향

1992년 전국무용제가 창설된 이래 2000년대까지 제1회, 제2회, 제4회, 제7회 경기도 예선대회 자료가 미비하여 전국무용제 본선 진출작 1개의 작품만 포함시켰다. 제1회부터 9회까지 전국무용제 경기도 예선대회의 참가작품 수는 총 35개로 이 중에서 자료 미비로 파악되지 않는 4개의 예선대회에는 본선 진출작 1개 작품들을 포함시킨 참가작품 수이다.

표 12 전국무용제 경기도 예선대회 1992년-2000년 참가작품 소재 유형

구분	참가작품 수	한국문화원형 소재	철학적 소재	현실 반영적 소재	문학적 소재
1992년 제1회	3	1			
1993년 제2회	4	1			
1994년 제3회	4	1	1	2	
1995년 제4회	4	1			
1996년 제5회	4	2		2	
1997년 제6회	4			3	1
1998년 제7회	1				1
1999년 제8회	10	2	5		3
2000년 제9회	9	4	2	2	1
합계 (%)	**43**	**12**(34%)	**8**(23%)	**9**(26%)	**6**(17%)

한국문화원형을 소재로 한 작품들은 총 12개로 34% 비중을 차지하고, 철학적 소재의 작품들은 총 8개로 23% 비중을 차지하며, 현실 반영적 소재의 작품들은 총 9개로 26% 비중을 차지한다. 문학적 소재의 작품들은 총 6개로 17% 비중을 차지한다.

한국문화원형 소재의 작품들은 한국 고유의 신화와 설화, 전통문화예술의 장인 또는 예인 정신의 고취, 동양적 음양오행설에 따른 한국적 여성성의 상징화, 조선시대 신분제도와 열녀문의 과오의 비판, 한국 굿의식에 대한 정서적 환기, 한국의 고유 신화와 지역 향토설화 등을 주제로 한 작품들로 총 35개의 참가작품들 중 가장 많은 비중을 차지하였다.

현실 반영적 소재의 작품들은 현실 반영적 역사인식의 주제로 한국 근현대사의 일제강점기 일제의 만행을 고발하는 종군 위안부 문제, 한국전쟁으로 인한 남북 분단의 이산가족과 탈북 청년의 문제, 그리고 독도의 존재 가치를 다루고 있다. 현실 반영적 문명 비판의 주제는 물질만

능주의 시대에 벌어지는 인간성 상실을 고발하고 인간성 회복의 메시지를 전달하고 있다. 현실 반영적인 일상적 에피소드는 주로 일상에서 경험한 에피소드를 통한 자아 성찰과 심상미를 표현하고 있다.

철학적 소재의 작품들은 주로 동양적 세계관에서 자연주의 회귀, 인간에 대한 본질 탐구, 삶과 죽음에 대한 심미적 고찰 등의 내용을 다루고 있다.

문학적 소재의 작품들은 시와 소설을 모티브로 하여 그것이 갖는 심상적 이미지들을 무용적으로 표현하는 작품들이다.

1990년대 전국무용제 경기도 예선대회의 작품 경향을 살펴본 결과, 4개의 작품 소재와 주제에서 평준화된 성향을 보여주고 있고, 한국 창작무용의 경우 한국 전통문화원형에 대한 심상적 또는 정서적 표현, 현대적 삶에 대한 인식과 역사인식, 내면적 자아의 세계에 대한 탐구 등을 추구하고 있다. 반면 현대무용작품은 없었고, 창작 발레작품의 경우 발레 장르의 소재로서 특별하게 종군 위안부의 문제를 다루었고, 작품 표현 방식에서 재즈댄스, 탱고 등의 컨템포러리 댄스를 접목하였다.

표 13 전국무용제 경기도 예선대회 1992년-2000년 연도별 참가작품 유형

연도	참가 단체	작품명	안무자	참가 지역	무용 장르	소재 유형 / 주제
1992년 제1회	성남무용단	학의 노래	정금란	성남시	한국무용	한국문화원형 / 사당패 문화의 예인정신
	박복희무용단	꽃의 교향곡	박복희	수원시	한국무용	미확인
	박효순무용단	하늘 잃은 땅	박효순	부천시	한국무용	미확인
1993년 제2회	김기백무용단	불항아리	김기백	안양시	한국무용	한국문화원형 / 옹기문화 장인정신
	박효순무용단	문풍지귀	박효순	부천시	한국무용	미확인
	성남무용단	문	정금란	성남시	한국무용	미확인
	황연주무용단	나그네	황연주	수원시	한국무용	미확인

연도	참가 단체	작품명	안무자	참가 지역	무용 장르	소재 유형 / 주제
1994년 제3회	성남무용단	태	김종해	성남시	한국무용	한국문화원형 / 단군신화와 민족 통일
1994년 제3회	박효순무용단	삶과 죽음의 길이 예 있으매	박효순	부천시	한국무용	철학적 자아 성찰 / 안무가에 대한 자아 성찰
1994년 제3회	김기백무용단	45.94	김기백	안양시	한국무용	현실 반영적 역사인식 / 한국 근현대사의 비극
1994년 제3회	김동곤 발레단	내 품 안에 그대들을…	김동곤	수원시	발레	현실 반영적 역사인식 / 종군 위안부의 비극과 위로
1995년 제4회	김기백무용단	竹의 悲歌	김기백	안양시	한국무용	한국문화원형 / 열녀문의 비애
1995년 제4회	장정희무용단	꿈의 여행	장정희	수원시	한국무용	미확인
1995년 제4회	박효순무용단	영상의 빛인 사의 자아	박효순	부천시	한국무용	미확인
1995년 제4회	성남무용단	찔레꽃 여인들	김종해	성남시	한국무용	미확인
1996년 제5회	장정희무용단	모천(母川)	장정희	수원시	한국무용	한국문화원형 / 모성애와 효심
1996년 제5회	안양무용협회 무용단	어떤 하루	권영관	안양시	한국무용	현실 반영적 일상의 에피소드 / 일상의 사건을 통한 인간애 성찰
1996년 제5회	성남무용단	외로운 섬	김종해	성남시	한국무용	현실 반영적 역사인식 / 독도의 존재가치와 평화염원
1996년 제5회	성주무용단	내 마음의 삽화	박효순	부천시	한국무용	한국문화원형 / 한국적 모성애
1997년 제6회	김동곤 발레단	추억의 한 페이지	김동곤	수원시	발레	현실 반영적 일상 에피소드 / 추억의 심상적 이미지 표현
1997년 제6회	조대식무용단	시간속으로	조대식	안양시	한국무용	현실 반영적 자아 성찰 / 탈북청년의 자유민주주의 현실의 부조리
1997년 제6회	성주무용단	이야 이야 고야	박효순	부천시	한국무용	현실 반영적 자아 성찰 / 현대문명 비판
1997년 제6회	성남무용단	광야	김종해	성남시	한국무용	문학적 심상미 / 인간의 흥망성쇠를 광야로 상징적 표현
1998년 제7회	김기백무용단	간드레 불빛을 찾아서	김기백	안양시	한국무용	문학적 역사인식 / 토지에 대한 한국사의 계급 대립
1998년 제7회	백정희무용단	장주의 꿈	백정희	안산시	한국무용	철학적 심미관 / 장자의 무소유
1998년 제7회	김광자무용단	바람의 넋	김광자	수원시	한국무용	미확인
1998년 제7회	성주무용단	미확인	박효순	부천시	한국무용	미확인
1999년 제8회	전혜란무용단	제	전혜란	과천시	한국무용	한국문화원형 / 음양오행으로 보는 여성 몸의 신비
1999년 제8회	양대승무용단	다시 만난 나의 허상	양대승	군포시	한국무용	철학적 자아 성찰 / 자아의 허상에 대한 환상
1999년 제8회	발레 미래	로댕의 연인	권경미	성남시	발레	문학적 서사 / 로댕의 연인 카미유 클로델의 사랑
1999년 제8회	물수레무용단	미혹	백정희	안산시	한국무용	철학적 심미관 / 장자의 자연주의 회귀
1999년 제8회	오은령무용단	노을은 꿈을 꾼다	오은령	부천시	한국무용	철학적 심미관 / 인생 황혼기의 자아 성찰

연도	참가 단체	작품명	안무자	참가 지역	무용 장르	소재 유형/주제
1999년 제8회	황규자 발레단	소피의 세계	황규자	용인시	발레	문학적 자아 성찰 / 현대사회의 인간성 상실
	김성나무용단	데미안을 꿈꾸며	김성나	안양시	한국무용	문학적 자아 성찰 / 인생의 혜안과 자아 성찰
	박복희 발레단	흑과 백	박복희	수원시	발레	철학적 심미관 / 인간 내면의 이중성과 희망
	강윤나무용단	회향	강윤나	고양시	한국무용	철학적 심미관 / 인간의 생로병사를 꽃에 비유
	신명숙무용단	몽상록 2	신명숙	포천시	한국무용	한국문화원형 / 진혼굿 의식의 정서적 환기
2000년 제9회	김성나무용단	혼성	조대식	안양시	한국무용	철학적 심미관 / 죽음에 대한 심미적 성찰
	허성재무용단	꽃씨 하나 심은 마음으로	허성재	하남시	한국무용	한국문화원형 / 하남시의 한성백제 시대의 문화원형 복원
	김광자무용단	꽃굿	김광자	수원시	한국무용	한국문화원형 / 마을굿 의식의 페미니즘적 해석
	고양무용단	회향 2	강윤나	고양시	한국무용	현실 반영적 자아 성찰 / 현대 물질 문명의 폐단과 인간성 회복
	오은령무용단	백정의 딸	오은령	부천시	한국무용	한국문화원형 / 조선시대 신분제도 타파의 저항이식
	김진원무용단	엄마야 누나야 강변살자	김진원	군포시	한국무용	문학적 심상미 / 자연주의 모성 회귀
	성남무용단	굴레	이선아	성남시	한국무용	현실 반영적 역사인식 / 종군 위안부의 비극과 위로
	이미숙무용단	꽃등	이미숙	의정부시	한국무용	한국문화원형 / 천도제 의식의 심상적 표현
	춤사랑무용단	구름은 비를 데리고	김인숙	안산시	한국무용	철학적 심미관 / 노장사상의 자연 회귀

2) 전국무용제 경기도 예선대회 2001년-2010년 작품 경향

2000년대 전국무용제 경기도 예선대회는 총 10회 예선대회에 90개의 작품이 참여하였고, 이 중에서 한국문화원형을 소재로한 작품은 24개로 27% 비중을 차지하고, 철학적 소재의 작품들은 14개로 16%를 차지하며, 현실 반영적 소재의 작품은 40개로 44%를 차지한다. 문학적 소재의 작품은 12개로 13%를 차지한다.

표 14 전국무용제 경기도 예선대회 2001년-2010년 참가작품 소재 유형

구분	참가작품 수	한국문화원형 소재	철학적 소재	현실 반영적 소재	문학적 소재
2001년 제10회	6	1	3	2	
2002년 제11회	8	4		4	
2003년 제12회	9	6		2	1
2004년 제13회	8	1	1	4	2
2005년 제14회	7			7	
2006년 제15회	7	1	5		1
2007년 제16회	13	2	4	3	4
2008년 제17회	12		1	7	4
2009년 제18회	9	4		5	
2010년 제19회	11	5		6	
합계 (%)	**90**	**24**(27%)	**14**(16%)	**40**(44%)	**12**(13%)

2000년대 전국무용제 경기도 예선대회의 참가작품 유형은 현실 반영적 소재와 주제를 다룬 작품들의 비중이 가장 많았고, 한국문화원형을 소재와 주제로 한 작품들이 2번째 비중을 차지하고, 철학적 소재의 작품들이 3번째를, 마지막으로 문학적 소재를 다룬 창작무용작품들이 4번째를 차지하고 있다.

현실 반영적 소재의 작품들은 현실 반영적 역사인식, 일상적 에피소드, 자연현상의 표현, 사회인식, 자아 성찰로 세분화시켜서 살펴보았다. 현실 반영적 역사인식은 한국 역사를 소재로 비판적 인식을 주제로 한 것으로, 한국 근현대사의 일제강점기 일제의 만행을 고발하는 종군 위안부 문제에 서사성을 부여하여 무용적으로 표현하였고, 한국전쟁의 비극을 체험하는 역사적 공간과 남북 분단 50년의 비극으로 인한 이산가족의 아픔을 다루며 평화통일의 염원을 담고 있다. 현실 반영적 일상의 에피소드는 일상에서 경험하는 일과 사건을 소재로 한 것이다. 이러한 유형의 작품들은 개인이 경험하는 사건들로 눈물을 흘리는 다양한 상황

들, 대기실 속에서 벌어지는 상황들, 여자들의 수다, 5명의 배우들의 일상생활 등을 다루고 있다.

자연현상의 표현은 자연의 변화 또는 자연에 대한 예찬 등을 소재로 한다. 이러한 유형의 작품들은 꽃이 만개하는 과정, 애벌레가 번데기가 되어 나비가 되는 과정, 사계절의 변화, 자연 예찬 등을 다루고 있다. 현실 반영적 사회인식은 현대사회에서 발생하는 사건과 사회현상에 대한 비판을 담고 있다. 이러한 유형의 작품들은 2010년 천안함 침몰사고로 인해 희생된 장병을 추모하는 작품들, 오늘날 어른들의 세계관에 갇혀 사는 청소년의 억압된 자유에 대한 비판, 사회 조직 속에서 개인이 경험하는 인간소외에 대한 비판, 물질만능주의 시대의 인간성 상실과 회복, 교도소 수감 중인 죄수들의 자기정화 등을 다루고 있다. 현실 반영적 자아 성찰은 현대사회를 살아가는 인간의 삶에 대한 비판을 담은 작품으로 일상 속의 현실과 무의식의 허상, 현대사회에서 개인이 경험하는 허영심에 대한 비판과 상생을 위한 희망, 일상생활 속에서 경험하는 자아 발견, 일상 속에서 선택의 순간에 경험하는 자아의 갈등, 인생을 다룬 속담에 대한 해석, 무용가로서 자신의 무용인생에 대한 고백, 추억에 대한 과거와 현재의 삶의 교감을 통한 자아 성찰, 서른 살 나이의 살아온 날과 살아갈 날에 대한 진지한 성찰 등을 다루고 있다. 현실 반영적 통속인식을 소재로 한 작품들은 주로 사람 간의 인연과 사랑을 소재와 주제로 한 것으로 남녀의 인연에서 만남과 사랑, 그리고 이별을 다루고 있다.

한국문화원형 소재의 작품들은 한국의 민속적 정서로서 한과 민족적 정서, 한국 굿문화의 망혼의식과 정서적 환기, 한국사에 대한 역사적 인식, 한국 고유의 신화와 설화, 한국적 여성성에 대한 모성애, 전통문화예술의 장인 또는 예인 정신의 고취, 경기도 지역 전통문화와 지역 인물 고명, 한국전통문화예술에 대한 창조적 재해석, 동양적 음양오행설에 따른 한국적 여성성의 상징화 등을 주제로 한 작품들의 비중이 높다.

철학적 소재의 작품들은 인간의 본질에 대한 진지한 성찰로서 관념적이며 추상적인 내용을 담고 있다. 특히 철학적 심상미를 추구하는 심미관을 갖춘 작품 유형들은 동양사상에 입각하여 여성성의 신비감을 표현하거나 천지인사상에 대한 무용적 해석, 향을 피우는 의식을 통한 인간 내면에 대한 관념적 탐구 등을 다루고 있다. 또한 자아 성찰을 주제로 하는 철학적 소재들은 주로 불교적 세계관에서 속세의 욕망에서의 해탈, 일상적 삶에서 일탈을 통한 순수 감성의 회복, 인간의 내면 속에 존재하는 다양한 자아들의 허상, 꽃에 비유한 인간 생애의 실존적 인식론, 낙원에 대한 실존적 인식론, 인간의 무의식 속 심상적 이미지 탐구, 삶과 죽음에 대한 심미적 고찰 등을 다루고 있다.

문학적 소재의 작품들은 유명한 시인과 작가의 시와 소설, 또는 안무가나 연출자의 직접 쓴 시와 단문을 모티브로 하여 그것이 갖는 심상적 이미지들을 무용적으로 표현하는 작품들이다. 이러한 유형의 작품들은 나비의 생애를 표현한 시의 심상미를 표현, 청춘의 현실과 미래에 대한 희망을 다룬 시의 심상미를 표현, 백제가요 「정읍사」 설화를 무용적으로 해석, 서사시에 대해 무용적으로 표현, 당나라 시인 두보의 시적 심상미를 표현, 사랑과 영혼에 대한 시적 심상미를 표현, 송강 정철의 '관동팔경'에 대한 시적 심상미를 표현한 작품들이다.

표 15 전국무용제 경기도 예선대회 2001년-2010년 연도별 참가작품 유형

연도	참가 단체	작품명	안무자	참가 지역	무용 장르	소재 유형/주제
2001년 제10회	오은령무용단	꿈~노을	오은령	부천시	한국무용	철학적 심미관 / 동양적 세계관으로 본 여성성과 삶
	이미숙무용단	해원의 강	이미숙	의정부시	한국무용	한국문화원형 / 민족적 정서 '한'의 해원을 통한 인간 성찰
	안양무용단	만개(滿開)	이근복 김성나	안양시	한국무용	현실 반영적 심미관 / 꽃의 만개 과정을 무용으로 형상화
	양대승무용단	오십교(伍十橋)	양대승	군포시	한국무용	현실 반영적 역사인식 / 민족 분단 50년의 현실과 희망
	신나리무용단	향(香)	신나리	수원시	한국무용	철학적 자아 성찰 / 향을 피우는 의식의 관념적 해석을 통한 자아 성찰
	유정재무용단	하늘열림 소리	유정재	안산시	한국무용	철학적 심미관 / 음양오행설과 천지인의 동양철학적 성찰
2002년 제11회	양대승무용단	잿빛 하늘	양대승	군포시	한국무용	현실 반영적 사회인식 / 물질문명의 비판과 희망
	성남무용단	덫	이선아	성남시	한국무용	현실 반영적 역사인식 / 종군 위안부의 비극과 위로
	장정희무용단	하늘이여 땅이여	정은경	수원시	한국무용	한국문화원형 / 진혼굿 의식의 정서적 환기
	송주현무용단	맥	송주현	용인시	한국무용	한국문화원형 / 민족적 정기에 대한 관념적 표현
	안양무용단	그들만의 세상	김기백 김성나	안양시	한국무용	현실 반영적 사회인식 / 감옥에 사는 죄인들의 일상적 삶을 통한 자기정화
	이승신무용단	$\sqrt{-\frac{1}{2}}\times1=0$	이승신	시흥시	현대무용	현실 반영적 자아인식 / 일상 속 현실과 무의식 허상에 대한 관념적 표현
	의정부시 무용단	생	박문용	의정부시	한국무용	한국문화원형 / 아랑설화의 무용적 해석
	부천무용지부 무용단	비문	오은령	부천시	한국무용	한국문화원형 / 조선시대 임진왜란 시 논개의 절기
2003년 제12회	안양무용단	몽가(夢家)	김성환	안양시	한국무용	현실 반영적 사회인식 / 감옥에 사는 죄인들의 일상적 삶을 통한 자기정화
	이승신무용단	배웅	이승신	시흥시	현대무용	한국문화원형 / 한국 전통 장례의식의 정서적 환기
	전미애무용단	다리	전미애	남양주시	한국무용	한국문화원형 / 전쟁 속 인간성 회복과 망혼의식
	이미숙무용단	청랑	이미숙	의정부시	한국무용	현실 반영적 문명의식 / 현대 물질만능주의 사회의 비판과 인간성 회복
	장정희무용단	꿈	장정희	수원시	한국무용	한국문화원형 / 진혼굿 의식의 정서적 환기
	양대승무용단	겨울무지개	김은령	군포시	한국무용	한국문화원형 / 한국적 모성애와 효성에 대한 성찰
	송주현무용단	넋두리 II	송주현	용인시	한국무용	한국문화원형 / 민족적 정기에 대한 관념적 표현

연도	참가 단체	작품명	안무자	참가 지역	무용 장르	소재 유형/주제
2003년 제12회	이순림무용단	현절사	이순림	성남시	한국무용	한국문화원형 / 성남 현절사의 삼학사 이야기
	오은령무용단	나비의 잠	오은령	부천시	한국무용	문학적 심상미 / 나비의 생애를 표현한 시의 심상미 표현
2004년 제13회	오은령무용단	푸른 영혼	오은령	부천시	한국무용	문학적 심상미 / 시를 모티브로 젊은이의 현실과 희망 표현
	안양무용단	조신의 꿈	김성나	안양시	한국무용	철학적 자아 성찰 / 속세의 욕망을 해탈한 불교적 세계관
	조대식무용단	연 · 몽 · 공	조대식	광명시	한국무용	현실 반영적 통속인식 / 남녀의 인연과 사랑, 그리고 이별 후 공허함을 표현
	이승신무용단	세상 밖의 외눈박이	이승신	시흥시	현대무용	현실 반영적 사회인식 / 사회조직 속에서 인간소외
	송주현무용단	넋두리 3	송주현	용인시	한국무용	한국문화원형 / 민족적 정기에 대한 관념적 표현
	전미애무용단	연	전미애	남양주시	한국무용	현실 반영적 통속인식 / 사람 간 인연에 대한 수사학적 현상들 표현
	군포무용단	그때 휘파람 새가 울었다	김은령	군포시	한국무용	현실 반영적 사회인식 / 가족의 해체와 인간성 상실
	이미숙무용단	돌에 핀 꽃	이미숙	의정부시	한국무용	문학적 심상미 / 백제가요 「정읍사」 설화의 해석
2005년 제14회	조대식무용단	남아있는 내일	조대식	광명시	한국무용	현실 반영적 통속인식 / 인연의 소중함과 그리움의 정서적 환기
	이미숙무용단	하나되는 땅	이미숙	의정부시	한국무용	현실 반영적 역사인식 / 한민족 분단의 이산가족의 비애
	안양무용단	그 하늘은 멀어도	김성나	안양시	한국무용	현실 반영적 사회인식 / 물질문명의 세대 비판과 인간성 회복
	부천무용단	여자들의 수다	김혜은	부천시	한국무용	현실 반영적 일상의 에피소드 / 페니미즘적 여성성 회복
	용인송주현 무용단	따로 또 같이	송주현	용인시	한국무용	현실 반영적 사회인식 / 인간의 다양성 존중과 연대감 회복
	양대승무용단	허물어진 둥지	김은령	군포시	한국무용	현실 반영적 자아 성찰 / 인간의 허영심에서 벗어나 상생과 희망 추구
	이승신무용단	세상 밖의 외눈박이	이승신	시흥시	현대무용	현실 반영적 사회인식 / 사회조직 속에서 인간소외
2006년 제15회	이미숙무용단	천상화	이미숙	의정부시	한국무용	한국문화원형 / 천상병 시인의 삶과 시들을 무용화
	송주현무용단	존재는 눈물을 흘리고	송주현	용인시	한국무용	철학적 자아 성찰 / 삶의 일탈과 순수 감성의 회복
	광명무용단	우화의 강	김송희	광명시	한국무용	문학적 심미관 / 시의 서사성이 갖는 시적 리얼리즘 표현
	한동엽무용단	삶 그리고… 그림자	한동엽	포천시	한국무용	철학적 자아 성찰 / 인간의 내면 속 빛과 어둠의 은유적 표현

연도	참가 단체	작품명	안무자	참가 지역	무용 장르	소재 유형 / 주제
2006년 제15회	안양무용단	낙화	김성나 김기백	안양시	한국무용	철학적 자아 성찰 / 꽃에 비유한 인간 생애의 실존적 인식론
	이승신무용단	청춘예찬	이승신	시흥시	현대무용	철학적 자아 성찰 / 젊음의 심상적 이미지 표현
	오은령무용단	낙원을 꿈꾸다	오은령	부천시	한국무용	철학적 자아 성찰 / 낙원의 실존적 인식론
2007년 제16회	이미숙무용단	흰 꽃잎이 마음에 묻힐 때	이미숙	의정부시	한국무용	한국문화원형 / 조선 효종의 양녀 의순공주의 비극적 삶을 조명
	성남무용단	바로서기	이재은	성남시	한국무용	철학적 자아 성찰 / 인간의 본질에 대한 실존적 탐구
	손상욱 춤무용단	비몽(悲夢)	손상욱	김포시	한국무용	철학적 자아 성찰 / 인간 무의식 속 심상적 이미지 표현
	린무용단	벽	김혜린	수원시	한국무용	철학적 자아 성찰 / 인간의 의지에 대한 관념적 심상미 표현
	염복리무용단	강강 영원의 노래…	염복리	안성시	한국무용	한국문화원형 / 강강술래의 의미와 민족적 정서의 해석
	강윤선무용단	얼음별	강윤선	고양시	한국무용	문학적 서정성 / 당나라 시인 두보의 서정적 자연주의 예찬
	양대승무용단	슬픔이여 흐르는 눈물꽃 되어	김은희	군포시	한국무용	문학적 심상미 / 연인의 사랑과 이별을 능소화에 비유
	조대식무용단	망각놀음	조대식	광명시	한국무용	현실 반영적 자아 성찰 / 일상적 에피소드에서 자아 발견
	한동엽무용단	못다 핀 꽃 한 송이	한동엽	포천시	한국무용	문학적 심상미 / 시적 심상 이미지들의 표현
	안양무용단	진달래꽃 나비 되어	김성나	안양시	한국무용	현실 반영적 역사인식 / 종군 위안부의 비극적 삶을 조명
	오은령무용단	혼(婚)	오은령	부천시	한국무용	문학적 심상미 / 사랑의 영혼에 대한 시적 심상미
	이승신무용단	여섯 개의 문	이승신	시흥시	현대무용	현실 반영적 자아 성찰 / 일상 속에서 선택의 순간에 대한 생각들
	송주현무용단	참을 수 없는 내 존재의 가벼움	송주현	용인시	한국무용	철학적 자아 성찰 / 삶의 무게감에 대한 실존적 성찰
2008년 제17회	한동엽무용단	바람속에 나려질제…	한동엽	포천시	한국무용	문학적 심미관 / 서정주 시인의 「꽃」의 심상적 이미지 표현
	강윤선무용단	그곳… (못 가는 고향)	강윤선	고양시	한국무용	문학적 심미관 / 인간 내면을 시의 심상적 이미지로 표현
	최규일무용단	공공의 장소, 시적인 생각	최규일	부천시	현대무용	현실 반영적 일상적 에피소드 / 대기실 속에서 벌어지는 일상의 사건들
	이미숙무용단	당신은 눈물을 흘려본 적 있는가	이미숙	의정부시	한국무용	현실 반영적 일상적 에피소드 / 일상 속에서 눈물을 흘리는 다양한 에피소드들에 대한 무용적 표현

연도	참가 단체	작품명	안무자	참가 지역	무용 장르	소재 유형 / 주제
2008년 제17회	이승신무용단	자유(自由)	이승신	시흥시	현대무용	현실 반영적 사회인식 / 어른들의 세계관에 갇혀 사는 아이들의 억압과 자유
	린무용단	여명의 넋	김혜린	수원시	한국무용	현실 반영적 역사인식 / 종군 위안부에 대한 망혼굿
	이영순무용단	얼굴 없는 그들!	이영순	성남시	한국무용	현실 반영적 사회인식 / 사이버 세대 소통 방식의 비판
	손상욱무용단	비몽 II : 자유의 외침	손상욱	김포시	한국무용	철학적 자아 성찰 / 인간 무의식 속 심상적 이미지 표현
	안양무용단	진달래꽃	김성나	안양시	한국무용	현실 반영적 역사인식 / 종군 위안부의 비극적 삶을 조명
	송주현무용단	바람과 등불	송주현	용인시	한국무용	현실 반영적 자아 성찰 / 인생사 새옹지마의 무용적 해석
	김은희무용단	가득 찬 빈손	김은희	군포시	한국무용	철학적 자아 성찰 / 공수래공수거에 대한 실존적 성찰
	조대식무용단	山萬落 명월이 천산만락(天山萬落)에 아니 비췬 듸 없다	조대식	광명시	한국무용	문학적 심미관 / 송강 정철의 '관동팔경'에 대한 시적 심상미표현
2009년 제18회	김은희무용단	세석평전을 꿈꾸며	김은희	군포시	한국무용	현실 반영적 역사인식 / 지리산 세석평전의 자연 풍광과 한국동란의 비극을 재고
	오은령무용단	화원	오은령	부천시	한국무용	한국문화원형 / 풍속화가 신윤복의 풍속화에 대한 무용적 표현
	조대식무용단	가까이 그리고 멀리에서	조대식	광명시	한국무용	현실 반영적 자아 성찰 / 무의식과 꿈속의 자아들의 심상적 이미지 표현
	강윤선무용단	사이에서…	강윤선	고양시	한국무용	한국문화원형 / 무속인의 운명과 삶의 성찰
	박성아무용단	터 · 벌림	박성아	성남시	한국무용	한국문화원형 / 시골 장터 각설이 〈장타령〉의 무용적 해석
	장정희무용단	돌고, 돈다…	장정희	수원시	한국무용	현실 반영적 자아 성찰 / 무용가로서 공연자와 무대 스태프의 공연 상황 에피소드
	안양무용단	붉은 꽃: 순백의 영혼	김성나	안양시	한국무용	현실 반영적 역사인식 / 종군 위안부의 진실 규명과 일본 사죄 요구
	이승신무용단	재밌는 이야기	이승신	시흥시	현대무용	현실 반영적 일상 에피소드 / 현대인의 개인적 욕망과 이중성
	한동엽무용단	평검지애	한동엽	포천시	한국무용	한국문화원형 / 이육사의 시 「절정」을 검무의 춤사위로 해석
2010년 제19회	이영순무용단	인연	이영순	성남시	한국무용	현실 반영적 통속인식 / 남녀 간 사랑의 인연에 대한 성찰
	안양무용단	母心: 어머니의 마음으로	김성나	안양시	한국무용	현실 반영적 사회인식 / 천안함 침몰사건 희생자 추모
	이미숙무용단	하늘의 꽃이 되어…	이미숙	의정부시	한국무용	현실 반영적 사회인식 / 천안함 침몰사건 희생자 추모
	오은령무용단	달 그림자	오은령	부천시	한국무용	한국문화원형 / 여성성을 달을 통해서 은유적으로 표현

연도	참가 단체	작품명	안무자	참가 지역	무용 장르	소재 유형/주제
2010년 제19회	장정희무용단	아! 잊으랴…	장정희	수원시	한국무용	현실 반영적 역사인식 / 한국전쟁의 개인 가족사 비극을 다룸
	이승신무용단	리셋(reset)	이승신	시흥시	현대무용	현실 반영적 자아 성찰 / 추억에 대한 과거와 현재의 교감
	한동엽무용단	화란의 風	한동엽	포천시	한국무용	한국문화원형 / 조지훈의 시 「승무」를 태권도의 춤사위로 해석
	김은희 希무용단	서른 개의 초	김은희	군포시	한국무용	현실 반영적 자아 성찰 / 30살의 나에 대한 과거와 현재, 그리고 미래의 삶에 대한 성찰
	강윤선무용단	사이에서… II (두 번째 이야기)	강윤선	고양시	한국무용	한국문화원형 / 무속인의 운명과 삶의 성찰
	조대식무용단	꼭두야 놀자	조대식	광명시	한국무용	한국문화원형 / 한국 장례문화의 상여에 들어가는 꼭두인형의 의미 해석
	김포시무용단 춤짓	귀촉도	손상욱	김포시	한국무용	한국문화원형 / 김포 지역 설화 '애기봉 전설'의 무용작품화

3) 전국무용제 경기도 예선대회 2011년-2015년 작품 경향

2010년대 전국무용제 경기도 예선대회는 2015년까지 총 5회 예선대회에 50개의 작품들이 참여하였다. 이 중에서 한국문화원형을 소재로 한 작품은 16개로 32% 비중을 차지하고, 철학적 소재의 작품들은 6개로 12%를 차지하며, 현실 반영적 소재의 작품은 20개로 40%를 차지한다. 문학적 소재의 작품은 8개로 16%를 차지한다.

표 16 전국무용제 경기도 예선대회 2011년-2015년 참가작품 소재 유형

구분	참가작품 수	한국문화원형 소재	철학적 소재	현실 반영적 소재	문학적 소재
2011년 제20회	10	2	2	3	3
2012년 제21회	10	2	2	4	2
2013년 제22회	11	3	1	6	1
2014년 제23회	9	5		4	
2015년 제24회	10	4	1	3	2
합계(%)	50	16(32%)	6(12%)	20(40%)	8(16%)

2010년대 전국무용제 경기도 예선대회의 참가작품 유형은 현실 반영적 소재와 주제를 다룬 작품들이 40%로 가장 많았고, 한국문화원형을 소재와 주제로 한 작품들이 2번째 비중을 차지하고, 문학적 소재의 작품들이 3번째를, 마지막으로 철학적 소재를 다룬 창작무용작품들이 4번째를 차지하고 있다.

2010년대 전국무용제 경기도 예선대회에 참가한 현실 반영적 소재의 작품들 중 현실 반영적 역사인식, 자연현상을 표현한 작품 유형들은 없었다. 현실 반영적 사회인식을 주제로 한 작품들은 세월호 침몰사고 희생자들에 대한 추모, 현대사회의 개인주의로 인한 소통 단절에 대한 비판, 디지털 시대 스마트폰의 소통 방식에 대한 비판과 인간성 회복, 한국 여성의 사회적 불평등과 여성성 회복의 페미니즘적 가치, 성폭행 피해자에 대한 현실과 치유에 대한 사회적 공감대 형성, 현대 물질만능주의의 폐해와 자연주의로의 회귀, 사회조직 속에서의 인간소외 문제 등을 다룬 작품들이다. 현실 반영적 일상의 에피소드를 다룬 작품은 일상생활 속에서 남을 의식하는 강박증에 대한 무용적 해석이 있고, 현실 반영적 자아 성찰을 주제로 다룬 작품 유형들은 페미니즘적 작품으로 여성의 자아 인식과 성찰, 현대사회에서의 개인주의적 삶에 대한 자아 성찰, 무용가 자신의 무용예술에 대한 자기 고백적 자아 성찰, 인생의 선택 순간에서 겪는 자아 성찰, 현대인이 겪는 정신병리로서의 우울증에 대한 자아 성찰, 현대인의 매너리즘에 대한 무상함 등을 다루고 있다.

한국문화원형 소재의 작품들은 한국사에 대한 역사적 인식으로서 신라에 불교를 전파하려고 순교한 이차돈의 종교적 희생을 다룬 작품, 왕이 되지 못한 군의 비극적 삶을 다룬 작품, 조선 말기 쇄국과 개방의 혼란기에 고종과 명성황후의 갈등을 표현한 작품, 명성황후 시해 사건에 대한 무용적 해석이 있다. 한국의 민족적 정서로서 한과 신명, 그리고 민족적 정기를 다루었고, 경기 지역 전통문화를 소재로 한 작품들은 의정부의 지역 전통문화로서 조선 효종의 양녀 의순공주의 비극적 삶을 다룬 작품, 김포시의 '애기봉 전설'을 모티브로 한 작품 등이 있었다. 한국 전통문화예술을 소재로 다룬 작품들은 한국 전통춤에 대한 다양한 춤사위 해석, 고사덕담 비나리의 무용적 해석 등이 있다. 현시대의 한국 문화원형으로서 한국 조각가 문신의 삶과 작품세계를 다룬 작품도 있었다.

철학적 소재의 작품들 중에 철학적 심미관을 다룬 작품들은 자연현상을 통한 마음의 평화를 다루거나, 세상의 기원에 대한 형이상적 질문을 무용적으로 해석한 작품들이 있다. 철학적 자아 성찰을 다룬 작품들은 실존주의 철학자 사르트르의 명언을 무용적으로 해석한 작품, 인간의 삶을 사계절의 변화로 비유하여 자아 성찰을 다루고 있는 작품, 웃음에 대한 다양한 욕망의 표출을 통한 자아 성찰, 현대사회의 우울증에 대한 철학적 사유를 다룬 작품이 있다.

문학적 소재의 작품들은 사랑을 꽃에 비유한 시의 시적 심상미를 표현한 작품, 토속설화를 서사시로 구성한 작품을 무용으로 해석한 작품, 장미꽃을 예찬한 시에 대한 심상적 이미지를 표현한 작품, 인간의 죽음 이후 사후의 세계를 강을 건너는 행위로 묘사한 시의 시적 심상 이미지들을 무용으로 표현한 작품, 기형도 시인의 시를 소재로 한 작품 등이 있다.

표 17 전국무용제 경기도 예선대회 2011년-2015년 연도별 참가작품 유형

연도	참가 단체	작품명	안무자	참가 지역	무용 장르	소재 유형/주제
2011년 제20회	이승신무용단	세상 속의 외눈박이	이승신	시흥시	현대무용	현실 반영적 사회인식 / 사회조직 속에서의 인간소외
	이미숙무용단	하늘꽃… 사랑	이미숙	의정부시	한국무용	문학적 심미관 / 시인 김영달 시의 시적 심상미 표현
	한동엽무용단	白.血 꽃비 되어	한동엽	포천시	한국무용	한국문화원형 / 순교자 이차돈의 종교적 희생을 무용적으로 해석
	안양무용단	天地花	김성나	안양시	한국무용	철학적 심미관 / 자연현상을 통한 마음의 평화
	한빛무용단	글라디올라서: 사랑의 기도	김종진	고양시	한국무용	문학적 심미관 / 글라디올라서 꽃말 '사랑의 기도'의 무용적 표현
	장정희무용단	흔들리며 피는 꽃	장정희	수원시	한국무용	현실 반영적 자아 성찰 / 무용가로서 삶에 대한 시적 심상미를 표현
	춤하랑	畵(화): 말하다	음지민	성남시	한국무용	철학적 자아 성찰 / 현대사회의 우울증에 대한 무용적 해석
	조대식무용단	달빛 구름에	조대식	광명시	한국무용	한국문화원형 / 고종과 명성황후의 쇄국과 개화의 역사인식
	오은령무용단	傳說	오은령	부천시	한국무용	문학적 서사 / 시인 김철이의 토속 설화적 서사시「전설」의 무용적 해석
	김은희 希무용단	문…	김은희	군포시	한국무용	현실 반영적 자아 성찰 / 삶의 선택에 대한 자아 성찰
2012년 제21회	밀물현대무용단 (이해준무용단)	태양의 인간	이해준	안산시	현대무용	한국문화원형 / 한국 조각가 문신의 삶과 작품들을 무용적으로 해석
	안양무용단	마지막 겨울 (나 가거든)	김성나	안양시	한국무용	한국문화원형 / 명성황후 시해사건의 무용적 해석
	이미숙무용단	잃어버린 장미	이미숙	의정부시	한국무용	문학적 심미관 / 장미꽃에 대한 심상적 이미지를 무용으로 표현
	성남무용단	웃음	김종해	성남시	한국무용	철학적 자아 성찰 / 웃음에 대한 욕망의 다양한 심상적 이미지들을 무용으로 표현
	조대식무용단	가시나무새	조대식	광명시	한국무용	현실 반영적 자아 성찰 / 현대인의 현실적 매너리즘에 대한 무상함을 성찰
	이승신무용단	마음의 감기	서은정	시흥시	현대무용	현실 반영적 자아 성찰 / 현대인의 우울증에 대한 치유
	김은희 希무용단	길에 서다…	김은희	군포시	한국무용	현실 반영적 자아 성찰 / 인생의 운명의 선택에 대한 성찰
	한동엽무용단	포천의 빛	한동엽	포천시	한국무용	문학적 심미관 / 안국훈 시인의 시에 대한 심상미를 표현
	강윤선무용단	사계(四季)	강윤선	고양시	한국무용	철학적 자아 성찰 / 인간의 삶을 사계에 비유한 인생의 반추
	오은령무용단	휘이 휘이 훨~ 훨~	오은령	부천시	한국무용	현실 반영적 자아 성찰 / 한국무용가로서의 춤을 통한 자아 성찰

연도	참가 단체	작품명	안무자	참가 지역	무용 장르	소재 유형/주제
2013년 제22회	이미숙무용단	꽃두레 빈 무덤	이소희 박문용	의정부시	한국무용	한국문화원형 / 조선 효종의 의순공주의 비극적 삶을 상징적으로 표현
	오은령무용단	불편한 진실	이룩	부천시	한국무용	현실 반영적 사회인식 / 현대사회의 불신에 대한 부조리한 자기합리화의 병리현상을 비판
	단경무용단	비나리	송주현	용인시	한국무용	현실 반영적 자아 성찰 / 무용가 자신의 무용인생에 대한 넋두리와 희망적 비나리
	김은희무용단	그 겨울의 푸른 노을	김은희	군포시	한국무용	현실 반영적 문명 비판 / 현대문명의 폐해와 자연주의로의 회귀
	이영순무용단	어느날 갑자기	이영순	성남시	한국무용	현실 반영적 사회인식 / 성폭행 피해자의 현실과 치유에 대한 사회적 연대
	손상욱무용단	가시나무새	김지은	김포시	한국무용	한국문화원형 / 김포 지역 설화 '애기봉 전설'의 무용작품화
	이승신무용단	그 여자의 이야기	서은정	시흥시	현대무용	현실 반영적 자아 성찰 / 현대사회의 개인주의적 삶에 대한 비판
	안양무용단	여인의 향기	박성민	안양시	한국무용	현실 반영적 페미니즘 / 한국 여성의 삶에 대한 여성성의 회복
	강윤선무용단	별 하늘 그리고 바람…	강윤선	고양시	한국무용	문학적 심상미 / 시적 심상미의 무용적 표현
	한동엽무용단	무악	조민정	포천시	한국무용	한국문화원형 / 최승희의 쟁강춤의 교태미에 대한 무용적 해석
	광명무용단	슬픈 유희	조대식	광명시	한국무용	철학적 자아 성찰 / 사르트르의 실존주의적 명언의 무용적 해석
2014년 제23회	김선정무용단	열두 비나리	김선정	안양시	한국무용	한국문화원형 / 고사덕담 비나리 소리의 무용적 해석
	이미숙무용단	군(君)	이소희 박문용	의정부시	한국무용	한국문화원형 / 왕이 되지 못한 군(君)의 삶에 대한 무용적 조명
	광명무용단	기적	조대식	광명시	한국무용	현실 반영적 사회인식 / 세월호 침몰 사고 희생자 추모
	이선아무용단	窓… 톡(talk) & 터치(touch)	이춘희 이선아	성남시	한국무용	현실 반영적 물질문명 비판 / 디지털 스마트폰 시대 소통 방식에 대한 비판
	강윤선무용단	하늘에 내리는 눈물 흩날리는 꽃잎 되어…	최수진	고양시	한국무용	한국문화원형 / 한국의 민족적 정서 '한'에 대한 심상적 이미지를 표현
	이승신무용단	어메이징 그레이스	박미연 서은정	시흥시	현대무용	현실 반영적 물질문명 비판 / 디지털 스마트폰과 인공지능 슈퍼컴퓨터 시대의 인간성 상실과 회복에 대한 메시지
	부천무용단	범원([illegible])	김유미 이룩	부천시	한국무용	현실 반영적 사회인식 / 세월호 침몰 사고 희생자 추모
	김은희 希무용단	갑돌이와 갑순이(말하지 못하는 사람)	김은희	군포시	한국무용	한국문화원형 / 한국식 로미오와 줄리엣, 갑돌이와 갑순이 이야기의 색다른 해석
	한동엽무용단	향기 머금은 화폭(畵幅) 속으로	한동엽	포천시	한국무용	한국문화원형 / 최승희 쟁강춤-선비춤-진도북춤의 춤사위의 재구성

연도	참가 단체	작품명	안무자	참가 지역	무용 장르	소재 유형 / 주제
2015년 제24회	민애 춤 컴퍼니	달이 삼켜 버린 하늘 (그 강을 건너며)	이민애	구리시	한국무용	문학적 심미관 / 강을 건너는 행위는 죽음으로 사후세계에 대한 삶의 추상적 심상미 표현
	김성나무용단	한량열전 (閑良熱戰)	김성나	안양시	한국무용	한국문화원형 / 조선 풍류선비 서화담의 삶을 사계로 의미화시켜 무용적으로 표현
	이미숙무용단	환멸의 꽃	이순주	의정부시	한국무용	현실 반영적 자아 성찰 / 여성의 자아 성찰
	광명무용단	빈집	이상수	광명시	한국무용	문학적 심미관 / 시인 기형도의 시에 대한 시적 심상미를 무용적으로 표현
	두은숙무용단	05 혼푸리굿	두은숙	남양주시	한국무용	한국문화원형 / 삶의 숙명과 비극을 푸는 굿의식
	임미경무용단	No Response	임미경	고양시	한국무용	현실 반영적 사회인식 / 현대사회의 개인주의에 대한 소통 단절에 대한 비판
	엘루시아 무용단	Genesis	이재은	성남시	한국무용	철학적 사유 / 세상의 기원에 대한 형이상적 질문을 무용적으로 해석
	이승신무용단	뭘 봐!	서은정	시흥시	현대무용	현실 반영적 일상 에피소드 / 일상에서 남을 의식하는 강박증에 대한 유쾌한 해석
	한동엽무용단	풍류 위를 거닐도다	한동협	포천시	한국무용	한국문화원형 / 태평무의 장고춤 등에 대한 춤사위의 해석
	김은희 希무용단	신명	김은희	군포시	한국무용	한국문화원형 / 한민족의 '흥'의 정서로서의 신명의 무용적 해석

미주

1 한국문화정책개발원(2000).「문화예술의 해 사업 종합평가 및 대안 모색」, 정책과제 2000-4. p.6.

2 한국문화정책개발원(2000).「문화예술의 해 사업 종합평가 및 대안 모색」, 정책과제 2000-4. p.23.

3 (사)한국무용협회(2013).「제23회 전국무용제 시행계획서」. pp.2-6.

4 (사)한국무용협회 경기도지부(1992). 제1회 전국무용제 경기도 예선대회 프로그램.

5 (사)한국무용협회 경기도지부(1993). 제2회 전국무용제 경기도 예선대회 프로그램.

6 한국문화예술위원회(1994).『문예연감 1994년』, 서울: 동 위원회. p.803.

7 (사)한국무용협회 경기도지부(1994). 제3회 전국무용제 경기도 예선대회 프로그램.

8 (사)한국무용협회 경기도지부(1995). 제4회 전국무용제 경기도 예선대회 프로그램.

9 (사)한국무용협회 경기도지부(1996). 제5회 전국무용제 경기도 예선대회 프로그램.

10 (사)한국무용협회 경기도지부(1997). 제6회 전국무용제 경기도 예선대회 프로그램.

11 한국문화예술위원회(1999).『문예연감 1998년』, 서울: 동 위원회. pp.1166-1167.

12 (사)한국무용협회 경기도지부(1999). 제8회 전국무용제 경기도 예선대회 프로그램.

13 (사)한국무용협회 경기도지부(2000). 제9회 전국무용제 경기도 예선대회 프로그램.

14 (사)한국무용협회 경기도지부(2001). 제10회 전국무용제 경기도 예선대회 프로그램.

15 (사)한국무용협회 경기도지부(2002). 제11회 전국무용제 경기도 예선대회 프로그램.

16 (사)한국무용협회 경기도지부(2003). 제12회 전국무용제 경기도 예선대회 프로그램.

17 (사)한국무용협회 경기도지부(2004). 제13회 전국무용제 경기도 예선대회 프로그램.

18 (사)한국무용협회 경기도지부(2005). 제14회 전국무용제 경기도 예선대회 프로그램.

19 (사)한국무용협회 경기도지부(2006). 제15회 전국무용제 경기도 예선대회 프로그램.

20 (사)한국무용협회 경기도지부(2007). 제16회 전국무용제 경기도 예선대회 프로그램.

21 (사)한국무용협회 경기도지부(2008). 제17회 전국무용제 경기도 예선대회 프로그램.

22 (사)한국무용협회 경기도지부(2009). 제18회 전국무용제 경기도 예선대회 프로그램.

23 (사)한국무용협회 경기도지부(2010). 제19회 전국무용제 경기도 예선대회 프로그램.

24 (사)한국무용협회 경기도지부(2011). 제20회 전국무용제 경기도 예선대회 프로그램.

25 (사)한국무용협회 경기도지부(2012). 제21회 전국무용제 경기도 예선대회 프로그램.

26 (사)한국무용협회 경기도지부(2013). 제22회 전국무용제 경기도 예선대회 프로그램.

27 (사)한국무용협회 경기도지부(2014). 제23회 전국무용제 경기도 예선대회 프로그램.

28 (사)한국무용협회 경기도지부(2015). 제24회 전국무용제 경기도 예선대회 프로그램.

제5장

경기도 무용의 예술적 전망

한국의 근대사는 전통문화의 단절로 문화예술의 암흑기였다. 전후의 척박한 환경에서 사람들은 국가 재건이라는 명분 아래 많은 시간을 일터에서 보내며 힘겨운 노동 생활로 시간을 보내었다. 경제적 도약을 위한 산업화로 도시화가 시작되면서 공연예술계는 1960년대에 이르러서야 기반을 세우며 새로운 문화를 대비하기 시작하였다. 무용 활동도 1970년대 이후에야 가시화되기 시작하였고, 1980년대의 국제적인 스포츠 대회인 '86 아시안게임', '88 서울 올림픽' 등을 준비하면서 무용은 무대예술의 장르로서 활발한 활동을 하기 시작하였다.

그러나 중앙과 인접한 경기도의 무용은 이보다 늦은 1980년대 후반에 들어서야 무용계가 형성되기 시작하여 1990년대에 이르러서야 무용 활동이 가시화되어 현재에 이르고 있다. 제5장 「경기도 무용의 예술적 전망」은 경기도 무용의 흐름을 정리 및 평가하고 경기도 무용의 발전을 위한 방안을 모색하는 장이다.

1. 경기도 무용의 발전과 평가

경기도 무용의 실제적인 변화는 1981년 인천이 지자체로 독립하면서부터이다. 경기도 무용의 흐름은 크게 4단계로 발전적 변화를 보인다. 제1기는 경기도 무용의 형성기, 제2기는 경기도 무용의 정착기, 제3기는 경기도 무용의 성장기, 제4기는 경기도 무용의 위기이다. 경기도 무용 흐름의 발전과 평가는 새로운 전망을 예측하는 근거가 된다.

1) 경기도 무용의 형성기

경기도 무용의 형성은 경기도에서 무용가들이 무용계를 구축한 것과 무관하지 않다. 경기도에서 무용계가 구축된 것은 (사)한국무용협회 산하의 지부 구축과 상관성을 갖고 있다. 정부에서는 국가의 공식적인 예술가 협의체를 (사)한국예총으로 인정하고 그 산하 무용협의체의 대표로 (사)한국무용협회를 인정하였다. (사)한국무용협회는 정부 차원의 무용정책 및 행정 결정과 지원에 관한 업무를 수행하는 무용인들의 대표적인 협의체라고 볼 수 있다. 그러므로 경기도에 (사)한국무용협회 경기도지회가 설립된 시점은 경기도 무용의 형성을 상징하는 의미를 갖는다.

1981년은 경기도 무용의 형성에 큰 전환점이 된 해였다. 그동안 경기도의 행정구역에 속해있으며 대도시로서 위상을 갖고, (사)한국무용협회 경기도지부를 운영하던 인천시가 직할시로 독립하게 되어 경기도의 무용계는 한동안 공백기를 갖게 되었다. 이 시기에 중요한 역할을 담당하며 지역무용계를 결성하여 활동한 것은 성남 지역무용가들이었다. 1973년부터 성남에서 무용학원을 설립하여 운영하던 정금란과 제자

이선아, 김종해 등은 1985년 (사)한국무용협회 성남지부를 발족하고, 1986년 '제1회 성남종합예술제'에 참여하면서 지역예술계에 동참하였다.[1] 뒤이어 1987년 부천지부가 설립되었고 이보다 늦은 1989년 경기도의 도청 소재지 자격으로 (사)한국무용협회 경기도지부가 수원에 결성되었다. 그러나 실제적으로 경기도의 시군들의 협의체를 대변하는 (사)한국무용협회 경기도지회는 1992년 12월 23일 '(사)한국무용협회 경기도지부를 재정립하기 위한 창립추진위원회'를 통해 설립되었다. 초대 지회장에 성남시지부장 정금란이 선출되어 명실상부한 무용가들의 협의체로 역할을 하게 되어[2] (사)한국무용협회 경기도지회는 경기 무용계를 대표하는 공적 기관으로서 지역의 행사 및 공연에 주도적인 역할을 담당하였다.

또한 1980년대 중반에 이르러 경기도 지역에 전문 무용교육기관이 설립되어 지역 무용예술의 토대를 형성하는 기반을 제공하였다. 당시 경기도에서는 무용학원을 중심으로 학원장과 학원의 동문들이 모여 무용 공연 활동을 미비하게 시작하고 있었지만 전문적인 무용교육은 수원대학교 무용학과(1984), 한양대학교 안산캠퍼스(현 에리카캠퍼스) 무용학과(1984, 현 생활무용학과), 용인대학교 무용학과(1990)가 설립되고 안양에 계원예술고등학교(1980), 안양예술고등학교(1986)에 무용과가 설립되면서 본격적으로 이루어졌다. 이는 전문적인 무용교육을 받은 무용학과 교수와 강사들이 유입되어 경기도 무용의 흐름을 변화시키는 새로운 기폭제로 작용하였다.

전문 무용교육기관들은 이미 무용학원을 운영하며 지역무용계를 구축한 (사)한국무용협회 시지부 무용가들과 상호 관계를 통해 새로운 지역무용계의 구도를 형성하였다. 관 주도의 공적 자금이 유입된 공식행사를 주도하게 된 (사)한국무용협회 경기도지회의 기획력과 대학교 및 예고의 인적자원을 활용할 수 있는 전문무용가들의 협업은 경기도 무용의 형성을 알리는 신호탄이 되었다.

2) 경기도 무용의 정착기

경기도에 무용계가 형성되어 정착기에 접어든 것은 1992년 '춤의 해'부터이다. 문화관광부가 무용 장르 집중 지원을 위해 지정한 '춤의 해'는 국가 차원에서의 다각적인 지원을 통해 춤을 이슈화하였다. 따라서 언론매체를 통한 홍보로 사회적인 관심이 집중되었고 무용가들에게는 정부의 공연지원을 통해 무용창작의 기회가 증대되었다. 특히 '전국무용제' 시행에 따라 지자체의 공연지원 예산이 확보되어 지역에서 활동하는 무용가들이 공연단체를 결성하는 토대가 이루어졌다.

경기도에서도 (사)한국무용협회 경기도지회와 시지부들이 전국무용제 예선대회를 순환하여 개최하였고 이를 통해 지역의 공연환경을 개선할 수 있는 계기가 되었다. 일부 지역이지만 전국무용제 경기도 예선대회를 개최하는 데 필요한 극장 공간이 확보되었고 조명, 음향 등 극장 제반 시스템이 개선되었다. 그리고 해당 지자체의 행정적 뒷받침을 통해 지역의 대표성을 띠는 무용협의체로서 당당히 역할을 수행하게 되었다.

1991년에는 경기도문화예술회관이 설립되어 보다 전문적인 예술활동을 펼칠 수 있게 되었고, 1993년 발족한 경기도립무용단을 통해 경기도를 대표하는 대형작품들을 양산하게 되었다. 전문공연장이 설립되고 전문직업무용단이 발족하면서 경기도의 공연 활동이 증대하였고, 경기도의 무용단체들은 지역을 토대로 하는 무용 전공자들의 지역무용단을 구축하는 등 안정적인 공연 환경을 구축하게 되어 무용 활동을 펼쳐나

갈 수 있는 기반이 마련되었다. 1990년대 경기도의 무용계는 안정적으로 정착하여 다른 장르의 예술계와 어깨를 나란히 할 수 있게 되었다.

3) 경기도 무용의 성장기

안정적으로 정착한 지역토대의 진문무용단들은 전국무용제 경기도 예선대회에 꾸준히 참가하며 활발한 활동을 하였다. 특히 2002년 개최된 한일 월드컵을 기점으로 공연 활동을 적극적으로 펼쳐나갔다. 2002년부터 2007년까지 경인 지역 무용공연 현황에서도 그 활동을 짐작할 수 있다. 2002년 110회, 2003년 153회, 2004년 156회, 2005년 202회, 2006년 200회, 2007년 206회로 무용공연이 대폭 증가하여 양적인 팽창을 이루었다. 아울러 새로운 정부의 문화예술정책을 기반으로 경기도의 무용은 르네상스를 맞이하였다. 문화체육관광부 산하의 한국문화예술진흥원이 새롭게 변해가는 현대사회의 문화욕구를 수용하기 위해 조직을 개편하여 2005년 한국문화예술위원회로 재출범하였다. 특히 전국민의 문화 향수를 모토로 전국의 최소 단위 지역, 남녀노소의 취약세대를 위한 순회공연을 지원하였다. 경기도에서도 군부대 시설, 노인 보호시설, 어린이 보호시설 등에 무용가들이 찾아가 공연 활동을 하였고, 중앙의 무용가들도 새로운 창작 작품 발표를 서울이 아닌 수도권 지역에서 하는 등 공연 활동의 거점을 서울 이외의 경기도 지역까지 확장시켰다.

특히 국가정책의 일환으로 전국에 시도 문화재단들이 설립되어 경기도의 무용은 최대의 성장 동력을 확보하게 되었다. 경기 남부와 북부에 신도시가 생성되고 인구가 새롭게 유입되면서 지역의 공공 편의시설 및 문화시설이 소성되고 이를 운영 · 관리할 주체인 문화재단들이 출범하게 되었다.

1997년에는 경기문화재단이 설립되었고 2001년 기금 1,000억 원을 조성하여 경기도 예술단체의 지원정책에 수반하였다. 뒤이어 부천문화재단(2001), 고양문화재단(2004), 성남문화재단(2004) 등이 출범하면서 시 단위의 지원정책을 마련하였고 복합문화공간을 개관, 운영하는 행정주체로서 시민을 위한 다양한 행사를 마련하였다. 복합문화공간의 시즌 기획공연과 초청 기획공연 등은 시별 문화재단의 전문적인 예술행정가들과의 연대를 통해 경기도민들의 문화 향수를 위한 공연을 성공적으로 개최할 수 있었다. 이들 복합공간을 중심으로 국제적인 무용행사가 개최되어 서울을 중심으로 활발한 기획전을 펼쳐오던 무용가들이 지자체의 예산 지원과 극장 등 물리적 지원이 가능한 수도권 지역으로 유치하며 새로운 돌파구를 찾고자 하였다. 성남국제무용제의 경우도 성남문화재단과 (사)무용문화포럼이 합작하여 기획한 축제로 3회간 개최되었다. 그러나 큰 반향을 일으키지 못하고 중도 하차하기도 하였다.

이렇듯 경기도 무용은 정부와 지자체의 문화예술정책에 따른 지원을 통해 풍부한 공연지원금과 극장 공간 등 물리적 공연기반이 확충되고 이를 통해 출범한 무용단체들이 기존의 무용계에 합류하면서 최대 성장기를 보이게 되었다.

4) 경기도 무용의 위기

2008년은 문화관광부가 문화체육관광부로 개편되어 새로운 문화정책의 비전을 제시하였다. 문화 향유권 확대, 문화산업 발전, 문화예술 지원사업은 지속적으로 시행하고, 콘텐츠 산업을 국가 성장 동력 사업으로 선정하여 '소프트파워가 강한 창조문화 국가'를 비전으로 제시하였다. 따라서 IT, 게임, 영상, 애니메이션 등의 분야에 집중적인 지원이 이루어지게 되었다.[3] 문화지원정책에 대한 정부의 방향이 정해지자 공연예술에 대한 지원은 자연히 위축될 수밖에 없었다. 지자체 역시 문화예술 콘텐츠 집중 지원을 표방하며 공연예술을 문화콘텐츠화의 범주에 포함하고자 하였다.

이러한 지원정책에 따라 경기도의 무용공연 활동은 현저한 감소세를 보였다. 2007년까지 약 200여 회의 공연 활동이 벌어졌으나 2008년 122회, 2009년 189회, 2010년 115회, 2011년 100회, 2012년 119회, 2013년 119회, 2014년 78회로 집계되었다. 공연의 경향도 한국무용, 발레, 현대무용으로 삼분되던 무용 장르가 혼용되거나 타 장르와 복합되는 탈장르적 특징이 꾸준히 증가세를 보였다. 이러한 무용의 탈장르적 경향은 문화예술정책 분류에 따른 지원정책에서 그 원인을 찾을 수 있다. 기존의 문학, 음악, 미술, 연극 그리고 무용 분야로 나누어 지원되었던 지원금이 창의적 예술 지원, 창작 공연 활성화 지원, 다원적 예술 지원, 신진예술가 지원, 예술창작기반 조성 지원, 기타예술 창작진흥사업으로 나누어 각 사업별로 문학, 음악, 미술, 연극, 무용, 전통 등으로 세분하여 지원하는 형식으로 재정립되어[4] '다원적 예술지원'에 대한 새로운 비전과 문화콘텐츠 산업에 대한 맥락적 사고가 무용가들에게 정부 및 지자체의 지원을 이끌어내기 위한 대안이 되었다.

다원적 예술 장르의 부각은 예술가들의 실험적인 작업과 문화콘텐츠를 문화산업으로 발전시키려는 지자체의 예술정책이 소통되어 다양한 형태의 공연을 양산하였다. 이러한 파급을 통해 경기도의 탈장르적 무용공연도 대형화의 추세를 보이게 되었다. 지자체의 특별기획지원 형태로 지역의 문화, 역사, 인물 등이 새로운 문화콘텐츠로 제작되어 공장기공연으로 확대되기도 하였다. 지자체의 이러한 관심으로 지자체의 문화재단 및 공연장의 기획공연에서도 무용공연은 점차 축소되었다.

탈장르화 · 대형화의 공연 추세는 경기도의 지역토대 전문무용단들에게는 큰 위기가 되어 공연 활동을 위축하게 하였다. 공연의 제작에서 재정적, 인적 측면의 위기가 닥쳐온 것이다. 공연의 직접제작비인 극장대관, 음악 제작, 무대 제작, 의상 제작, 무대 공학적 메커니즘의 제작 등과 이에 따른 인건비 등의 각종 간접제작비에 이르기까지 지역토대 전문무용단들이 감당할 범위를 뛰어넘는 상황이 되었다. 따라서 이 시기 경기도의 무용은 재공연 중심의 공연물들이 많이 무대에 올랐다. 전국무용제 경기도 예선대회의 참가작품들도 재공연 작품들로 참가하거나 제목을 바꾸어 공연하는 경우가 나타나 무용가들의 창작활동이 많이 위축된 것을 알 수 있다.

2. 경기도 무용의 전망

무용은 인간의 예술이다. 누구든 무용가들이 내뱉는 호흡을 듣고 가슴속 전율을 느끼지 못하는 경우는 드물 것이다. 눈앞에서 인간의 신비로운 몸이 확장되고 응축되며 내면의 자유로움을 토로한다. 공연장에서 혼신을 다하는 무용가들의 몸은 인간이 경외하는 신의 몸짓이라고 감히 말할 수 있다. 가장 솔직한 생명의 몸짓이 바로 무용인 것이다.

과거의 무용은 신과 인간이 교감하기 위한 몸짓이었다면 현대의 무용은 인간과 인간이 교감하기 위한 몸짓이다. 한동안 무용은 무대예술이라는 장르적 인식으로 많은 사람이 접근하기 힘든 한계를 보여주었지만, 이제 사회의 분위기는 전문적인 예술이 생활예술로의 변화를 꾀하고 있다. 경기도 무용의 흐름도 전문무용으로서의 위상을 지키는 것으로는 한계를 보인다. 새로운 시대를 대비하기 위해서는 무용계 자체 내의 자성적 목소리가 요구된다고 할 수 있다. 무용계에서 보여왔던 무용의 흐름은 전문적인 소수를 위한 공연예술로서 위상이 굳혀져 있고 자기들의 고유의 영역을 지키려는 영역다툼이 치열하였다. 하지만 이제 새롭게 변하는 사회에서 무용가들은 더불어 살아가는 포용력을 통해 새로운 무용계를 구축해야 한다. 경기도 무용의 전망은 필자의 좁은 소견을 통해 미래 무용 발전을 위한 제언을 밝히는 것이라 할 수 있다.

1) (사)한국무용협회 경기도지회의 자생적 노력

경기도 무용의 실체를 말할 때 (사)한국무용협회 경기도지회와 24개 시군지부는 매우 중요하다. 이는 경기도지회 및 24개 시군지부가 경기도의 각 지역을 대표하는 무용인들의 협의체이기 때문이다. 따라서 이 조직들은 무용가들의 대표로서 정부 및 지자체의 관심과 지원을 받아왔다.

1992년 (사)한국무용협회가 경기도지회로 재정립되면서 경기도의 무용은 활기를 띠기 시작하였다. 초창기 경기도 지역에서 활동하던 무용가들이 대거 시군지부를 설립하면서 활발한 활동을 해왔다. 그동안 (사)한국무용협회 경기도지회는 경기도 무용의 발전을 위한 다각적인 성과를 거두어왔다. 경기무용제를 꾸준히 진행하여 경기 지역무용가들의 활동 토대를 만들었고, 이를 확대하여 기전무용제라는 경기 지역의 독자적인 무용축제를 개최하였다. 기전무용제는 지역을 순회하는 무용축제로 활성화되어 지역무용가들의 위상을 높이고 지역의 무용 활동을 위한 인프라를 구축하였다. 아마추어 예술단들이 펼치는 전야제와 무용가들의 축하무대, 전국무용제 경기도 예선대회로 구성된 기전무용제는 경기도의 무용 축제로 내세워도 손색이 없는 풍성한 무용 자산이 되었다.

특히 전국무용제 경기도 예선대회는 각 시군지부의 지역토대 전문무용단을 발족하는 데 기여하였고 경기도 무용예술의 창작산실로 불릴 만큼 비중 있는 무용가들의 축제로 성장하였다. 초기 3-4개의 창작 작품에서 최근에는 10개가 넘는 창작 작품이 매년 제작되어 무대에 올려진다. 그리고 이 작품들은 시군지부의 정기공연과 지자체의 축제에서 핵심적인 예술작품으로 평가받으며 경기도 예술의 근간을 이루고 있다.

그러나 현대사회에서 경기도의 변화는 새로운 무용계의 흐름을 요구하고 있다. (사)한국무용협회 경기도지회 및 시군지부는 새로운 위상을 정립하여 위축된 경기도 무용계의 발전을 위해 노력해야 할 것이다. 경기도 무용계의 발전을 위해 필자는 두 가지를 제안하고자 한다. 하나는 기존의 시군협의체의 조직에 대한 자구적 변화를 모색해야 하는 것이고, 다른 하나는 새로운 사회의 변화를 적극적으로 수용하는 것이다.

경기도 무용의 발전적인 대안의 첫 번째는 (사)한국무용협회의 시군지부의 자구적인 노력에 있다. 그동안 무용의 불모지인 경기도의 무용계를 이끌어온 시군지부 구성원들의 노력과 열정은 말로 할 수 없을 만큼 치열했을 것이다. 그러나 이제 변화되는 사회에서 경기도의 무용예술은 진화를 요구하고 있고 경기도의 무용계는 더 이상 변화를 거스를 수 없을 것이다. 24개 시군지부의 대다수는 설립 이후 지부장들이 거의 바뀌지 않고 있으며, 전국무용제 경기도 예선대회의 공연단체나 안무자들도 대부분 큰 변화를 보이지 않고 있다. 따라서 (사)한국무용협회 경기도지회 및 시군지부의 변화는 개방과 형평성이라는 인식의 전환에서부터 새롭게 시작해야 한다. 이는 새로운 에너지의 유입을 의미한다. 보다 많은 사람들이 참여할 수 있도록 문호를 개방하고 이들이 활동할 수 있는 협의체로 거듭나야 할 것이다. 또한 젊은 세대들이 참여할 수 있는 형평성 있는 기회를 통해 무용계의 밑그림을 바꾸어야 할 것이다. 초창기의 노력을 일구어온 시군지부의 수장들과 새로운 세대들의 교체는 화합과 상생을 위한 좋은 귀감이 될 수 있을 것이라 조심스레 제안해본다.

경기도 무용의 발전적인 대안의 두 번째는 변화하는 사회의 흐름을 수용해야 하는 점이다. 이미 앞에서도 언급한 바와 같이 무용은 전문 공연예술에서 생활예술로 변모하고 있다. 정부의 예술발전정책에서 빠질 수 없는 것 중 하나는 수혜자를 위한 예술정책, 혹은 문화복지와 관련된 관점이다. 이 정책적 흐름에서 양산된 대다수의 시민 무용가들이 구심점이 없이 개인 무용지도자에 소속되어 흘러 다니고 있다. 이들을 수용할 구심점이 될 수 있는 곳이 (사)한국무용협회 경기도지회 및 시군지부라고 할 수 있다. 현재 경기도지회 및 시군지부의 회원 자격은 무용 전공자를 중심으로 이루어지고 있어 무용 저변을 넓히는 데 한계가 있다. 아마추어 무용가들을 위한 수용은 지역적 공감대를 확보하는 면에서도 매우 중요하다. 별도의 조례를 제정하거나 특별회원제도, 등록동아리제도 등을 통해 이들을 수용하면 경기도 무용계의 새로운 발전을 위한 초석을 다지는 일이 될 것이다.

(사)한국무용협회 경기도지회 및 시군지부의 변화에는 진정한 협의체로서의 초심을 살피고 새로운 미래를 위한 적극적인 대책을 강구하는 노력이 필요할 것이다.

2) 경기도 지원정책의 장르별 전문화

지자체의 문화예술정책 및 지원에서 무엇보다 중요한 것은 균형적인 지원정책이다. 이 부분에 관한 한 누구의 이의도 없을 것으로 보인다. 따라서 문화예술정책은 형평성을 중심으로 결정되어 왔다. 그러나 공연예술의 장르를 살펴보면 각 장르의 예술 특성은 다르다. 무용, 국악, 음악, 연극 등 각 장르를 구성하는 인적자원, 제작 규모, 공연 기간, 장르 표현 특성 등은 예술 지원을 위한 정책 수반의 기준이 되어야 한다.

그러나 경기도의 공연예술 중 순수예술 장르들은 위기를 맞고 있다. 일관된 정책에서는 일정 수준에 맞는 단체의 규모를 갖추어야 예산을 지원받아 예술행위를 이어나갈 수 있다. 이러한 부분은 다른 예술정책이 아무리 훌륭해도 피상적인 변화조차 기대할 수 없는 원인이라고 말할 수 있다. 이는 예술현장에서 활동을 해온 창작자인 필자의 입장에서 바라보는 시각이다.

현재 지원의 정책은 개인보다는 단체를 지원하고 있고 임의단체보다는 공연예술 전문단체, 혹은 사회적 기업 등 법적 조건을 갖춘 단체들을 지원하고 있다. 그러나 이러한 정부 및 지자체의 지원 수혜 단체의 자격 요건은 먼 이야기에 불과하다고 할 수 있다. 현재 경기도는 물론 전국의 무용단체들은 프로젝트성 공연 활동을 하고 있다. 실제로 무용수들이 상주하는 경우보다는 비상임으로 운영되고 그나마도 프로젝트성 구성원들로 철새 용병들이 공연에 참가하고 해체되는 경우가 많다. 그러나 지원 수혜 대상자가 되기 위해서는 지원 요건에 맞는 단체로 그 자격을 부풀리는 폐단을 낳는다.

따라서 진정한 예술의 발전은 실제의 상황을 반영한 지원정책이 근간이 되어야 한다. 이상적 지원정책이 미래의 청사진에 바람직하다 하더라도 조금 더 현실성 있는 지원정책은 현재의 상황을 극복할 수 있는 매우 중요한 측면이 된다. 정부 및 지자체의 지원정책이 무용가 혹은 기타 예술가들의 예술행위에 보조적인 입장에서 스스로의 독립적 영역을 기대하고 있지만, 우리의 공연시장은 몇 개의 상업적 장르를 제외하고 아직도 영세하여 독립적인 예술경영에는 한계가 있다. 이 부분은 무용가들의 자구책을 통한 노력도 필요하지만 순수 공연예술을 바라보는 정책적 측면에서도 변화가 있어야 한다. 진솔한 현장의 이야기는 예술과 정책이 모두 변화하는 계기가 될 수 있다. 조금 더 각각의 예술 장르에 대한 이해를 위한 담론의 장이 필요하고 그러한 대화를 통해 개별 장르에 맞는 현실성 있는 지원정책을 수반할 때 예술은 인간의 삶을 위한 진정한 대안이 될 수 있을 것이다.

3) 춤추는 무용가에서 전문무용가로

그동안 무용가들은 춤추는 일에 몰두해왔다. 실제로 무용가들의 대부분은 공연예술 속의 무대예술가들이었다. 무용가들의 무대에 대한 사랑은 예술을 위한 예술을 양산했다고 할 수 있다. 때로는 기교가 중심이 되는 경우가 많아 무용은 전문가들의 심오한 미의식으로 초점이 맞추어지는, 조금은 이해하기 힘든 예술이 되는 경우가 많았다.

하지만 현대사회에서 무용의 위상은 무용시장의 축소로 위기를 맞고 있다. 그동안 공연을 통해 예술가로서의 성공적인 삶을 인정받아왔다면 이제는 교육을 통해 예술교육자로서의 삶에서 자신을 발견해야 한다. 춤추는 예술가에서 예술교육자가 되기 위해서는 몸에 대한 자기 철학과 꾸준한 학문적 토대를 구축해야 할 것이다.

무용은 시공간을 아우르는 예술로 사람들에게 몸에 대한 집중을 통해 가슴속의 정서를 환기하는 훌륭한 인간의 예술이다. 경기도 무용의 새로운 전망은 인간과 인간이 교감하는 새로운 미의식을 강구하는 일이 될 것이다. 이 새로운 미의식의 가운데에서 경기도의 무용가들은 새로운 역할을 담당하는 전문무용가가 되어 심도 있는 대안을 경기도민들에게 제시할 수 있어야 한다.

미주

1 (사)한국문화예술단체 경기도연합회 · 경기문화재단(2006). 『경기예총 40년사』, 경기: 동 연합회 · 동 재단. pp.351-361.

2 (사)한국문화예술단체 경기도연합회 · 경기문화재단(2006). 『경기예총 40년사』, 경기: 동 연합회 · 동 재단. p.263.

3 정지영(2015). 「창작활동 지원에 대한 문화행정의 사적 고찰」. 『韓國行政史學誌』 Vol.36. pp.134-135.

4 정지영(2015). 「창작활동 지원에 대한 문화행정의 사적 고찰」. 『韓國行政史學誌』 Vol.36. p.148.

김기화 金起和

수원대학교 무용학 학사
이화여자대학교 교육학 석사
성균관대학교 무용학 박사
공연예술아카데미 연출 수료

경력
한국춤교육연구회 대표
성균관대학교 유가문화콘텐츠연구소 수석연구원
(사)한국춤협회 부이사장
중요무형문화재 제1호 종묘제례악(일무) 이수
경기무형문화제 제8호 승무, 살풀이춤 이수
대전대학교 무용학과 겸임교수 역임
성균관대학교, 한국체육대학교, 경희대학교 강사 역임
정재연구회 회장 역임

수상
2004 세계문화오픈 열린경연 상생상 수상
2012 제27회 한국무용제전 소극장춤 우수 작품상 수상
2012 심사위원 선정 특별상 수상(무용 부문)
2014 PAF 예술상 수상(논문 부문)
2015 제29회 한국무용제전 최우수 작품상 수상

경기도의 무용, 그 예술적 전망

2015년 12월 25일 초판 인쇄
2015년 12월 30일 초판 발행

지은이 김기화 | **펴낸이** 이찬규 | **펴낸곳** 북코리아
등록번호 제03-01240호 | **전화** 02-704-7840 | **팩스** 02-704-7848
이메일 sunhaksa@korea.com | **홈페이지** www.북코리아.kr
주소 13209 경기도 성남시 중원구 사기막골로 45번길 14
우림라이온스밸리2차 A동 1007호
ISBN 978-89-6324-493-8(93680)

값 20,000원

이 책은 한국문화예술위원회와 경기도, 경기문화재단의 문예진흥기금을 보조받아 발간되었습니다.